KB067007

전쟁이 끝난 후

컬리지언총서 17

전쟁이 끝난 후
코소보를 둘러싼 나토의 발칸 전쟁이 남긴 것들

타리크 알리 외 지음
국제연대정책정보센터 옮김

E
2000

컬리지언총서 17
전쟁이 끝난 후: 코소보를 둘러싼 나토의 발칸 전쟁이 남긴 것들
지은이 타리크 알리 외 / 옮긴이 국제연대정책정보센터 / 펴낸이 이일규 / 펴낸곳 이후
기획 이후 / 편집 김정한 정철수 / 디자인 홍수진 / 마케팅 김현종

첫번째 찍은 날 2000년 10월 30일 / 등록 1998. 2. 18(제13-828호)
주소 120-816 서울시 마포구 동교동 113-82 기평빌딩 2층
영업 02-3143-0905 편집 02-3143-0915 팩스 02-3143-0906 홈페이지 www.e-who.co.kr 전자우편 ewho@e-who.co.kr
ISBN 89-88105-24-9 04300 ISBN 89-88105-00-1(세트)

차례

옮긴이의 말

하나의 천년이 마감되고 '평화의 새 천 년'의 카운트다운이 시작되는 시점에서 벌어진 미국과 나토의 대 유고슬라비아 전쟁은 20세기 후반의 전쟁을 압축적으로 보여준, 아니 새 천년에 벌어질 전쟁의 양상을 예언해주는 것이었다. '걸프전은 벌어진 적이 없다'는 보드리야르의 말대로 굉음을 지르며 하늘을 가르는 전폭기들의 장면만이 보여졌을 뿐 지상에서 그 폭탄을 맞이한 사람들과 학교, 다리, 교회의 모습은 어디에도 없었다. 물론 전쟁의 비극을 보여주는 모습은 있었다. 난민수용소의 천진난만한 아이들과 학살당한 알바니아계 사람들의 공동묘지로 추정되는 들판, 불길에 휩싸인 마을 등의 이미지가 그것이었다. 그러나 이는 말 그대로 '전쟁이 야기한 비극'이었지 '전쟁이 필요한 이유'가 아니었다. 물론 CNN 등에서 이러한 화면을 전세계로 전송해준 이유는 미 공군의 시뮬레이션 훈련인 줄 착각하지 말라는 게 아니라 이 전쟁이 '인도주의적 개입'임을 각인시키기 위함이었다. 그리고 이러한 호소는 어느 정도 성공한 듯하다. 미국과 나토는 아직 건재하니 말이다. 이 책에 실린 글들은 전쟁 생중계 방송에 넋이 나간 사람들에게 TV를 다 본 다음에는 한번쯤 전쟁에 관해 사고해 보라고 권유하고 있다. '제국주의' '세계 헤게모니' '패권주의' '군산복합체' 등등 어느새 케케묵은 말이 되어버린 담론들이 여전히 유효함을 입증하면서, 그리고 동시에 이들 담론을 새롭게 정교화하고 발전시킬 필요성을 제기하면서.

걸프전의 경우 적어도 쿠웨이트라는 주권국에 대한 침략을 방어한다는 목적과 석유의 중요성이라는 명분이 있었다. 그러나 이제 우리는 레데케르의 말대로 '그리스-로마 서구 문명의 등장 이래 처음으로 정책이 완전히 부재한 가운데 벌어진 전쟁의 스펙터클을 목도하였다. 실망스러운 다음 세기의 서론이 쓰여진 것'이다. 혹자는 남아공과 북아일랜드, 한반도를 예로 들며 희망스러운 서론도 있다고 말할지도 모르겠다. 실망이 희망으로 바뀌기까지 적어도 50년이라는 시간이 필요한 것일까? 인도차이나에서 중미로, 또는 북아프리카에서 중동으로 진원지만 옮겨가는 것은 아닐까?

역자 후기를 쓰고 있는 지금에도 오늘자 신문은 이스라엘과 팔레스타인의 충돌로 천여 명의 사상자가 발생했으며 전쟁이 임박했다는 소식과 밀로세비치의 선거패배 인정을 요구하는 야당의 총파업 소식을 전하고 있다. '○○의 화약고'라 일컬어지던 곳들 가운데 순조롭게 평화적으로 분쟁이 종식된 경우가 과연 몇이나 될까? 오늘날의 세계체제는 최소한 몇 군데의 화약고는 보유하고 있어야 유지되는 것은 아닐까?

이 글들은 원래 타리크 알리가 편집한 *Masters of the Universe?: NATO's Balkan Crusade*(verso, 2000)에 수록된 것들인데, 그 중 일부를 선별하여 편역서로 꾸민 것이다. 영어판 책의 분량도 분량이지만, 다소 전문적인 글과 내용상 중복된다고 판단되는 글들은 제외한 결과이다. 아무쪼록 이 책이 2000년대를 장식할 예상되는 전쟁들을 바라보는 하나의 나침반이 되기를, 아니 그러한 전쟁을 막을 수 있는 평화의 무기가 되기를 바란다. 마감을 넘겨버린 번역 작업을 끈기 있게 기다려주고 실한 한 권의 책으로 만들어준 <이후>에 감사 드린다.

2000년 10월
국제연대정책정보센터

일러두기

1. 이 책은 타리크 알리가 편집한 *Masters of the Universe: NATO's Balkan Crusade* (Verso 2000)에 실린 글들을 다시 편집해 우리말로 옮긴 것이다.

2. 로빈 블랙번과 타리크 알리의 글은 <뉴 레프트 리뷰 *New Left Review*>에 처음 발표되었던 글들이고, 엘렌 메익신즈 우드의 글은 <먼슬리 리뷰 *Monthly Review*>에 실렸던 것을 저자가 다시 요약한 것이다. 로베르 레데케르의 글은 <현대 *Les Temps Modernes*>에, 레지 드브레의 '공개 서한'은 <르몽드 *Le Monde*>에 처음 발표되었던 것들이다. 에드워드 사이드의 글은 카이로의 일간지인 <알-아람 *al-Ahram*>를 통해 발표되었다.

3. 모든 주는 각 글 후미에 붙였으며, 옮긴이가 첨가한 주는 '[옮긴이]'라는 표시를 앞에 달았다. 읽는 이의 이해를 돕기 위해 본문에 옮긴이가 첨가한 부분은 '[ ]' 안에 가두어 놓았다.

머리말: 전쟁이 끝난 후

타리크 알리

최근의 발칸 분쟁에 관해 논평하면서 에릭 홉스봄 Eric Hobsbawm은, 수많은 수사 修辭에도 불구하고, 인도주의적 이유로 전개된 전쟁은, 설령 있다 하더라도, 극히 드물었다는 점을 우리에게 상기시켜 주었다.[1] 세르비아에 대한 공습 또한 예외가 아니었다. 나토의 신뢰도를 끌어올리는 것이 주목적이었던 이번 작전은 결국 엉망진창으로 끝이 났다. 결국 소리죽인 승리주의 triumphalism와 모든 에피소드를 잊어버리려는 미디어 후원자들의 욕망만이 남게 되었다. 실제로 나토 십자군은 완전한 재앙의 칼날 위에서 동요하였다. 런던에서 활동하는 인권 전사 戰士인 마이클 이그나티에프 Michael Ignatieff가 웨슬리 클라크 Wesley Clark 장군에게 밀로셰비치가 패배하지 않았음에도 군대를 철수시킨 이유를 물었을 때, 클라크 장군은 아무런 실질적인 설명을 하지 못했다. "밀로셰비치에게 물어보시오. 절대 말해주지 않을 겁니다."[2]

이에 대한 답은 무슨 큰 비밀이 아니다. 모스크바와 베오그라드의 고위 관료들은 밀로셰비치가 휴전을 받아들인 이유를 설명하려고 안달이 나 있다. 나토랜드 NATOland에 크나큰 파멸이 될 수도 있었을 일을 막아낸 결정적인 요인은 바로 모스크바의 개입이었다. 미국의 압력 아래 모스크바가 세르비아에 정밀 대공무기 제공을 거부함으로써 몇 주간이나 공중으로부터 무차별 테러가 계속될 수 있었던 것이다. 이는 <뉴요커 *New Yorker*>에 실린 이그나티에프의 인터뷰가 분명히 보여주는 사실이다.

공습의 파괴력, 특히 세르비아의 민간 시설에 대한 파괴력이 입증되었지만, 러시아가 최신 기술을 세르비아에 주었더라면 상황은 매우 달라졌을 것이다. 70년대에는 소련의 공중방어 기술과 미국의 최첨단 정밀유도 체계간에 공중전 대결이 본질적이었다. 나토가 소련의 80년대 기술과 맞부딪쳤다면 20대의 비행기를 잃었을 것이다. 나토 각국의 국민들이 이러한 손실을 참을 수 있었는지는 불분명하다.

국무차관 스트로브 탤벗 Strobe Talbott은 미국이 러시아측에 유고슬라비아에 어떠한 군사적 원조——물자, 노하우, 인적 지원——도 제공해선 안 된다고 '계속해서 명시적으로' 경고했음을 확인한 바 있다. 그의 말을 빌자면, '우리는 에둘러 말하지 않았다…'

밀로셰비치는 러시아가 반대 입장을 환기시키고 공공연한 군사적 원조를 제공하는 상황이 오면 나토가 분열될 것이라는 데 도박을 걸었다. 러시아는 나토를 둘로 갈라놓을 수 있었지만, 슬라브 형제애에 관한 표명에도 불구하고 러시아는 결국 자국의 국익을 미국에 걸기로 결정했다…[3]

결국 휴전을 가져온 것은 세르비아에 대한 원유 공급을 중단하겠다는 모스크바의 협박이었다. 이를 통해 워싱턴은 부패하고 비민주적인 크렘린의 옐친 도당을 지지한 이득을 거둬들였다. 러시아 국민의 90퍼센트 이상은 세르비아를 지켜내길 바랐다. 오직 아래로부터의 민주적인 압력을 깡그리 무시하는 권위주의 정권만이 이러한 입장을 유지할 수 있었다. 따라서 소위 '민주주의와 인권'의 승리는 모스크바의 부패하고 독재적인 행정부에 사실상 의

존함으로써만 가능했다. 여기서 이야기가 끝나는 것이 아니다. 나토의 전쟁의 결과로 러시아의 모든 정치적 경향이 사실상 서방으로부터 소외되었다. 이것이 가져온 첫 번째 결과는 다음 대선에서 보여지겠지만, 보다 심층적으로 보면, 나토의 공세는 모스크바의 강력한 군산복합체들이 새로운 광범위한 대륙간 탄도미사일의 연구, 개발, 생산을 밀어붙이는 데 이용되었다.

이 전쟁을 초현실적으로 만든 것은 완전히 공중으로부터만 수행된 방식이었다. 나토는 발칸 전역의 공중을 지배했지만 엄밀한 군사적 수준에서 보면 나토가 이룬 것은 극히 적었다. 처음 몇 주 동안 모든 나토 정치가들은 유고슬라비아군을 '붕괴'시키겠다고 거의 종교적인 어조로 이야기했다. 이 것이야말로 전쟁의 주요 목표라고 했던 것이다. 그러나 결과는 참담한 실패였다. 78일간 계속된 폭격과 3만6천 회의 출격에도 불구하고 유고슬라비아의 기갑부대는 거의 상처 하나 입지 않은 채 코소보에서 나왔다. 전쟁의 첫 번째 대차대조표는 모든 면에서 실패로 돌아갔음을 보여주었다. 어떠한 군사적 승리도 없었던 것이다. 모든 국제법을 어겨가면서 한 주권국가에 대한 나토의 첫 번째 전쟁을 벌이기로 결정한 올브라이트가 이끄는 워싱턴의 주전파 主戰派는 이번 전쟁이 기껏해야 사흘 안에 끝날 것이라고 확신하고 있었다. 짤막한 날카로운 충격만으로 밀로셰비치를 무릎꿇게 만들 수 있다는 것이었다. 그러나 이런 일은 일어나지 않았다.

타깃이 무엇인지 하는 문제에 관해서조차 나토의 최고위 군부 내에 심각한 분열이 존재했다. 최고사령관 웨슬리 클라크는 공군사령관 마이클 쇼트 Michael Short와 끊임없이 불화를 겪었다. 클라크는 코소보의 세르비아군을 끝까지 추적하기를 원했다. 쇼트는 보다 쉬운 방식을 바랬다. 그는 세르비아 내의 기간시설을 파괴하는 것——여기에는 중국대사관도 분명히 포함되어 있었다——을 선호했던 것이다. 나토의 비행기들이 베오그라드를 폭격했을 당시 다음과 같은 대화가 클라크와 쇼트 사이에 오고갔다.

쇼트: 이번 공격은 화룡점정이라 하겠습니다.
클라크: 내가 보기에, 화룡점정이란 B52 폭격기가 코소보 전역을 뒤흔드는 것이오.
쇼트: 장군님과 저는 지난 몇 주 동안 서로 다른 화가를 마음 속에 그리고 있다는 점을 알고 있었습니다.
클라크: 본인의 화가가 더 뛰어나지요.[4]

정치적 차원에서 보자면, 나토가 이룩한 모든 것은 전쟁 개시 전에 이미 세르비아 지도자들이 제안한 것이었다. 세르비아의 조인을 저지함으로써 나토의 힘의 과시를 가능케 하기 위해 최종 순간에 삽입된 랑부예 Rambouillet 조약의 도발적인 조항들(세르비아의 주권에 대한 공공연한 침해)은 휴전 협정에 포함되지 않았다.

많은 자유주의적 전문가들은 코소보 전쟁이 다른 무엇이 아니라 심오한 도덕적, 인도주의적 대의를 위한 것이었다고 믿는 게 쉽지 않다는 점을 알고 있다. 이들이 그렇게 믿는 것은 그것이 진실이어서가 아니라 진실이기를 원하기 때문이다. 르완다의 진짜 대학살과 보스니아의 혐오스러운 인종청소를 보고 난 자유주의 전쟁광들은 코소보에서 과거를 되돌아보는 행동을 원했다. 미국은 이러한 자유주의 범죄에서 할 수 있는 모든 걸 했지만 자신들이 전쟁을 벌이는 이유를 너무나도 잘 알고 있었다. 소련 붕괴 이후 미국의 정책 목표는 <방어계획지도 Defense Planning Guidance>라는 제목의 46쪽짜리 국방부 문서에 솔직하게 나와있다. 이 문서는 1992년 3월 8일자 <뉴욕타임스 New York Times>에 요약본이 게재되었으며 어떤 정부 관료도 이를 부인하지 않았다. 이 문서는 미국이 신세계질서 New World Order에서 어떻게 자신의 헤게모니를 유지시키려 하는가를 분명히 보여주고 있다. 국방성 문서는 다음과 같이 말하고 있다.

> 우리의 첫 번째 목적은 새로운 라이벌의 재등장을 저지하는 것이다. … 우선, 미국은 잠재적 경쟁자들에게 자신들의 정당한 이해를 보호하기 위해 보다 큰 역할을 바라거나 공세적인 입장을 좇을 필요가 없다고 확신시켜주는 새로운 질서를 수립하고 보호하는 데 필요한 지도력을 보여주어야 한다.
>
> 우리는 선진산업국가들이 우리의 지도력에 도전하지 않도록 이들의 이해를 충분히 책임져 주어야 한다. … 마지막으로, 우리는 잠재적 경쟁자들이 지역적으로나 세계적으로 역할 확대를 열망하는 것조차 단념시키기 위한 기제를 유지해야 한다.
>
> 서방 안보와 방위의 일차적 도구이자 유럽 안보 문제에 미국이 영향력을 미치고 개입하는 통로로 나토를 유지하는 것은 필수적이다. … 우리는 나토의 근간을 파고들지도 모르는 유럽만의 안보 협정이 등장하는 것을 저지해야만 한다.…5)

[폭격의] 먼지가 가라앉은 후 나토가 분쟁 내내 심각하게 분열되어 있었다는 사실이 드러났다. 독일과 이탈리아, 프랑스는 초기 단계부터 협상을 통해 해결하고자 노력했다. 그리스 정부는 지상군이 살로니카 Salonika에 상륙할 경우 국가적 폭동이 일어날 것을 두려워했다. 국민의 90퍼센트 이상이 전쟁에 반대하고 있었기 때문이다. 이러한 배경 아래 나토의 선전자들은 군사동맹의 결속력 유지를 전쟁의 승리 가운데 하나로 꼽았다는 점에서 옳았다. 이것이야말로 솔라나[나토 사무총장]의 진짜 업적이었다. 그가 코소보 해방

을 위한 전쟁을 이끌었다는 점에서가 아니라 분열된 동맹을 한데 유지했다는 점에서 그러하다.

자신들의 이름으로 이번 전쟁이 수행된 코소보인들은 어떠했을까? 몇몇 사람들은, 비록 이번 전쟁의 실질적인 동기가 강대국의 이해였다 하더라도, 최종 결과가 긍정적으로 판명될 경우 문제가 되지 않는다고 주장하였다. 긍정적 결과라 함은 밀로셰비치의 전복을 의미했다. 다우닝가 Downing Street [영국 총리관저가 있는 거리 이름으로 영국 정부를 의미]는 분명 이것이 가능하다고 믿었다. 웨슬리 클라크 장군은 블레어가 자신의 집무실로 들어와서는 모든 유럽 지도자들의 미래가 전쟁의 결과에 달려있다고 말한 사실을 회상하고 있다. "이기기 위해 전쟁을 벌이는 거지요?" 블레어는 그에게 물었다. 클라크는 그렇다고 대답했다.[6] 밀로셰비치는 분명 몰락하지 않았다. 그런데 코소보인 자신들에게 이번 승리가 무엇을 이루어 주었는가?

전쟁은 세르비아 지도자들로 하여금 코소보인들을 고향에서 몰아내도록 만들었다. 전쟁은 사상자수를 가속화시켰다. 나토 강대국들이 선포한 목적은 전적으로 인도주의적인 것이었다. 세르비아 민병대가 알바니아 민족을 공격하지 못하도록 세르비아를 폭격한다는 것이었다. 그러나 폭격은 완전히 반대 효과를 낳았다. 나토가 전쟁에 착수하자 (이전과는 달리) 세르비아는 체계적으로 알바니아인계의 광대한 영토를 소개 疏開하는 작전에 들어갔다 (이는 말레이 반도, 알제리, 베트남 등에서 사용된 서방의 반란진압 전술과 매우 유사하다). 수십만 명의 알바니아인이 자기 고향에서 축출되었다. 이것은 미 국방부 우두머리들이 전쟁 개시 훨씬 이전에 예측한 결과였다. <워싱턴 포스트 Washington Post>는 다음과 같이 보도했다. "사성장군들 가운데 공군력을 가장 신뢰하는 이들조차도 개인적으로는 공군력만으로 이른 시일 내에 밀로셰비치를 움직일 수 있으리라는 점에 대해 의문을 품고 있었다.

집집마다 테러를 벌이고 있는 널리 흩어진 지상군에 대해 비행기를 출격시키는 문제라는 사실을 알고 있었던 것이다."[7] 국방장관 윌리엄 코언 또한 오랜 시간에 걸친 공습이 있어야 할 것이라고 전쟁 개시 전에 충고했다. <워싱턴 포스트>의 설명으로는, "측근들의 말에 따르면 코언은 이번 작전이 신속하게 끝나리라고 결코 생각하지 않았다."[8]

그리하여 선포된 목적은 전쟁의 실제 과정 전반과 충돌하였다. 실제로 나토는 인도주의적 목적, 즉 나토의 코소보 점령을 달성하기 위해 인도주의적 재앙의 방아쇠를 당길 준비가 되어 있었다. 이는 세르비아 국민여론이 유엔이 코소보를 점령해야 한다고 확신하도록 만들기 위해 밀로셰비치가 폭격을 원한다는 내용을 담고 있는 나토에서 나온 초기 성명들을 설명해준다. 그러나 이것이 코소보에서의 밀로셰비치의 만행을 저지하기 위해 폭격이 필요하다는 제안과 모순됨을 나토 지도자들이 깨닫게 되자 이러한 주장은 기각되었다.

나토의 전쟁은 그 대신 전체 지역의 기간시설의 파괴로 귀결되었고 코소보는 사실상 나토의 보호령이 되었다. 올브라이트 여사가 세르비아측의 거부를 자극한, 랑부예 협상테이블에서 제안된 원래의 거래는 코소보인들에게 지금 누리는 것과 같은 보다 실질적인 자율권과 민주주의를 허용하는 것이었다.

1. 랑부예는 코소보에서 독립에 관한 국민투표를 향한 3년의 과도기를 그리고 있었다. [나토 공습 이후의] 평화협정은 어떠한 국민투표도 없이 세르비아 국가 인사들의 복귀를 비롯하여 코소보에 대한 세르비아의 주권을 지속시키는 것을 담고 있었다.

2. 랑부예는 코소보해방군(KLA)과 그 지도부를 코소보 알바니아인들 대다수

의 정치적 대표체이자 코소보 과도정부로 인정했다. 평화 협정은 코소보해방군의 정치적 권한을 인정하지 않았다. 이브라힘 루고바 Ibrahim Rugova[9]의 지지자들과 코소보해방군 사이의 긴장이 계속 존재했다. 1999년 9월 프리슈티나 축구경기장에서 열린 축구경기에 코소보해방군 지도자 하심 타치 Hashim Thaqi[10]가 모습을 드러냈을 때 군중들은 '루고바, 루고바'라고 연호하며 그를 맞이했다.

3. 랑부예는 코소보 문제에 관해 유엔안보리의 역할을 인정하지 않았다. 평화 협정은 코소보와 나토 점령군을 유엔안보리 권한 아래 두었으며 나토가 코소보 내에서 어떠한 전반적인 권한을 갖고 있다고 명시적으로 인정하지 않았다.

4. 랑부예는 코소보 내에서 러시아군의 어떠한 독자적인 역할도 인정하지 않았다. 평화 협정은 코소보 내에서 러시아군이 독자적으로 존재할 수 있는 권리를 러시아에게 부여하였다.

5. 랑부예는 세르비아 전역에서 작전할 권리를 나토군에 부여하였다. 이는 세르비아측이 정당하게 거부한 올브라이트의 조항이었다. 평화 협정은 나토군이 세르비아에 진입할 어떠한 권리도 인정하지 않았다.

객관적으로 판단해 보건대, 자신들의 이름으로 이번 전쟁이 진행된 알바니아계 국민들은, 지금까지는, 그 결과로 더 나은 결실을 얻지 못했다. 실제로 이들 가운데 일부는 '민족적으로 순수한' 코소보에 만족하지 못하고 다민족으로 구성된 베오그라드로 도주했다. 베오그라드의 알바니아계 지구 아파트 값이 최고 기록을 세우고 있는데도 말이다.

나토의 결속은 유럽 시민들에게 진실을 감추기 위해 의도적으로 제시된 거대한 선전 공세를 퍼부음으로써만 유지될 수 있었다. 현혹술 분야에 훌륭한 수완이 있는 영국이 언론 경영진들을 지휘하는 데 있어 핵심적인 역할을 하였다. 편집자들을 구워삶고 매수하고 우쭐하게 만듦으로써 자신들 또한 이 고상한 전쟁 시도의 일부분이라고 믿게 만들었다.

뉴스를 조작하는 이러한 영국의 능력에 관해 처음으로 평한 사람 가운데 한 명은 제1차대전에서 싸웠던 전직 독일 상병이었다. <나의 투쟁>에서 히틀러는 제1차대전 동안 보여준 영국의 일관되게 효과적인 전쟁 선전을 경탄해마지 않았다. 그는 다음과 같이 영국의 전쟁 선전의 '심리적으로 올바른' 형식을 경탄하였다.

> 자국 국민들에게 독일인을 야만인이자 훈족으로 보여줌으로써 그들은 병사 개개인들을 전쟁의 공포에 대비시키고 있었다. … 영국에는 의심을 야기할만 한 어중간한 말이라곤 없었다. … 몇 가지 관점에 국한된 적의 선전은 대중에 게만 전달되었고 지치지 않는 인내로 수행되었다. 전쟁 기간 내내 처음부터 옳다고 간주된 기본적인 사고와 표현 형식이 활용되었고 조금의 변경도 고려 되지 않았다.

히틀러의 동료인 괴벨스 Goebbels가 제3제국 시기 동안 한결같은 냉혹함으로 한층 발전시켜 적용한 것은 바로 이러한 전통이었다.

나토의 선전 전쟁은 방송망과 자유주의 신문들이 손쉽게 협력함으로써 만 가능했다. 이들은 밀로셰비치가 히틀러이고 코소보의 알바니아인들은 제2차대전 당시의 유태인이며 세르비아의 비정규군은 인종말살을 벌이고 있다는 사고를 일관되게 조장하였다. 결국 야수를 물리치고 인종말살을 중 단시키려면 전쟁이 필요하다는 것이었다.

이것은 뻔뻔스러운 거짓말이었지만, 독일의 과거 선전 대가 大家를 말만 바꿔 따라하는 동안 거짓말이 클수록 그 효과는 더 좋았다. 이러한 불가항력에 맞선 서방 언론인은 극히 드물었다. 이런 언론인들은 반역자이거나 유화파, 아니면 더 나쁜 무언가로 매도당했다. 정보의 영역에서 보면 전쟁 동안의 나토랜드는 일당 국가를 떠올리게 했다. 때로는 반대의 목소리가 허용되었지만 이는 우리가 민주주의 아래 살고 있다는 사실을 상기시키는 증거에 불과했다. 서방과 세르비아 양쪽의 화면을 방영하면서 독자적인 시각을 보여준 텔레비전 방송은 러시아와 중국, 인도뿐이었다.

이번 전쟁에서의 커다란 승리는 세르비아계, 집시, 유태인들을 코소보 보호령에서 인종청소한 것이었다. 이는 나토가 바란 것은 아니었지만 나토 모험주의의 불가피한 결과였다. 그 결과 한때 다민족 국가로 알려졌던 유럽의 한 나라에서 또 하나의 '순수한' 국가가 만들어졌다. '다문화주의'를 옹호했던 자유주의 전쟁광들은 침묵 속으로 빠져들었다. 세르비아인들(이들 또한 수세기 동안 코소보에서 살아왔다는 사실을 기억해야 한다)은 완전히 악마로 간주되어 서방의 자유주의 여론은 그들의 운명에 대해 요지부동이었다. 영국의 각료 클레어 쇼트 Clare Short는 세르비아인들을 '인간말종 scum'이라고 표현했다.

국제 언론이 다른 곳으로 옮겨간 후, 현재 코소보에서 흘러나오기 시작한 정보의 대부분은 세르비아에 의해 살해된 코소보인의 수가 서유럽 전역 언론의 전쟁 선전자들이 채택한 그로테스크한 홀로코스트의 비유들——<쇼아 Shoah>[11])의 감독 클로드 란츠만 Claude Lanzmann이 다음과 같은 강경한 어조로 비난했던 그러한 비유들 ——과는 한참 거리가 멀다는 사실을 보여준다.

민족해방전선(FLN) 전사들이 고문당하고 대규모로 학살되면서 거대한 국토가 주민 하나 없이 텅 비었던 알제리 전쟁의 최악의 기간 중에도 지식인들은 이러한 홀로코스트 비유를 쓰지 않았다. 수백 개의 촌락이 삼림과 논 등과 더불어 네이팜탄에 전소되던 베트남 전쟁 때도 마찬가지였다. 인도주의 이데 올로기와 실천의 탄생을 목도한 비아프라 전쟁12) 동안에도 사람들은 이를 나치즘과 비유하지 않았다….

자신들이 '절반의 전쟁 half-war'이라 부른 것의 실패와 더불어 남녀를 불 문한 대담한 안락의자 전사들은 이제 전면전을 요구하고 있다. 예측가능, 불가능(하지만 분명 무시무시할 것이다)한 모든 결과에도 불구하고 지상 침 투를 해야 한다는 것이다. 역사의 무게를 이토록 완전히 무시하는 것에 가슴 이 메스껍다. … 이렇게 끊임없이 홀로코스트를 들먹이는 것은 모든 논의에 재갈을 물리는 것이다. 대화 금지! 논의 끝!13)

그리하여 전쟁이 끝나기 일주일 전 영국 외무부의 한 젊은 각료인 조프 훈 Geoff Hoon은 다음과 같이 말했다. "우리가 수집한 보고서들에 따르면 약 만 명의 사람들이 살해되었으며 이들 대부분은 난민이었다." 코소보의 유엔 식민지 총독인 베르나르 쿠슈네 Bernard Kouchner[유엔 사무총장 특별대리인 이자 코소보 관할 유엔 임시행정단 단장]는 공동묘지에서 1만1천 구의 시체 가 발견되었다고 주장했다.

이 글을 쓰고 있는 지금, 전쟁범죄 조사관들이 공개하고 있는 수치는 수천이 아니라 수백 명 수준이다. 코소보 언론은 7백 명의 알바니아인들이 살해되어 미트로비차 Mitrovica 근처에 있는 트렙차 Trepča 납·아연 광산의 갱도인 공동묘지에 묻혔다고 보도한 바 있다. 구 유고슬라비아에 대한 국제 형사재판소(ICTY)를 위해 활동하고 있는 전쟁범죄 조사관들은 밀로셰비치 를 기소할 수 있는 증거를 찾고자 했지만 특수발굴장비와 법의학 전문가들 을 동원했음에도 아무 것도 발견하지 못했다.14) 조사하고 있는 다른 '공동묘지'들에서도 이러한 패턴이 계속될 경우 나토 국가들에 심각한 영향이 미칠 것이다.

나토의 폭격 이후 알바니아계에 대한 폭력이 증대되기 시작했다는 점은 의심의 여지가 없는 반면, 보스니아 규모의 인종말살이나 심지어 학살이 있었다는 주장을 정당화할 수 있는 증거는 아직 전무하다. 한 예로 FBI는 1999년 6월과 8월에 두 번의 조사를 벌였다. 조사한 30개 현장에서 발견한 시체는 총 2백 구였다. 스페인의 한 조사단은 진짜 킬링필드에 들어가게 될 테니 최악의 상황에 대비하라고 지시 받았다. 2천 구의 시체를 부검하게 될지도 모른다는 것이었다. 그들은 공동묘지는 전혀 발견하지 못한 채 각각 따로 묻혀 있는 1백87구의 시체만을 발굴했다. <엘 파이스 *El Pais*>에는 스페인 조사단 단장인 후안 로페스 팔라폭스 Juan Lopez Palafox가 다음과 같이 말했다고 보도되었다. "구 유고슬라비아에서 범죄가 저질러졌지만 이는 전쟁으로 인한 것이었다. 르완다에서 우리는 (한 장소에서) 4백50구의 여성과 어린이 시체를 본 적이 있다. 다른 걸 떠나 이들의 두개골은 모두 뻥 뚫린 상태였다."

전쟁 기간 동안 나토는 세르비아측이 1백6명을 살해한 장소라는 푸스토 셀로 Pusto Selo의 공동묘지 추정지를 담은 위성 사진을 공개했다. 이 장소에서는 시체가 한 구도 발견되지 않았다. 이즈비차 Izbica에서는 난민들이 1999년 3월 1백50명의 알바니아계가 살해되었다고 주장했다. 그러나 이 곳에서 역시 시체도 시체를 치운 흔적도 발견되지 않았다. 물론 조사단이 대량학살이 벌어진 장소를 아직 못 찾았을 수도 있지만, 지금까지 나타난 증거는 확실히 미덥지 못하다.

이번 전쟁을 도덕적 십자군으로 정당화하고자 하는 이들은 나토의 공격을 정당화하는 데 필요한 증거를 왜 어떻게 조작했는지를 설명해야만 할 것이다.

대 對세르비아 전쟁은 나토가 벌인 최초의 전쟁이었다. 독일과 프랑스, 이탈리아, 그리스가 이번처럼 쉽게 또다른 모험으로 이끌리지는 않을 것이므로 아마도 마지막 전쟁이 될 것이다. 미래의 패턴은 이라크에 대해 수행되고 있는 전쟁과 같이 영국의 지원을 받는 미국의 직접 행동이 될 것이다.

나토 일방주의 unilateralism의 부작용 가운데 하나는 완전히 똑같은 방식으로 행동하도록 다른 강대국들에 청신호를 준 것이다. 체첸에 대한 러시아의 공격은 모스크바에서 적에게 포위당한 정부의 끔찍한 행위였다. 이에 대한 서방 언론의 보도는 극도로 소극적이었다. 이것이 코소보에서 전쟁을 끝내도록 도와준 것에 대한 보답은 아닐까? 아니면 러시아 지도부는 자기 앞마당에서 나토와 똑같이 군사행동을 취할 수 있다고 생각한 것이었을까? 남아시아 [인도 북서부의] 카슈미르 Kashmir에서의 인도와 파키스탄의 충돌은 인도가 신문보도를 통해 파키스탄 주둔군에 대해 '나토식 폭격'을 개시하겠다고 위협한 후에야 마무리되었다. 분명 중국 정부는 내·외부(티벳/타이완)의 문제를 다루는 데 있어 이제 전혀 거북하게 느끼고 있지 않다. 미국의 헤게모니와 나토의 우위를 주장하고 다른 지역의 강대국들이 군사적 차원에서 실질적인 독립권을 행사하지 못하도록 의도된 전쟁이 역설적이게도 완전히 반대의 효과를 낳았다. 아직 모든 후과를 다 본 것도 아니다.

이 책에 수록된 글들은 발칸 지역에 대한 한 가지 공통된 접근을 공유하고 있다. 모든 필자들은 유고슬라비아의 해체를 유럽의 커다란 재앙으로 생각하고 있다. 이는 필연적인 것이 아니었으며 유럽연합 주요 국가들이 이 지역에서 값싼 이득을 좇느라 돌진해 들어가지 않았다면 피할 수 있었던 결과였다. 유럽연합의 재건 계획이 있었더라면 유고슬라비아는 느슨한 연방으로 유지될 수 있었으며 이를 위해 필요한 자금은 전쟁에 쏟아 부은 돈에 비하면 새 발의 피였다. 세르비아, 슬로베니아, 크로아티아의 엘리트들은 매력적인 제안을 거부하기 힘들었을 것이다.

이 책은 조금씩은 다른 여러 글들로 구성되어 있다. 지오반니 아리기는 유럽과 미국 사이의 긴장과 냉전 종식 이후 세계 지배를 위한 미국의 계속적인 분투를 분석한다. 로베르 레데케르, 알렉스 캘리니코스, 엘렌 메익신즈 우드는 '인도주의적 전쟁'이라는 허세 뒤에서 작동하고 있는 미국의 전통적인 힘의 정치를 폭로하고 있다. 미셸 초수도프스키는 최근 발칸 역사의 비극을 상세하게 검토하고 있으며, 전쟁이 진행되는 동안 발표된 레지 드브레, 에드워드 사이드, 로빈 블랙번, 노암 촘스키 등의 다양한 글들은 '제3의 길' 전쟁광들의 저널리즘보다 시간의 시험을 견뎌내었다. 그리고 결론적으로 알바니아의 망명시인 가지 카플란은 시애틀의 시위대와 마찬가지로 새로운 국제주의라는 유행에 뒤진 호소를 감동적인 목소리로 던진다.

2000년 1월

주

1. 'Global Order: a Roundtable', *Prospect*, August/September 1999.

2. Michael Ignatieff, 'The Virtual Commander: How NATO invented a new kind of war', *New Yorker*, 2 August 1999. 이 인터뷰는 많은 흥미로운 내용을 담고 있을 뿐만 아니라 아첨술 art of sycophancy의 진정한 걸작이기도 하다. 이그나티에프는 이 분야에서는 자신의 경쟁자들에 비해 단연 탁월하다.

3. 앞의 글.

4. Dana Priest, 'Strikes Divided Nato Chiefs', *International Herald Tribune*, 22 September 1999.

5. *NATO in the Balkans: Voices of Opposition*, New York 1998에서 인용.

6. Michael Ignatieff, 앞의 글.

7. Bradley Graham, 'Joint Chiefs Doubted Air Strategy', *Washington Post*, 5 April 1999, p. A1.

8. Bradley Graham, 'Cohen Wrestles with Mission Risks', *Washington Post*, 11 April 1999, p. A24.

9. [옮긴이] 알바니아계 지도자로 불리며 온건노선의 코소보민주연맹(LDK)를 이끌고 있다.

10. [옮긴이] 코소보해방군의 지도자로 20대 후반의 나이에 무장투쟁을 이끌었으며 코소보해방군의 정치조직인 코소보민주당(PDK)을 이끌고 있다.

11. [옮긴이] 제작기간 11년, 총 촬영 필름 3백50시간에 이르는 작업 끝에 완성된 영화로 아우슈비츠나 트레블린카 같은 죽음의 수용소에서 살아남은 유태인들과 학살 책임자와 기술자들 그리고 학살을 지켜본 자들의 증언만으로 이루어진 다큐멘터리이다. '쇼아'는 히브리어로 '절멸', '파국'이라는 뜻.

12. [옮긴이] 1960년대 말 나이지리아에서 육군중령 추쿠에메카 오두메구-오주쿠가 쿠데타를 일으켜 동쪽을 점령하고 이 곳을 비아프라 Biafra 독립국가라고 선언하면서 시작된 내전. 식민지 시절 조장된 지역적, 종교적 분할 정책에 기인한 전쟁으로 군부를 지지한 영국 및 소련과 비아프라를 지지한 프랑스 등의 국제적 개입으로 2년 반 동안 지속되어 2백만 명의 비아프라 민간인이 희생되었다.

13. Interview with Claude Lanzmann, *Marianne* no. 110, 31 May 1999.

14. *New York Times*, 13 October 1999.

1
정치를 대신한 자리: 인도주의와 전쟁
로베르 레데케르

에 덴 동산 같은 물병자리의 시대라기보다는 새로운 화성 Mars[로마신화의 전쟁의 신]의 시대를 닮은 듯이 보이는 21세기를 예언하면서[1], 나토-세르비아 분쟁은 매일매일 새로운 타입의 전쟁 양상을 조금씩 띠어가고 있다. 실제로 이 분쟁은 우리 역사에서 전례가 없는 형태를 취하고 있는 듯이 보인다. 전쟁은 이제 더 이상 '다른 수단을 통한 정책의 지속'이 아니라 정책의 부재를 대체하는 행위가 될 것이다. 이제 우리는 상황주의자들과 장 보드리야르 Jean Baudrillard가 분석한 '정치의 종언 end of politics'의 직접 상속자인 전쟁을 갖게 된 것이다. 정치의 종언은 전쟁의 종말을 알리기는커녕 전쟁의 활기찬 귀환을 위한 기반을 준비하고 있다. 이것이야말로 낡고 진부한 (그러나 결코 사라지지 않은) 인류의 파트너인 전쟁이 정치 사망의 유언집행자로서 유럽의 심장부로 복귀한 방식이다. 전통적으로 전쟁은 정책을 지속시키고 이와 동반했으며 또다른 형태의 정책이었다. 그리스-로마 서구 문명의 등장 이래 처음으로 올해[1999년] 우리는 정책이 완전히 부재한 가운데 전쟁의 스펙터클을 목도하였다. 실망스러운 다음 세기의 서론이 씌어진 것이다.

정치가 등장하기 전, 인류의 정치 이전 시대 pre-political age에도 전쟁은

이미 존재했다. 피에르 클라스트르는 자신의 저서 <국가에 반하는 사회>[2)]
에서 원시사회에서 전쟁의 기능이 국가와 정치제도의 등장을 저지하기 위한
도구였음을 설득력 있게 보여주었다. 정치 이후 시대 post-political age가 모양
을 잡아가는 지금, 전쟁은 이와 똑같은 방식으로 반정치적인 이름——**부족화,
민족 분리주의, 자연주의**——을 가진 죄악들에 의해 위협받고 있는 인류에
대해 절대적인 철의 여왕으로 군림할 준비를 하고 있다. 1999년 봄 발칸
국가들을 유린한 정치 없는 전쟁(선전포고도 정책도 없이 전개된 전쟁)은
인류가 먼 과거에 알았던 정치에 반하는 전쟁을 생각나게 한다.

　인도주의적 전쟁——언뜻 보기에는 다소 이상한, 이 두 개념 사이의 결합
으로 특징지어지는 이번 분쟁 —— 은 정서에 의한 지배에 의존한다. 과거의
신적인 힘과 세속적인 힘처럼 결합된 이 둘은 이미지들의 정서적인 힘에
그 권력을 근거짓는 것이다. 텔레비전 방송이 자신들의 고향에서 도망치는
불행한 수많은 군중과 눈물 어리게 고통받는 어머니, 불구가 된 아이, 훼손된
시체, 산산 조각난 사체, 불길에 휩싸인 마을, 눈 속에서 지쳐 죽어 가는
노인들의 이미지를 숱하게 토해내면서 폭풍 같은 물결로 우리를 뒤덮어오는
감정을 어떻게 견뎌낼 수 있겠는가? 공습이 필요하다고, 누군가는 화면으로
보여지는 고통받는 사람들을 도와야만 한다고, 그들이 필요로 하는 도움은
이중적인 것이라고, 즉 한 면은 인도주의이고 다른 하나는 전쟁이라고 우리
에게 암시하는 이들 이미지 앞에서 어떻게 우리의 감정을 억제할 수 있겠는
가? 방송 이미지들이 만들어낸 이러한 유형의 정서는 우리가 이들 이미지
앞에서 꼼짝달싹 못하는 바로 그 순간에 이중의 호소를 만들어낸다. 인도주
의적 행동의 호소와 전쟁의 호소가 그것이다. 전세계에 전시되는 이 무한한
불행에는 두 가지 대답만이 가능해 보인다. 즉시 인도주의적 행동에 착수하
라. 즉시 전쟁에 돌입하라.

정치——정책——는 시민들에게 전쟁과 인도주의와는 다른, 더 무거운 요구를 제시한다. 가령 정치는 시청률에 사로잡힌 여론제조자들에게 견디기 어려운 것이 된 능력인, 이성의 어려운 전개를 요구한다. 정치는 미묘하고 조심스럽게 추론된 성찰과 개념적 기교, 견고하고 정직한 판단을 필요로 한다. 감정을 필요로 하는 모든 일과는 어느 정도 거리를 두어야 하는 것이다. 방송 메시지로서 동일한 정서의 골판지 papier-mâché로 만들어진 두 대답인 전쟁과 인도주의는 텔레비전 시청자인 저 말없는 시민의 마음 속에 뿌리를 내릴 수 있는 유일한 해답이다. 사실 인도주의는 의심할 나위 없는 전쟁무기이다. 이에 항상 동반되는 절박한 세속적 권력이 쟁점들에 대한 전적으로 정치적인 접근의 등장을 가로막으면서 인도주의적 행위를 전쟁억제 폭탄으로 전환시키기 때문이다. 따라서 인도주의는 정책을 형성하는 새로운 방식도 정치의 부속물도 아니다. 인도주의 이데올로기는 사라져버린 정책의 대체물이지만 무엇보다도 이는 단념을 통해 정치가 싹틀 수 있는 땅을 메마르게 만든다.

정서의 마케팅으로 결합된 전쟁과 인도주의의 제휴는 프랑스의 논쟁을 일시적으로 지우고 우리의 모든 주장을 망쳐버렸다. 1999년 3월 전에 우리는 여전히 가족의 미래와 여성의 역할, 동등 parity[3], 교육개혁 등에 관해 여전히 논쟁하고 의견을 달리하고 쟁투하고 있었다. 3월과 6월 사이에 전쟁과 인도주의의 결합은 정부에게 심각한 반대에 부딪히지 않은 채 몇몇 개혁을 돌파할 수 있는 기회를 주었다. 이 음산한 봄 내내 인도주의는 모든 논쟁을 대체하면서 전쟁 희생자를 돌보는 것을 제외한 모든 관심을 추잡한 것으로 만들어버렸다. 슈퍼마켓에서 학교까지, TV와 라디오 방송국을 경유하여 시청, 장로회 관할구, 스포츠클럽, 지방정부 사무실 등에 이르기까지 코소보에 대한 인도적 구호라는 과제는 무조건적인 정언명령으로 선포되었으며 이에 대한 어떠한 재고도 허용되지 않았다. 이중의 과제였다. 전쟁을 지지하고, 코소보인들에게 인도적 구호를 보내자라는. 인도주의는 마음의 식당Restos du Coeur[4] 설립 이래 존재해온 모든 것들을 강화시키면서 통일된 봉사 유니폼과 강요된 만장일치, 올바른 감정으로 전국을 감싸버렸다. 그러나 사실은 한 시민이 그 이름에 걸맞게 살아가는 적절한 방식에는 대결과 불일치, 말다툼과 분열도 포함된다. '감정 우선'이라는 원칙의 이름 아래 인도주의는 비판적 사고를 침묵시켰다. 인도주의의 헤게모니가 강요한 만장일치의 도덕주의는 민주주의를 살아있게 만드는 차이들을 질식시킨 것이다.

이번 분쟁이 관리되고 여론에 제시된 방식은 대리인으로서의 시민권의 시대를 알려주었다. 1995년 겨울 프랑스에서 극찬 받았던 '대리 파업'이라는 사고를 이제 누가 기억하겠는가? 그 해 12월 모두가 파업을 벌일 수 있었던 시기가 지난 후에 파업이 벌어졌다. 어떤 직업집단을 위해 남겨졌던 파업, 계급투쟁이 공식적으로 종말을 고한 후에 벌어진 파업. 1999년 봄 우리는 징병제 폐지 이후에 벌어진 전쟁, 군사적 시민권이 헌법에서 소멸한 이후에 벌어진 전쟁에 빠져들어 있었다. 모든 사람이 대리인으로 이 전쟁을 수행했다. 시민군의 혁명적 유산이 청산된 이래 군이 직업화되었으므로 어떠한 차이도 있을 수 없었다. 인도주의는 또한 우리가 텔레비전을 보고 난 후 바보상자 시청자로서 몇몇 NGO를 도와 소포를 포장하는 일에 초대될 것이라는 점에서 전쟁과 나란히 대리 체계에 작동을 가했다. 대리제를 대표제와 혼동하지 않는 것이 극히 중요하다. 인도주의의 재난 구호인들이 우리 대신 전쟁의 상처를 위로해주는 대리인인 것과 마찬가지로 나토 병사들은 우리 대신 싸우는 대리인들이다. 이와 동시에 비참한 이미지들의 흡족한 과시와 희생자 육신의 스펙터클화, 상처와 불안에 대한 계속된 방송들은 우리로 하여금 대리인으로 고통받을 수 있게 한다. 대리 행위는 정치적 시민권의 부정이다. 이번 전쟁의 장막 아래서 (루소에서 카스토리아디스까지 있어온) 직접민주주의와 간접민주주의 사이의 규범적 구분을 폐지하는 사회 조직의 새로운 모델이 등장하고 있다. 대의민주주의를 대체하고 있는 것은 직접민주주의가 아니라 대리민주주의인 것이다.

이것이 정치를 넘어선 무언가가 아니라면 도대체 무엇일 수 있을까? 정치로의 귀환, 시민권의 부활, 사회관계를 변화시키기 위한 자발적인 행동의 추구라는 마지막 꿈이 모두 연기처럼 사라져버리는 지금 이것은 스스로를 전세계에 강요하는 체제가 아니라면 도대체 무엇인가? 정치적 헌신, 인도주의의 패러디를 통한, 국민(인도주의는 민중보다는 국민이라는 말을 좋아한다)을 소진시키기 위해 위조된 참여의 패러디가 아니라면 무엇이란 말인가? 걸프전에 관한 장 보드리야르의 잘못된 공리(그는 대담하게도 걸프전이 벌어진 적이 없다고 말했다)를 전도시켜 보자. 이 전쟁, 이러한 유형의 전쟁은, 앞으로 나타날 모든 다른 전쟁과 마찬가지로, 이제 더 이상 정치가 이루어지지 않기 때문에 벌어진 것이었다. 코소보 분쟁의 진정한 드라마는 발칸 민중들에게 가해지고 있는 모든 재앙을 넘어서 이렇게 요약될 수 있다. 샴 쌍둥이처럼 연결된 전쟁과 인도주의가 정치에 반해 조화를 이루어 진행되고 있다고.

지금은 지식인과 인도주의자, 군인들 모두가 똑같은 어휘(그것도 세계 역사상 가장 강력한 제국이 공유하고 있는)를 사용하는 이상한 시기이다. 이 시대가 우리에게 보여준 한 가지는 전쟁에 직면한 지식인들이 패주하면서 보여준 지식의 소멸이다. 이는 우리로 하여금 전쟁뿐만 아니라 인도주의의 비인간적 면모와도 대결하게 만들었다. 정치와 사유가 사라진 자리에 남아있는 파편들 속에서 잡초처럼 솟아나고 있는 전쟁과 인도주의와.

주

1. [옮긴이] 60년대 뉴욕 브로드웨이에서 개봉, 지금까지 상연되고 있는 뮤지컬 <헤어>의 주제가인 '물병자리의 새벽'은 약 2천 년 동안 매년 춘분이 되면 태양이 물고기자리에서 떠올랐으나 이제 물병자리를 등에 지고 떠오르는 새로운 시대 New Age가 도래하고 있음을 상징한다. 지축의 세차 歲差운동을 중심으로 인류문명의 전환을 논하는 논리이다. 화성은 로마 신화의 전쟁신 마르스 Mars를 의미한다.

2. Pierre Clastres, *La Société contre l'État*, Editions de Minuit, 1974.

3. [옮긴이] 동성애자들에게도 결혼의 권리를 부여하는 시민연대협약(PACS)을 둘러싼 논쟁을 지칭하는 듯하다.

4. [옮긴이] 프랑스의 유명 코미디언 콜뤼슈 Michel Colucci Coluche가 1985년 10월 파리에 세운 빈민 구호 식당으로 수많은 후원자와 자원봉사자들이 몰려들고 백여 개의 유사한 협회가 생겨나는 등 프랑스 사회에 커다란 영향을 미치고 있다.

2
공화국 대통령에게 보내는 한 여행객의 공개서한

레지 드브레

저 는 마케도니아와 세르비아, 코소보를 여행하면서 느낀 제 생각을 당신에게 전달해야 한다는 도덕적 의무감을 느낍니다. 대통령 귀하, 저는 우리가 잘못된 방향으로 가고 있다고 우려하고 있습니다. 당신은 실천하는 사람입니다. 당신은 과장되고 안하무인격인 근접 사격으로 언론을 가득 채우는 지식인들에게 할애할 시간이 없지요. 그건 좋습니다. 저도 그러니까요. 따라서 저는 사실에만 입각해서 이야기하겠습니다. 당신은 사실이라는 게 사람에 따라 다 다르다고 말하시겠지요. 각자 나름이라고요. 제가 짧은 방문기간——1999년 5월 2일부터 5월 9일까지 세르비아에서 보낸 일 주일(프리슈티나 Priština, 프레예 Prej, 프리즈렌 Prizren, 프로두예보 Produjevo 등 코소보 지역을 방문한 나흘을 포함하여 베오그라드와 노비사드 Novi Sad, 니슈 Niš, 브람예 Vramje 등을 방문했습니다)——동안 현장에서 목격한 사실은 확실히 당신이 성실하기는 하지만 동떨어진 곳에서 얘기하는 사실과는 일치하지 않습니다.

제가 편견을 갖고 있다고 생각하질 않기 바랍니다. 저는 떠나기 전 일 주일을 마케도니아에서 보내면서 피난민들이 도착하는 것을 보았고 저를 비롯해서 많은 이들을 소름끼치게 했던 그들의 증언을 들었습니다. 저는 어떠한 대가를 치르더라도 직접 가서 어떻게 이렇게 잔악무도한 범죄가 가능한지를 '반대쪽에서' 보고 싶었습니다. 소련 국영여행사(Intourist) 스타일의 여행이나 기자들이 흔히 하는 버스 여행을 뿌리깊이 불신하는 저는, 세르비아 당국에 제가 선택한 통역자와 제 차를 갖고 따로, 가고 싶은 곳을 가고 누구와도 대화할 수 있는 권리를 요구했습니다. 그들은 이 조건에 동의했고 또한 준수했습니다.

통역자 문제는 중요한 문제입니다. 이미 저는, 어느 정도의 대가를 치르면서(그렇지 않았다면 어찌 알았겠습니까?), 마케도니아와 알바니아에선 대부분 코소보해방군(KLA)의 성원이거나 동조자인, 지역 출신 통역자의 손아귀에 상악될 수 있다는 것을 깨달았습니다. 이들은 새로 입국한 외국인들에게 자신들의 전문성과 조직망을 제공합니다. 그들은 거짓을 강요하는 경우가 너무도 많아 과연 사실에 근거하고 있는 것인지 의심할 수조차 없습니다.

그럼에도 불구하고, 제가 기록한 설명 가운데 일부는 나중에 사건이 실제로 일어난 곳에서 확인해본 결과 과장되어 있거나 심지어 아예 틀린 경우도 있었습니다. 물론 그렇다고 해서 이 엑소더스의 추문과 추행이 달라지는 것은 아닙니다.

당신이 우리에게 계속해서 하는 말은 무엇입니까?

우리는 세르비아 국민과 전쟁을 하고 있는 것이 아니라, 협상을 거부하고 코소보계에 대한 피도 눈물도 없는 대량학살을 계획한 한 명의 독재자, 밀로셰비치와 전쟁을 벌이고 있다. 우리의 목적은 그의 억압 기구를 파괴하는 것으로 한정되어 있으며, 이러한 임무는 이미 상당히 진전된 상태이다. 그리고 우리가 유감스러운 오폭과 의도하지 않은 간접 피해에도 불구하고 여전히 공중 폭격을 계속하고 있는 이유는 세르비아군이 코소보에서 인종청소 작전을 계속하고 있기 때문이다.

대통령 귀하, 저로서는 이 모든 말들이 사태를 극단적으로 오도하고 있음을 우려할 충분한 근거가 있습니다.

1. '세르비아 국민과 전쟁을 하고 있는 것이 아니라…'

당신은 구 베오그라드의 중심부에 있는 방송국 건물과 두샨-라데비치 Dušan -Radević 어린이극장이 인접해 있다는 것과 방송국을 파괴한 미사일이 극장에도 피해를 입혔다는 사실을 모르고 있을지도 모르겠습니다. 총 3백 개의 학교가 폭격으로 피해를 입었습니다. 어린이들은 홀로 내버려진 채 학교에도 가지 못합니다. 시골에서는 장난감처럼 생긴 노란색 폭발물(CBU87 모델)을 모으는 아이들도 있습니다. 소련은 아프가니스탄에서 이와 유사한 산탄형 폭탄을 살포하곤 했습니다.

　공장의 파괴는 10만여 노동자들의 일자리를 뺏어갔으며, 그들로 하여금 한 달에 2백30디나르(약 10파운드)의 수입으로 살아가도록 만들었습니다. 국민의 절반 가까이가 실업 상태입니다. 만약 이러한 방법을 통해서 국민이 정권에 등돌리기를 바란다면, 당신은 실수하고 있는 겁니다. 무기력과 생필품 부족에도 불구하고 저는 이 신성한 연방에서 실질적인 균열을 발견해내지 못했습니다. 프리슈티나에서 어느 소녀는 저에게 이렇게 말했습니다. "강대국 국민인 중국인 네 명이 살해되면 전세계가 떠들썩하지만, 4백 명의 세르비아인들이 죽는 경우에는 신경 쓰지도 않는 것 같아요. 이상하지 않아요?"

저는 버스, 난민 행렬, 열차, 니슈의 병원 등에 가해진 나토의 폭격이 야기한 대학살을 직접 목격하진 못했습니다. 세르비아 난민수용소들에 대한 공습도 보지 못했습니다(마지노 마셀예 Majino Maselje, 1999년 4월 21일, 사망 4, 부상 20. 제가 말하는 난민은 카메라에 잡히지도, 마이크를 통해 들리지도 않은 채 크로아티아인들에 의해 크라지나 Krajina로부터 추방당한 40만여 명의 세르비아인들입니다).

제가 코소보에서 머무는 동안 가본 곳과 목격한 사건들에 국한해서 얘기를 하자면, 나토 대변인 베르츠 Wertz 장군이 단언한 바, "우리는 후송 행렬을 공격한 적이 없으며, 절대로 민간인을 공격하지도 않았다"라는 말은 거짓말입니다. 지난 5월 6일 목요일, 사방으로 가장 가까운 군사 목표물로부터 3킬로미터 이상 떨어진 립얀 Lipjan이라는 작은 마을에서, 저는 미사일에 의해 파괴된 민가를 보았습니다. 이 미사일은 그 집에 살던 세 명의 어린 소녀와 그들의 할아버지, 할머니를 죽였습니다. 그 다음날 프리젠 Prizen의 집시 거주 지역에서 저는 두 시간 전에 산산조각난 민간인 주택 두 채를 목격했습니다. 폐허 속에는 희생자 여럿이 묻혀 있었습니다.

2. '독재자 밀로셰비치…'

제가 대화를 나눈 유일한 정치인들인 야당 인사들은 가혹한 현실에 대해서 저를 일깨워줬습니다. 독재적이고 협잡꾼이며, 교묘하고 민중선동적 populist 이긴 하지만, 어찌됐든 간에 밀로셰비치는 세 번이나 당선된 대통령입니다. 독재자는 한 번만 당선되면 되는데 말입니다. 그는 유고슬라비아 헌법을 준수합니다. 일당 독재란 존재하지 않으며 그의 당도 현재 의회의 다수를 차지하고 있지 않습니다. 정치범도 없으며 연정 구성상의 변화만이 있을 뿐입니다. 그는 일상의 풍경에서 사실상 부재합니다. 사람들은 공공연하게 그를 비판할 수 있고 실제로 그렇게 하기도 하지만, 전반적으로 그에게 별로 관심이 없습니다. 국민들의 의식을 짓누르는 '전체주의적' 카리스마는 없습니다. 오히려 서방 세계가 그의 동료시민들보다 백 배는 더 당황하는 듯이 보입니다.

그와 연관지어서 뮌헨에서의 학살을 거론하는 것은 약자와 강자 사이의 관계를 뒤집는 것입니다. 천만 명의 국민이 살고 있는 가난하고 고립된, 구 유고슬라비아의 국경 바깥으로는 아무 것도 탐내지 않는 한 나라와 위압적이면서 중무장한 히틀러의 독일을 비교한다고 생각해 보십시오. 얼굴을 너무 가리다보면 앞을 못 보게 됩니다.

3. '코소보인들에 대한 인종청소···'

쉽지 않은 일이었습니다. 제가 만날 수 있었던 서방의 목격자는 단 두 명뿐이었습니다. 세르비아 출신인 알렉산데르 미티치 Aleksander Mitić는 프리슈티나 주재 프랑스 통신사(AFP) 특파원이었습니다. 다른 한 명인 폴 왓슨 Paul Watson은 영어권 캐나다인으로서 <로스앤젤레스 타임스>의 중부유럽 특파원이었습니다. 아프가니스탄, 소말리아, 캄보디아, 걸프전, 르완다 등지에서의 취재 경험이 있는 왓슨은 풋내기와는 거리가 먼 언론인입니다. 어느 정도 반 反세르비아 경향이 있는 그는 코소보 내전을 2년 넘게 취재해온 상황이었고 모든 길과 마을을 알고 있었습니다. 영웅이라고 불릴 만했지만 그 자신은 겸손함을 잃지 않고 있었습니다. 폭격 첫날 모든 외신 기자들이 프리슈티나에서 추방당했을 때, 그는 어디론가 몸을 숨긴 후 여기저기 계속 옮겨다니면서 취재를 멈추지 않았습니다.

따라서 그의 증언은 균형이 잡혀 있으며 다른 정보와 종합해서 고려해봤을 때 설득력이 있습니다. 1999년 3월 24, 25, 26일, 첫 사흘간의 대폭격 동안 방화, 약탈, 살인 등 최악의 사태가 벌어졌습니다. 그 후 수천 명의 알바니아인들은 추방 명령을 받았습니다. 왓슨은 그 이후로는 반인륜적인 범죄의 흔적을 찾을 수 없었다고 저에게 확인시켜 주었습니다. 물론, 이 두 노련한 기자가 모든 것을 보았다고 할 수는 없습니다. 저는 더더욱 그러하지 못합니다. 제가 목격했다고 증언할 수 있는 사실들은 푸다예보 Pudajevo로 돌아가는 알바니아계 농민들,──프리슈티나에서 다시 문을 연 열 곳의──알바니아계가 운영하는 빵집들을 지키고 있었던 세르비아 군인들, 그리고 2천 병상 규모의 프리슈티나 병원을 가득 메운 채 나란히 누워 있던, 폭격으로 부상당한 알바니아계와 세르비아계 환자들의 모습뿐입니다.

그렇다면 무슨 일이 일어난 것입니까? 한 지역에 국한된 내전(그것도 아주 잔인한 내전)에 국제적인 공중전으로의 급작스러운 전환이 강요된 것이라고 두 목격자들은 말합니다. 1998년 한해 동안에 1백80명의 세르비아 경찰과 1백20명의 세르비아 군인들과 나란히 1천7백 명의 알바니아계 전투요원들이 사망했다는 사실을 기억하시기 바랍니다. 코소보해방군은 3백80명을 납치, 그 중 1백3명만을 풀어주었고, (두 명의 언론인과 14명의 노동자를 비롯한) 나머지 사람들은 실종되었거나 때로는 고문당한 후 살해되었습니다. 코소보해방군은 프리슈티나에 6천 명의 비밀요원을 보유하고 있다고 주장했었고, (제가 듣기로는) 폭격의 첫 번째 폭탄이 투하되자마자 저격수들이 행동에 돌입했습니다. 이중의 전선에서 싸울 수 없다고 판단한 세르비아는 나토의 '제5열'[전시에 후방을 교란하고 간첩 행위를 하는 세력] 또는

'지상군,' 즉 코소보해방군을 군사적 수단을 통해 manu militari 축출하기로 결정했습니다. 이러한 노력은 주민과 코소보해방군 요원들을 분간해내기 힘든 촌락 지역에 집중되었습니다.

국지적이었지만 부인할 수 없는 이러한 소개 작전을 세르비아 군인들은 '이스라엘식'이라고 부르고 있으며, ('물고기 주위로부터 물을 빼내기 위해' 백만 명의 알제리인을 철조망으로 둘러싸인 수용소에 감금시켰던 그 시절에서부터) 노련한 알제리 전문가인 당신 같은 사람은 쉽게 이해하실 수 있을 테지요. 알제리와 마찬가지로 여기저기 명확한 증거들이 남아 있습니다. 텅 빈 마을들과 불에 타 무너져버린 집들 말입니다. 이런 군사적 충돌은 민간인들——대부분 전투요원의 가족들이라고 들었습니다——로 하여금 폭격이 시작되기 전에 대피하게 만들었습니다. 앞서 언급한 AFP 특파원에 의하면 그들의 수는 매우 적었습니다. "사람들은 이웃집으로 피신했습니다"라고 그가 말해주었지요. "아무도 굶어죽거나 도로 위에서 살해당하거나, 알바니아나 마케도니아로 도망가지 않았습니다. 인도주의적 재앙을 눈덩이처럼 확대시키기 시작한 것이 바로 나토였다는 점은 조금도 의심의 여지가 없습니다. 그 전까지만 해도 국경의 피난민 수용 시설은 사실상 불필요했습니다." 폭격이 개시된 지 며칠 사이에, 지역 경찰과 공모했음이 분명한, 소위 '통제 불가능한 요소들'에 의한 보복이 활화산처럼 터져 나온 사실에 대해서는 모두가 동의하고 있습니다.

이제 정권과 거리를 두기 시작한 부크 드라스코비치 Vuk Drašković 부총리는 그 결과 코소보에서 가혹행위를 저지른 3백 명을 체포하여 기소했다고 제게 말해준 사람 가운데 한 명입니다. 은폐? 변명? 사죄? 어떠한 가능성도 배제할 수는 없겠지요. 그 후에도 규모는 줄어들었지만 엑소더스는 계속됐습니다. 그 이유에는 여러 가지가 있습니다. 자신들의 지지기반을 모으고 싶어했던 코소보해방군의 명령에 따라서, (세르비아계에) '협력'했다고 오해 받을까 두려워서, 폭격에 대한 두려움 때문에(2만 피트 상공에서 알바니아계 와 세르비아계를 분간할 수는 없겠지요?), 먼저 떠난 가족들과 결합하기 위 해, 가축이 다 죽어버렸기 때문에, 미국이 승전을 눈앞에 두고 있었으므로, 스위스나 독일, 또는 다른 나라로 이민 갈 절호의 기회였기 때문에. 이 모두가 피난민들로부터 직접 들은 이야기입니다. 이러한 얘기들을 당신에게 전하긴 하지만, 그 진실 여부는 보장하지 못합니다.

제가 '그쪽 사람들'의 말을 너무 귀기울여 들은 걸까요? 하지만 그렇게 하지 않는 것이 오히려 인종차별주의라고 저는 믿습니다. 유태인이든 독일 인이든 세르비아인이든 간에, 한 민족 전체를 선험적으로 범죄자 취급하는 것은 민주주의자가 할 일이 아닙니다. [나치] 점령 당시, 프랑스에는 알바니 아인, 이슬람인, 크로아티아인들로 구성된 SS친위대가 주둔했지만 이 가운데 세르비아인은 없었습니다. 세르비아인은 친유태 성향의 고집 센 사람들입니 다. 세르비아에만도 10여 개의 민족이 공존하고 있습니다. 그들이 정말 50년 씩이나 뒤늦게 나치가 되었다고 생각하십니까? 여하튼, 수많은 코소보 난민 들은 세르비아인 이웃과 친구들의 도움으로 탄압을 피할 수 있었다고 제게 이야기했습니다.

4. '이미 상당히 진전된 세르비아군의 파괴…'

죄송하지만 세르비아군의 상태는 매우 양호해 보입니다. 니슈-베오그라드 간 고속도로에서 히치하이킹해서 태워준 한 젊은 하사관은 제게 민간인들을 표적으로 한 나토의 광포한 공격이 어떤 전략적 이유 때문인지를 물었습니다. "저희 군인들은 시내에 나가면 정전 때문에 미지근한 콜라를 마셔야 하죠. 좀 짜증나지만 견딜 만합니다." 군부대는 아마 자가발전기가 따로 있겠죠.

당신은 코소보에서 다리들을 손상시키고(아직 복구가 안 된 경우는 가까운 얕은 여울로 쉽게 건널 수 있죠) 어떠한 전략, 전술적 중요성도 없는 공항 하나를 파괴했으며, 텅 빈 막사들을 초토화시키고 버려진 군용 트럭들을 불태웠으며, 들판 여기저기에 예술적으로 흩어져 있는 가짜 헬기와 나무 대포들에 폭격을 가했습니다. 이 모두는 전투 장면 비디오 화면과 실내 언론 브리핑에는 유용하지만 나중에 무슨 일이 벌어집니까? 티토와 빨치산들이 건설한 유고슬라비아 군대는 보통 군대와는 다르다는 점을 기억하시기 바랍니다. 이 군대는 곳곳에 산개해 있고 지하 사령부와 저장 시설 등을 보유하고 있으며 (때로는 소련의 위협을 비롯한) 장기간의 전통적인 군사적 위협에 맞서기 위해 형성된 군대입니다. 적외선 탐지 장치를 따돌리기 위해 소 떼와 함께 포대를 이동시키는, 그런 군대입니다.

코소보에는 20세에서 70세에 이르는(예비군에는 나이 제한이 없습니다) 전투준비를 갖춘 남자들이 15만 명쯤 된다는 것은 널리 알려진 사실입니다. 이 중 4~5만 명만이 파브코비치 Pavković 장군의 3군단에 소속되어 있습니다. 휴대용 무전기를 통해 효과적인 교신이 이루어지고 있으며, 코소보해방군이 미군 폭격기의 정밀 조준을 유도하기 위해 휴대폰을 사용했던 것처럼 유고슬라비아인들 스스로가 전화 주파수를 방해하고 있습니다.

예상되는 사기 저하에 관해서는 너무 많은 기대를 걸지 마십시오. 코소보에서는 침착하게, 그리고 어느 정도는 조급함마저 지닌 채 우리의 군대를 기다리고 있습니다. AK소총을 어깨에 맨 채 빵을 사던 프리슈티나의 한 예비군은 제게 "지상군 파견 좋지! 적어도 진짜 전쟁에서는 양쪽에서 사상자가 나오니까"라고 말했습니다. 나토 작전 계획자들의 전쟁 게임은 현실의 1만5천 피트 상공에서 벌어지고 있습니다. 제발 저희들의 지적이고 민감한 생시르 Saint-Cyr 육군사관학교 졸업생들을 사전 지식이라고는 아무 것도 없는 지역으로 보내지 마십시오. 그들의 대의는 정당할지도 모르지만,──그것이 옳든 그르든──코소보와 메토히야 Metohija의 세르비아 지원병들이 벌이게 될 것처럼 방어전(성전 聖戰은 말할 것도 없지요)을 수행하게 되지는 않을 것입니다.

5. '그들은 인종청소를 계속하고 있다…'

저는 알바니아 국경 검문소에 쌓여 있는──떠나는 사람들로부터 빼앗은──차량 번호판과 신분증에 분노를 금할 수가 없었습니다. '테러리스트들'이 신분을 속이고 코소보에 다시 침투하는 데 그것들을 사용하는 것을 방지하기 위한 조치라는 것이 제가 들은 대답이었습니다. 제가 한 신중한 조사에 많은 한계가 있을지도 모르지만, 독일 국방장관이 1999년 5월 6일 "60만에서 90만 명의 난민이 코소보 내에 있다"고 한 말은 거짓입니다. 1만 평방킬로미터밖에 되지 않는 지역에서 같은 날 북에서 남으로, 동에서 서로 여행하던 한 여행자에게 그러한 광경이 눈에 띄지 않을 리는 없습니다. 여전히 수만 명의 코소보인들이 거주하고 있는 프리슈티나에서는 알바니아계가 운영하는 피자가게에서 알바니아인들과 함께 식사를 할 수 있습니다.

　　우리나라 장관들이 <국경 없는 의사들> 소속의 그리스 의사들이나 신부나 목사들 같은 침착한 증인들을 통해 상황을 파악하기 위해 그 지역을 직접 방문할 수는 없겠습니까? 특히 남달리 분별 있는 분인, 프리즈렌 Prizren

의 수도원 부원장인 스테펜 수도사 Fr Stephen를 염두에 두고 하는 말입니다. 이 내전은 종교 분쟁이 아니기 때문에, 제가 들은 바로는, 수많은 이슬람 사원 가운데 단 두 곳을 빼고는 모두 온전히 보존되어 있습니다.

미국이 발칸 대륙의 여러 나라들을 상대로 하는 것처럼, 당신 또한 한 나라의 외교 정책을 매수할 수는 있지만 그 민족의 꿈과 기억까지 사들일 수는 없습니다. 만약 자신들을 둘러싼 상황을 전혀 모른 채 매일 저녁 살로니카 Salonika에서 스콥예 Skopje로 탱크 행렬을 운전해 가는 거만한 호송병들을 바라보는 마케도니아 경찰과 세관원들의 얼굴에 드러나는 적개심을 본다면, 당신은 이 '전장 戰場'에 들어가는 일이 빠져 나오는 것보다 얼마나 더 쉬운 지를 이해하게 될 겁니다. 그렇다면, 이탈리아 대통령처럼, 비현실적인 가정들을 포기하고 이브라힘 루고바와 함께 그가 말하는 '현실적인 토대에 바탕을 둔 정치적 해법'을 찾아 나설 용기나 혜안을 한 번 가져보지 않으시렵니까?

그렇게 결심한다면 당신은 어쩔 수 없이 수많은 현실에 관심을 가지게 될 것입니다. 첫 번째는, 루고바 씨가 주장하듯이, 알바니아계와 세르비아계 사이의 잠정적 타협 modus vivendi 없이는 해결책이 없다는 사실입니다. 코소보 내에는 하나가 아니라 둘, 아니 그 이상의 민족집단이 존재하기 때문입니다. 신빙성 있는 인구조사 수치가 없어서 야기된 통계전 war of statistics에 휘말리지 않을 경우, 제가 알고 있는 바로는 코소보에는 백만 명 이상의 알바니아계와 25만 명의 세르비아계, 그리고 이슬람화된 세르비아계, 터키계, 고란 Gorans계 또는 산지 山地인, 루마니아계, '집시 Egyptians' 또는 알바니아어를 사용하는 집시 등 또다른 25만 명의 여타 민족집단——이들 소수집단은 대 大알바니아가 그들에게 뜻하는 위협을 두려워하기 때문에 세르비아 쪽의 편에 서왔습니다——들이 살고 있습니다. 두 번째 현실은 그것 없이는 지금 상연되는 2막을 이해할 수 없는, 그러나 그 또한 이전 억압의 산물인 제1막, 즉 이리저리 복잡하게 얽힌 끝없는 혼란 속의 삽화인 격렬한 내전이 재발할 가능성이 매우 높다는 것입니다.

정치인들은 현재 모든 현실을 과거에서 유추해서 보고 있는 것 같습니다. 가능한 한 동떨어지지 않은 비유를 찾는 건 바람직한 생각입니다. 당신은 코소보인들을 박해받는 유태인으로 묘사하면서 히틀러 시대의 비유를 택했습니다. 제가 다른 비유를 제시해도 된다면 알제리를 들겠습니다. 밀로셰비치는 물론 드골과는 거리가 멉니다. 하지만 이 민간 정부는 패배에는 이제 질린, 본격적으로 전쟁을 벌이고 싶어하는 군대에 직면해 있습니다. 그리고 이 정규군은 언젠가 비밀군사조직(OAS)[Organisation de l'Armée secrète; 알제리 독립에 반대하여 활동한 프랑스의 게릴라 조직. 프레드 진네만 감독의 <자칼의 음모>는 비밀군사조직의 드골 암살 기도를 그리고 있다]을 빼다 박은 듯이 닮게 될지도 모를 민병대와 어깨를 나란히 하고 있습니다.

그리고 만약에 이 문제가 베오그라드가 아니라 코소보의 거리나 카페, 가게에서 일어났다고 가정해 보십시오. 제가 얘기하고 있는 이 사람들은 안심하고 대할 수 있는 이들이 아닙니다. 저는 사나운 비난의 표적이 되어 폭력으로까지 번질 수 있는 상황에 처했던 적이 한두 번 정도 있습니다. 이때마다 저를 구해준 것은 다름 아닌 세르비아 경찰관이었습니다.

당신은 '미국에 대한 서유럽의 정치·군사적 종속에 다름 아닌, 대서양 동맹에 강요된 기구'라는 나토에 대한 드골의 정의를 기억하실 겁니다. 언제 기회가 되면 이 평가를 수정하게 된 이유를 제게 설명해 주지 않으시겠습니까? 기다리는 동안 저는 세르비아의 민주적 저항세력의 한 성원에게 왜 그의 대통령이 프랑스식이 아니라 미국식 성격을 경솔하게 받아들였는지를 물었을 때, "이봐요, 곰보다는 조련사한테 말하는 게 상식 아닌가요?"라는 답을 듣고서 약간 자존심이 상했다고 고백해야겠습니다.

* 이 '공개서한'은 <르몽드> 1999년 5월 13일자 1면에 처음 발표되었다.

3
인도주의적 개입의 이데올로기
알렉스 캘리니코스

"신은 악을 물리쳤고 정의는 야만을 이겨냈으며 문명의 가치가 압도하게 되었다." ——토니 블레어[1]

"문명의 방어 같은, 조금만 자세히 들여다보아도 허공 속으로 날아가 버리는 말들 가지고는 어떤 실체적인 것도 규정할 수 없다."
——메테르니히[2]

"부르주아 문명의 심원한 위선과 고유한 야만이 훌륭한 모양을 띠는 자신의 고향에서 발가벗겨지는 식민지들로 옮겨가면서 우리 눈앞에 베일이 벗겨진 채 놓여 있다." ——칼 맑스[3]

1999년의 발칸전쟁은 '인도주의적' 제국주의가 옷을 완전히 차려입은 채 역사적 단계로 들어서는 순간이었다. 이전의 분쟁들에서 서방은 종종 민주주의나 인권이라는 개념에 호소하곤 했다. 따라서 1990~91년의 걸프 위기 당시, 피터 고완 Peter Gowan의 말을 빌자면, "공적 논쟁을 지배한 언어는 권리, 정의, 법 등이었다…. 수많은 사람들의 인식 속에서 국제 관계는 범죄와 사법적 징벌이라는 탈정치화된 과정이 되었다."[4] 그러나 이 경우 미국 주도의 대 對이라크 동맹이 수행한 전쟁에 대한 특수한 정당화는 1990년 8월 이라크의 침공으로 쿠웨이트의 주권이 침해당했다는 것이었다. 이와 대조적으로 세르비아에 대한 나토의 전쟁은 인도주의, 즉 코소보 알바니아인들의 물리적 안전과 정치적 권리를 보호한다는 명목 아래 유고슬라비아의 영토주권을 유린하였다. 따라서 이 전쟁은 첫 번째 대규모 인도주의 전쟁이었다.

전쟁에 대한 이러한 정당화는 서구 좌파 대다수의 지지를 확보하는 데 중요한 역할을 하였다. 나토 지도자 가운데 가장 호전적인 인물인 토니 블레어는, '제2차대전 이후 태어나 정치적으로는 진보 진영 출신이지만 사태를 꿰뚫어보는 데 있어서는 좌파와 우파의 선배들만큼 확고부동한 태세가 되어 있는, 미국과 유럽의 새로운 지도자 세대들'[5]이 벌이는 사민주의자들의 전쟁으로 유고슬라비아 공습을 객관화하려고 하였다. 그의 말을 빌자면, 나토의 전쟁은 '영토확장의 야심이 아니라 가치에 근거한 정당한 전쟁'[6]이었다.

좌파 자유주의 논평가들은 신속하게 동일한 논지를 취했다. 영국에서는 <가디언>의 수석 칼럼니스트인 휴고 영 Hugo Young이 '국제적 가치를 위한 전쟁'[7]이라고 선언했다. 서구 좌파를 이끄는 철학자로 지목되곤 하는 독일의 위르겐 하버마스는 훨씬 더했다. '야수성과 인간성'이란 제목의 주요 논문에서 그는 (유엔의 위임도 없이) 국제공동체가 승인한 나토의 무장 평화유지작전이 '국가들 사이의 고전적인 국제법에서 세계 시민사회의 세계주의적 법률 cosmopolitan law로 향해 가는 도상의 한 단계'[8]를 표상하는 것이라고 주장했다.

이 책에 실린 다른 글들은 하버마스와 영을 비롯한 좌파 자유주의자들이 시달린 집단적 망상을 보여준다. 발칸 전쟁은 인도주의 전쟁이 아니었다. 전쟁은 자신이 막고자 의도했던 인도적 재앙——코소보인들의 도피—— 을 오히려 촉진시켰다. 아울러 코소보 알바니아인들에 대한 인종청소를 막는 데 실패하면서 시작된 전쟁은 코소보 세르비아인들에 대한 인종청소로 끝이 났다. 본말이 전도된 이러한 논리는 이번 전쟁의 진짜 이유, 즉 미국을 비롯한 서방 강대국들의 전략적, 경제적 이해를 감추었다. 순간적으로 정직하게 말하면서 전쟁 초기에 클린턴은 다음과 같이 미국의 이해를 요약한 바 있다. "안전하고 확고하고 자유로우며 단결된 좋은 교역 파트너로서의 유럽이 필요하다. … 또한 세계의 문제들을 처리하는 짐을 우리와 함께 나눌 파트너가 필요하다. … 이번 코소보 문제에 우리가 관심을 갖는 것은 이 때문이다."[9]

그러나 전반적으로 보면 발칸 전쟁에 대한 이데올로기적 옹호는 미국의 정책 형성에 관한 헨리 키신저 Henry Kissinger의 설명 같은 이해에 관한 사실주의적 담론이 아니라 민주주의와 인도주의적 관심이라는 언어로 이루어졌다. 이 글을 통해 나는 이러한 담론의 이면에 도사리고 있는 이해를 드러내기보다는 인도주의적 개입이 나토의 첫 번째 전쟁의 이데올로기적 공리가 된 과정을 추적해보고자 한다.

도덕적 제국주의의 유산

하버마스가 강조하듯이, 인도주의적 개입이라는 이데올로기의 중요한 특징은 민족국가의 주권을 유린하는 것이 정당하다는 사례를 확인하려 노력한다는 점이다. 근대 민족국가 체제의 시작으로 간주되는 1648년 베스트팔렌 평화조약 이래 국제법의 가장 기본적인 원칙이 이에 의해 폐기되었다. 하버마스는 이를 칠레에서 저지른 인류에 대한 범죄로 해외법정에 서게 되어 있는 피노체트의 경우에 연결시켰다. 켄 리빙스턴 Ken Livingstone[10]은 이와 비슷한 노선을 걸으면서 발칸 전쟁과 피노체트의 체포가 "권력을 가진 자들이 자국 내에서 아무런 처벌을 받지 않고 권력을 남용하지 못하도록 하는 세계적 결의를 만들어낸 첫걸음이 될 수 있다"11)고 주장했다.

이것은 나토가 새로운 종류의 전쟁을 벌이고 있음을 시사한다. 다른 이들은 보다 회의적이었다. <가디언> 편집부의 검열을 살짝 빠져 나온 몇 안 되는 실질적인 반전 기사 가운데 하나인 글에서 리처드 고트 Richard Gott는 '인도주의적 개입주의' 프로젝트는 '제국주의 강대국들이 독립국가들과 민중들의 문제에 거리낌없이 개입했던 지난 세기의 식민주의로 후퇴하는 것'이라고 주장했다. 그는 '오늘날 <가디언>의 전쟁찬성파 칼럼니스트와 주요 기자들 집단'을 H. H. 아스퀴스 Asquith와 보어 전쟁을 지지한 다른 '자유주의 제국주의' 지지자들에 비유했다.12) (그러나 오늘날은 위대한 편집인 C. P. 스코트 아래서 무시 못할 적대에 용감히 맞서 전쟁에 반대함으로써 이윤 감소를 감수했던 <맨체스터 가디언>의 분쟁 동안 보여준 실천력과는 슬픈 대조를 보인다.)

혹자는 고트를 지지하면서 1982년 포클랜드 전쟁 당시 노동당 당수였던 마이클 푸트 Michael Foot가 취한 입장을 인용할지도 모르겠다. 바네트 Barnett는 푸트가 자신이 '도덕적 제국주의'라 칭하는, 훨씬 오래 지속되는 태도를 보여주었다고 주장했다. "(기꺼이 받아들여질 경우) 다른 나라에서 빌어지는 인간성 침해에 반대하여 영국의 목소리가 발언되어야 한다는 가정 이면에는 앵글로색슨의 어조가 모든 국경을 가로질러 중재할 수 있고 해야만 한다는 주장이 도사리고 있기 때문이다." 이러한 태도는 영국의 '국가적 교만'에 관한 F. S. 노스엣지 Northedge의 서술로 잘 알 수 있다. 바네트가 인용한 말을 다시 옮겨보자. "세계의 나머지가 영국 같은 연장자이자 더 훌륭한 나라에 복종해야 할 신성한 의무가 있는 … 그러나 때로는 완전한 우둔함이나 건방진 독재자의 억압으로 인해 이를 따르지 않을 수도 있는 … 버릇없는 아이들이라는 사고."13) (평소의 버릇대로 마이클 푸트는 대 對세르비아 전쟁을 지지하는 피에 굶주린 인간들 중 한 명이었다.)

의심할 나위 없이 노스엣지는 여기서 나토의 자유주의 변호자들이 세르비아인들, 그리고 더 일반적으로는 발칸 민족들에 대해 보여주고 있는 것과 같이 때로 인종주의적 태도에 가까워지는 아주 오만한 태도를 포착하고 있다. 이러한 태도를 보여주는 보다 극명한 사례는 홀로코스트의 역사에 대한 자신의 쓰레기 같은 저서로 얻게 된 그럴싸한 권위를 활용하곤 하는 다니엘 골드하겐 Daniel Goldhagen을 들 수 있겠다. "세르비아 국민 대다수는 밀로셰비치의 제거주의 정치 eliminationist politics를 지지하거나 묵인함으로써 자국의 문제와 다른 나라에서 진행되고 있을지도 모르는 위험을 처리하는 데 있어 법적, 도덕적으로 스스로를 무능력하게 만들었다."14)

냉전 이후의 제국주의 이데올로기

그러나 발칸 지역에서의 유럽-미국의 식민주의에 대한 이러한 옹호가 보여주는 지속성이 무엇이든 간에, 인도주의적 개입이라는 사고는 지난 19세기말의 그것과는 매우 상이한 역사적 맥락에서 진전되고 있다. 유엔의 수립과 유럽 제국들의 해체와 더불어 1945년 이래 민족국가가 전세계에서 정치조직의 지배적 형태가 되었다. 이러한 상황에서 어떻게 주요 서구 강대국들이 주권 국가들의 문제에 개입할 권리를 자임하면서 브레즈네프 독트린의 자유민주주의 버전을 주장할 수 있게 되었을까?

여기에는 두 가지 요인이 결정적으로 중요하다. 첫째는 냉전 이후에 미국과 그 동맹국들의 군사력의 존재가 필요함을 어떻게 정당화할 수 있는가 하는 문제이다. 신노동당 New Labour의 가신 철학자 court philosopher인 토니 기든스 Tony Giddens는 우리 시대의 자유민주주의 국가는 '적이 없는 국가'라고 선언했다.[15] 이러한 견해는 제3의 길에 관한 백악관 세미나에서 토론하기 위한 흥미로운 주제를 제시하는 것일 수 있다. 한편 지하실에서는, 미국의 국제정책을 지휘하기 위해 백악관 상황실에서 정기적으로 회동하는 관료들이 실질적이거나 잠재적인 적—— 주요하게는 러시아와 중국——의 존재를 가정하지 않고는 있을 수 없는 규모와 전략을 보유한 거대한 군사기계를 관장하고 있다.[16]

이러한 거대한 군사조직과 그에 없어서는 안 될 동반자인 새로운 나토가 유라시아 대륙으로 깊숙이 발을 뻗치는 현실을 어떻게 정당화할 수 있을까?[17] 간단히 말해, 자유 대 전체주의라는 과거의 냉전 담론은 이제 더 이상 새로운 상황에 맞지 않는다. 그러나 어떤 이월된 이데올로기적 주제가 있었다. 1970년대 후반 카터 행정부는 보편적인 인권이라는 언어를 사용하기 시작했다. 키신저나 그로미코 같은 양측 정책결정자들은 냉소적으로 생각했음에 틀림없지만 1975년 헬싱키 최종의정서[18]에서 소련이 이러한 권리를 인정한 사실은 제2의 냉전이 70년대 말로 향해 전개되면서 워싱턴에 새로운 이데올로기적 수단을 제공해 주었다. 실제로 80년대 말 로널드 레이건 휘하에서 키신저 스스로가 어떻게 '거의 마키아벨리에 가까운 현실주의에 의해 자유와 민주주의를 지지하는 야심적인 윌슨식 언어가 생성되었는지'를 감탄하면서 설명하기에 이르렀다. 제3세계를 필두로 한 모스크바와 제휴한 체제들에 맞선 경쟁에서 "레이건 행정부는 (폴란드에서와 같은) 진정한 민주주의자들만이 아니라 … 아프가니스탄의 … 이슬람 근본주의자나 중미의 우익, 아프리카의 종족 군벌들에게도 원조를 제공했다."[19]

냉전이 끝난 후에도 순종적이지 않은 제3세계 정권들에 대한 행위를 정당화하기 위해 여전히 인권 침해를 선별적으로 활용할 수 있었다. 그리하여 1990~91년의 걸프 위기 동안, 사담 후세인이 이란혁명에 맞서는 보루로 간주되던 때에는 서구 강대국들이 묵인했던 그의 수많은 범죄가 대 對이라크 전쟁을 위한 이데올로기 선전의 일부가 되었다. 심지어는 프레드 할러데이 Fred Halliday 같은 맑스주의자들조차도 종종 걸프만 분쟁을 민주적 제국주의 대 '파시즘'의 경쟁으로 생각하기에 이르렀다.[20] 보다 일반적으로 말해, 서방 체제 핵심의 외부에 있는 국가들은 '민주 통치'라는 규범을 채택해야만 한다는 요구가 IMF와 세계은행, 유럽재건개발은행(EBRD) 같은 기구들이 부과하는 신자유주의 정책 꾸러미의 표준적 특징이 되었다.

하지만 표면상으로는 이러한 규범을 따르지 않았다는 이유로 서방의 행동의 대상이 된 정권들을 확인하고 특징짓기 위해서는 새로운 개념들이 필요했다. 1980년대 동안 서구의 정책 담론에서 새로운 주제가 등장하기 시작했다. 이슬람 근본주의의 위협이 그것이었다. 그 뿌리는 1978~79년의 이란혁명과 80년대 초 미국과 이스라엘의 레바논 개입에서의 완패——이 두 사건은 베트남전 이래 미국 대외 정책의 심각한 패배를 표상하는 것이다——로 거슬러 올라가지만, 서구의 자유주의 지식인들에게 소위 이슬람의 위협이 지닌 잠재력을 생생하게 보여준 루시디 사건을 비롯한 다른 사건들로 인해 한층 북돋워지게 되었다.

그러나 이슬람교도들을 악마화하는 것은 제한적이고 다소 실용적인 쓰임새만 있었다. 한편으로 미국은 이슬람과 아무 관련이 없는 실질적이거나 잠재적인 적들을 갖고 있었다. 다른 한편 미국의 중요한 동맹국 가운데는 사우디아라비아를 비롯한 몇몇 이슬람 정권들——이들 나라의 지배 족벌의 정당성은 가장 중요하게는 이슬람 성지의 보호에 의존하고 있었다—— 이 있었다. 결과적으로, 나토 최초의 두 가지 군사행동 —— 1995년 보스니아의 세르비아 진지에 대한 폭격과 1999년의 대 對유고슬라비아 전쟁—— 은 각각 보스니아인과 코소보인이라는 이슬람인들을 보호한다는 명목 아래 수행되었다.

베테랑 냉전 학자인 새뮤얼 헌팅턴 Samuel Huntington이 구원을 위해 나섰다. (나중에 책으로 묶여 나온) 한 악명 높은 논문에서 그는 세계적 분쟁을 가르는 주요 구분선이 경제나 정치, 이데올로기라기보다는 문화적인 것이라고 주장하면서 펜타곤의 존재이유를 새롭게 찾고자 하였다. 여러 '문명의 충돌' 가운데서 그가 간파해낸 것은 '서방 기독교를 한편으로 하고 동방 정교회와 이슬람을 다른 한편으로 하는 유럽의 문화적 분할'로부터 기인하는 것이었다. 역사에 대한 헌팅턴의 무지는 중국과 이란을 반서구문명 블록, 즉 '서구의 이해와 가치, 힘에 도전하기 위해 등장한 유교-이슬람 연계'21)라 주장하면서 드러났다! 그럼에도 그의 주장은 서구의 새로운 적들을 개념화하고자 한 다른 노력들에 비해 훨씬 포괄적이고 유연하다는 점에서 장점을 갖고 있었다.

그리하여 헌팅턴의 명제는 나토의 대 유고슬라비아 전쟁 동안 작동하게 되었다. 가장 놀라운 사례 가운데 하나는 좀 철이 들어야 할 신문인 <파이낸셜 타임스>의 한 기사가 보여주었다. 그 기사는 헌팅턴의 말의 인용하면서 발칸 전쟁에 대한 그리스 대중의 반대를 동방 정교회의 영향으로 설명하려 했다. "반서방 정서를 규정하는 핵심적인 요인은 정교회의 어떤 특정한 측면이 아니라 서유럽식의 문화적 가치가 상대적으로 미약하다는 점이다"라는 게 그 결론이었다. 기사는 더 나아가 한 그리스 언론인의 다음과 같은 불평을 인용하고 있다. "그리스인들은 르네상스에서 1968년 5월에 이르기까지 모든 기회를 놓쳤다. … 정교회는 서방을 위협으로, 자신에 대한 음모가 꾸며지는 어떤 곳으로 보고 있다."[22] 구체화된 '문화적 가치'에 대한 이와 같은 호소는 나토에 대한 그리스 국민의 적대에 대한 보다 명백한 설명, 즉 1944년 영국의 아테네 점령과 1946~49년간의 그리스 내전 동안 영국과 미국이 군주제 우파를 지원한 것, 1967년 4월 대령들의 반란에 대한 워싱턴의 지원, 1974년 터키의 키프로스 분할에 대한 서방의 묵인 등 서방 개입에 관한 쓰라린 역사적 경험을 무시하고 있다.

물론 그것이 허위라고 해서 유익한 사회적 기능을 수행하는 이데올로기적 신념들에 대해 반대할 이유가 될 수는 없다. 하지만 이러한 관점에서 보더라도 헌팅턴의 명제는 한계를 갖고 있다. 서로 구분되고 잠재적으로 적대적인 가치체계들을 구현하는 문명들로 인류를 구별지음으로써 그의 명제는 지난 20년간 자유민주주의 (실천은 아니더라도) 이론의 중요한 부분이되어온 다문화주의 이데올로기와 상충한다. 게다가 헌팅턴은 유고슬라비아의 주권을 유린한, 나토 작전의 이데올로기적으로 가장 극적인 측면에 대해 어떠한 적극적인 정당화도 제시하고 있지 않다.

인도주의적 개입의 발흥

이와 같은 새로운 이데올로기 칵테일의 두 번째 성분은 처음에는 서방의 수상관저와 전쟁회의실에서 멀리 옮겨진 과정들을 통해 독자적으로 등장하였다. 알렉스 드 발 Alex de Waal은 자신의 중요한 저서 <기근 범죄>에서 1960년대 후반의 비아프라 전쟁을 시초로 하여 제3세계 위기들에서 NGO의 관여가 늘어나면서 인도주의적 개입이라는 사고가 발전된 연대기를 그려주고 있다. 바아프라 전쟁 직후에 설립된 <국경 없는 의사들 Médecins Sans

Frontières>은 서구의 정부 및 국제 원조기구들의 실천과 비교되는 보다 공세적이고 정치적인 개입 스타일을 개척하였다. 처음에는 프랑스공산당 당원이었던 베르나르 쿠슈네는 70년대에 접어들어 환멸을 느낀 일군의 전직 좌파들 가운데 핵심 인물이 되었다. 이들 대다수는 일간지 <리베라시옹 *Libération*>에 활기를 불어넣고 푸코에 기대어 맑스주의를 비판했으며 사회당으로 집결한 전직 마오주의자들이었다.23) 쿠슈네 자신은 전쟁 이후 코소보에 서방의 식민지 총독으로 임명되기—— 말하자면, <국경 없는 의사들>로부터 국경없는 폭격으로의 자리를 옮긴 것이다. 한편 <국경 없는 의사들>은 1999년노벨 평화상 수상으로 아름다움을 떨쳤다 —— 충분히 전에 미테랑과 조스팽아래서 각료로 일했다.

드 발은 1980년대의 신자유주의 이데올로기의 승리와 이와 결합된 서방원조 프로그램의 민영화에 의해 규정된 맥락 속에서 NGO들이 대중의 지지를 얻고자 아프리카를 비롯한 일련의 재앙을 어떻게 이용했는가를 보여주고있다. 관심을 확보하기 위해 NGO들이 언론——특히 TV——보도에 의존한것은 인도주의적 위기의 원인과 해결책에 대한 탈정치적인 해석을 조장했다. 또한 서방의 공공 및 민간 기부자들에게 자신들의 활동이 가치 있음을 입증하기 위해 결과를 보여줘야 할 필요성은 NGO들로 하여금 소위 '쿠슈네 독트린'——이에 의거하여 재난 지역에 대한 NGO의 접근권이 해당 국가의 주권을 유린했다 ——을 주장하고 자신들의 활동을 군사적으로 보호하라고 요구하게 만드는 결과를 낳았다. 1990년대에 서방 강대국들은 이러한 생각을취하기 시작했고 '인도주의적 목적을 추구한다는 구실로 유엔안보리의 권위아래 주권을 침해하면서 한 국가의 영토에 대한 보편적인 강제 개입'으로나아갔다. 그 첫 번째는 1991년 이라크 북부에 쿠르드족을 위한 '안전한 피난처'를 수립한 것이었고 그 다음은 보스니아와 소말리아였다.24)

실제로 소말리아는 드 발의 표현을 빌자면 '군사개입으로 나타난 박애 제국주의'—— 내전으로 난파된 한 나라에 대한 원조물자 호송을 방어하기 위함이라고 일컬어진, 유엔이 재가하고 미국이 주도한 작전——의 최초의 명쾌한 사례였다. 1992년 12월 부시 행정부가 저물어 가는 시기에 착수된 '희망 복원 작전'은 소말리아에서 가장 인기 있는 군벌인 아이디드 장군과의 전쟁으로 급속하게 진전되었다. 일련의 대치에서 유엔군은 민간인 군중들에게 무차별적으로 발포하였다. 한 유엔 대변인은 "일반적인 교전수칙은 이 나라에는 적용되지 않는다"고 설명했다. 무장 헬기가 군중들에게 발포하여 60명을 사살한 직후, 또다른 대변인은 "방관자나 구경꾼을 위한 자리는 없다. 지상에 있는 사람은 모두 전투요원으로 간주된다"고 말했다.[25]

워싱턴에서는 보통 소말리아 작전을 재앙이라고 간주했다. 물론, 유엔군이 수천 명의 소말리아 국민을 살해해서가 아니라 18명의 미국인이 사망했기 때문이었다. 하지만 인도주의적 개입이라는 개념은 포기하기에는 너무 유력한 것이었다. 해체되고 있는 아프리카 국가들에서 주로 개척된 이 개념은 그후 유고슬라비아의 붕괴에 잇따라 벌어진 전쟁들에서 유엔과 나토의 군사개입을 정당화하기 위해 유럽으로 수출되었다. 실제로 보스니아 전쟁은 서방의 일방적인 개입에 대한 추가적인 지지를 제공하였다. 분쟁의 참사는 서방의 좌파 자유주의 지식인들 일부로 하여금 팽창주의적인 세르비아 민족주의만이 책임이 있다는 식으로 생각하도록 몰고 갔다.[26]

밀로셰비치 정권을 파시즘이라 바라보는 것은 또한 전후 상당기간 동안 좌파보다는 우파에서 들려왔던 낡은 이데올로기적 주제, 즉 그러한 정권에 대한 군사행동에 반대하는 사람들은 '유화파'라는 테마를 작동시켰다. 수에즈 모험과 포클랜드 전쟁을 정당화하기 위해 영국 보수당 Tory 정부가 활용한 이러한 주제는 이제 나토의 대 유고슬라비아 전쟁을 지지하는 사민주의자들에게 확실한 기여를 한 보다 진보적인 함의를 갖는 비유들——그 중 가장 두드러진 것은 스페인 내전이다——을 활성화시키고 있다.

세계를 구한다?

1999년 전쟁은 한 가지 특별한 요소를 포함하고 있었다. 이전의 인도주의적 개입들과는 달리 이번 전쟁은 유엔의 찬조 아래 벌어진 것이 아니었다. <파이낸셜 타임스>는 나토의 승리를 축하하면서 다음과 같이 논평했다. "연합군은 한 나라의 시민을 방어하기 위해 그 주권국가 정부에 대해 군사작전을 일으킴으로써 중요한 전례를 만들었다. 이는 유엔안보리의 승인 없이 이루어진 것이었으며 그리하여 군사행동에 대한 법적 정당화를 크게 확대시켰다."27) 세계경찰로서의 나토를 위해 이러한 전례를 만든 것이야말로 분명 전쟁의 첫 번째 주요한 이유 가운데 하나일 것이다.

　유엔의 상임 관료들은 상대적으로 고분고분할지도 모른다. (리차드 홀브룩 Richard Holbrooke에 따르면, 코피 아난 Kofi Annan이 1995년 8월 보스니아 세르비아계에 대한 나토의 공습을 지지한 것은 '그가 1년 후 부트로스 부트로스-갈리 Boutros Boutros-Ghali 유엔 사무총장의 후임자가 되기 위해 워싱턴의 강력한 지지를 받는 데 있어 결정적인 역할을 했다. 아난은 그 날 그 자리를 따낸 것이었다.'28) 그럼에도 불구하고 러시아와 중국의 비토권 행사로 인해 유엔안보리는 서방 정책의 믿음직한 도구가 되지 못했다. 그리하여 매들린 올브라이트의 표현을 빌면 '중동에서 중부아프리카에 이르기까지 평화를 지키기 위한 세력'29)으로 나토를 재정의하게 되었다.

　토니 블레어는 1999년 4월 나토 50주년 기념 정상회담 직전에 시카고에서 행한 한 연설을 통해 가장 야심적인 개입주의 이데올로기를 제시했다. 이 '국제공동체의 독트린'은 제3의 길을 위한 기든스의 변명서와 같이 세계화의 냉혹한 행진으로부터 모든 것을 이끌어내고자 하는 냉전 이후 세계의 일반적 분석에 근거한 것이었다. 블레어는 오늘날의 자유민주주의는 국가적 이해가 아니라 '우리가 소중히 여기는 가치들을 지키기 위한, 상호적인 자기 이해와 도덕적 목적의 보다 미묘한 혼합'에 의해 통치되는 것이라고 주장하였다. "만일 우리가 자유와 법치, 인권, 열린 사회라는 가치를 확립시키고 이를 전파할 수 있다면, 이는 우리의 국가를 위한 것이기도 하다." '세계적 상호의존'은 서구 강대국들로 하여금 어떤 경우에는 '비민주적이고 야만적 행위를 벌이는 체제들'에 대한 군사적 개입을 준비하고 있어야 할 것을 요구한다.[30]

블레어의 매파적인 태도는 의회 대다수를 차지하고 있는 그의 정치적 안정과, 여전히 미국의 뒤를 좇고 있으며 유럽연합의 심장부에서 멀리 떨어져 있는, 강대국 사이에서의 영국의 상대적인 주변적 위치를 반영하고 있다. 빌 클린턴의 경고가 더 중대했던 것은 모든 가능한 각도를 계산하는 그의 습관적인 성향에서만 기인한 것이 아니었다. 다우닝가 수석대변인들의 흥분된 브리핑들에는 실례되는 말이지만, 미국 대통령은 나토의 실질적 지도자였다. 그는 운영할 제국을 갖고 있었다. 제국주의적 힘의 단순한 장식물이 아니라 현실성을 갖고 있던 시기의 영국 수상들과 마찬가지로 그는 자신이 직면한 다양한 선택지들의 위험과 비용을 조심스럽게 재봐야만 했다. 반면, 제국의 짐으로부터 자유로워진 블레어는 자신의 호전적인 상상력이 이끄는 대로 어디로든 갈 수 있었다.

워싱턴과 본, 모스크바가 밀로셰비치의 굴복을 이끌어낼 만큼 충분한 양보를 제시하고 그럼으로써 독일에서 적녹 연정을 파멸시키고 이미 흔들리

고 있던 미국 국민들의 전쟁에 대한 지지를 한층 약화시킬지도 모르는 지상
공세를 예방할 수 있는 거래의 틀을 잡으면서, 전쟁에 대한 외교적 최종
결판은 블레어를 상대적으로 고립시키는 결과를 낳았다. 러시아의 중재는
밀로셰비치가 거부함으로써 전쟁을 촉발시킨 랑부예 '협정'(최후통첩이 보
다 정확한 표현이리라)에 비해 세르비아 정권에 매우 유리한 조건으로 타협
을 이끌어내는 데 있어 결정적이었다. 비록 나토가 이후 명백한 승리를 억지
로 끌어내고 러시아를 한층 적으로 만들고자 하면서 이 거래를 어겼지만
말이다. 첩보 분석가인 스트래트포어는 나토 지도자들이 다음과 같은 사실
을 이해하지 못했다며 냉소적으로 비난하였다. "이 거래는 코소보에 관한
게 아니다. 이는 인도주의나 우리 스스로를 우리가 되고자 하는 종류의 사람
으로 만드는 것에 관한 것도 아니다. 멍청하게도 러시아인들에 관한 것이다!
또한 중국과 세계적 힘의 균형에 관한 것이다."[31]

현실주의와 일관성

그러나 세르비아에 대한 나토의 승리는 냉전 이후 시대에 미국과 유럽 동맹
국의 군사력이 민주적이고 인도주의적인 목적을 위해 이용될 수 있다는 믿
음을 강화시킬 것이다. 이러한 주장이 갖고 있는 명백한 난점은, 블레어 자신
의 말을 빌자면, 미국과 그 동맹국들이 용인하거나 심지어 적극적으로 지원
하고 있는 수많은 '비민주적' 체제들이 '야만적인 행위에 관여하고 있다'는
사실이다. 가장 가까운 나라는 물론 자국 동부지방에서 무장군을 통해 쿠르
드족을 대량학살하고 추방해버리는 한편 서부지방에서는 유고슬라비아에
대한 폭격을 위해 공군기지를 제공한 나토회원국인 터키이다. 하지만 서방

이 대량학살을 기꺼이 묵인하고 실제로 종종 이에 사용된 무기를 공급한 수많은 다른 사례들이 있다.

이러한 반대에 대하여 전쟁에 찬성하는 자유주의자들은 당황하는 것이 아니라 오히려 경멸하는 반응을 보였다. 보스니아와 코소보에 대한 개입에 관한 서방의 지도적 논평가격인 마이클 이그나티에프는 "일관성이란 바보들이나 하는 주장이다"[32]라고 단언했다. 수전 손택 Susan Sontag은 유럽중심적 입장을 취하면서 아프리카의 재앙들에 관해서보다 코소보에 더 많은 우려를 보낸다고 나쁜 것은 아니라고 말하였다.[33] 이러한 주장들을 지지하는 가장 철저한 주장은 서방이 마음을 고쳐먹고 있다는 것이었다. 그리하여 폴리 토인비 Polly Toynbee는 '미 제국주의자들이 하는 모든 일에 반대한다는 피의 서약을 한 낡은 영국 좌파'를 비난하였다. "새롭고 더 나은 무언가가 흐트러진 채 사산 死産의 위험을 무릅쓰고 태어나기 위해 애쓰고 있다. 서방에게 있어 용감하고 유일한 기회는 보다 윤리적인 대외 정책을 공동으로 창출하는 것이다."[34]

이러한 사고는 미국과 그 동맹국들이, 과거의 안 좋은 기록에도 불구하고, 유고슬라비아에서 좋은 일을 함으로써 새로운 종류의 국제 정책으로 비틀거리며 나아갔다는 주장으로 보인다. 토인비가 말했듯이, "한 전쟁극에서 아더왕의 역할을 하는 것은 이제 서방이 다른 곳에서도 완전무결한 기사로 행동할 것을 요구할 것이다." 여기에는 두 가지 대답이 존재한다. 우선 그녀의 전제는 틀렸다. 서방은 발칸에서 좋은 일을 하지 않았다. 나토의 대유고슬라비아 공격은 역겹지만 저강도였던 코소보 전쟁을 전면적인 인도주의적 재앙으로 변화시켰다. 실제로 이번 전쟁의 주요 옹호자 가운데 한 명인 베테랑 좌파 자유주의 언론인 조너던 스틸 Jonathan Steele은 분쟁이 끝날 즈음 다음과 같이 인정했다. "나토는 유고슬라비아에서 자신의 목적을 달성했지만 전쟁은 결코 끝나지 않았다. 지난 주 슬로보단 밀로셰비치로부터 이끌어낸 거래는 폭격의 공포 없이도 12개월 전에 얻을 수 있는 것이었다.”[35]
이번 전쟁은 하버마스가 주장하듯이 '세계 시민사회'를 향한 움직임을 표상하기는커녕 야만—— 강대국들의 군사력 사용이 소국들을 위협하여 굴복시키는 상황——으로의 뒷걸음질에 불과했다.

따라서 마음을 고쳐먹었다는 주장은 기껏해야 전쟁이 수행된 동기에만 적용될 뿐이다. 다시 말해, 나토의 행동이 야기한 결과는 나빴더라도 그 의도는 좋았다는 것이다. 그러나 한 행동이 수행되기 위한 이유를 확인하기 위해서는 행위자가 고백하는 동기의 가치를 액면 그대로 받아들이는 것 이상이 요구된다. 이러한 원칙이 개인의 행동을 평가하는 데 적용된다면, 국가들의 행위에 대한 평가에는 얼마나 더 많이 그러해야 하겠는가? 또한 어떤 행위의 실질적 이유를 이끌어내려 할 경우, 일관성——가령, 이 특정한 행위를 다른 상황에서의 행위자의 행동의 맥락에 놓는 것——이 전형적인 사고방식 아닌가? 일관성이 바보들이나 하는 주장이기는커녕, 오직 바보들만이 이를 적절히 무게 있게 생각하지 못한다.[36]

자유주의 변호론자들은 나토 정부들이 고백한 도덕적, 인도주의적 동기들이 액면 그대로의 가치로 받아들여져야 한다고 주장하면서 실제로는 현실주의적 정치 분석을 피해가고자 시도했다. 이것은 제3의 길의 방식과 매우 흡사하다. 블레어 십자군의 주요 목적은 정치로부터 정치를 빼내는 것이다. 이슈는 기술적인 것(이러한 표제에 포함되는 것은 신자유주의의 만병통치약이 자명한 유효성을 갖는 것으로 간주되는 대부분의 경제·사회적 이슈들이다)이어서 아무런 원칙의 문제가 제기되지 않거나, 순전히 도덕적인 것이어서 오직 악당이나 바보만이 다우닝가나 펜실베이니아[37]로부터 해석되는 보편 이성의 지시와 의견을 달리할 수 있다. 그 결과—— 막스 베버가 지적하듯이, 책임 있는 정치행위를 위한 필수적 조건인—— 이해 분석과 결과 계산은 레이더망에서 사라져버린다.[38] 이러한 잘못된 딜레마를 거부하는 것이 중요하다. 통치자들의 주장을 비판적으로 분석하는 능력은 효과적인 민주적 시민권의 필요조건이다.

이 전쟁에 반대한 사람들은 따라서 여전히 경계를 늦추지 말아야 한다. 미래에 또다시 '인도주의적' 개입이 벌어질 경우 강대국의 이해와 갈등이라는 뿌리를 폭로할 준비가 되어 있어야 하기 때문이다. 이는 중요한 이론적 함의를 갖는다. 기든스나 그를 기꺼이 따르는 제자인 블레어 같은 '세계화' 이데올로그들에게 있어 국가간 대립은 과거 시대의 유물을 표상한다. '적 없는 국가'의 등장은 민족국가들의 활동을 초월하고 이를 강요하는 세계경제의 형성과 자유민주주의 고유의 평화적 경향을 반영하는 것이라고 한다. 그러나 1999년 발칸 전쟁의 경험은 매우 다른 무언가를 나타낸다. 자본간의 경제적 갈등에 뿌리를 둔 국가간 경쟁의 항존이 그것이다. 클린턴이 지나가는 말로 흘렸듯이, "이것이야말로 이번 코소보 사태의 핵심이다."

맑스주의의 제국주의 이론은 정확히 경제적 경쟁과 군사 경쟁의 상호관계를 분석하기 위해 발전되었다. 이 이론은 전지구적 자본의 시대에 부적절하게 되기는커녕 분쟁을 가르는 주요 구분선을 이해하고 저항세력들에 동기를 부여하는 데 있어 여전히 없어서는 안 될 요소이다. 지난 10년의 과정은 세계를 이끄는 국가들에 의한 무자비한 군사력 행사를 목도했다. 첫째는 걸프만이었고 이제는 발칸이다. 경제 및 정치적 힘의 변화하는 관계 속에서 이 사태들의 뿌리를 추적할 필요가 있다.[39]

이러한 현실주의적 분석은 전쟁에 찬성하는 자유주의자들이 호소한 권리의 담론 등과 같은 규범적 고려에 대한 호소를 배제하지 않는다. 이러한 언어를 나토의 변호론자들에게 양보할 이유는 없다. 그러나 기초를 이루는 힘의 구조를 규명하려는 시도와 결합되지 않을 경우 윤리적 개념은 매우 상이한 이해에 의해 지배되는 정책들을 위한 단순한 장식물에 지나지 않을 것이다. 실제로 발칸 전쟁에 관한 영국의 논쟁에서 놀라운 점은 적어도 고결한 도덕주의가 빈번히 힘센 자들 앞에서의 자기비하를 동반했다는 것이다.

매우 다른 경우이지만, 조지 오웰 George Orwell은 권력숭배가 지식인들의 정치적 선택을 모양짓는 데 이바지하는 방식을 묘사한 바 있다. 언론인과 대학교수들이 신노동당의 정치무대 지배를 전면적으로 고려하기 위해 스스로를 재정렬시키고 있는 지금, 이와 동일한 메커니즘이 오늘날 영국에서 분명히 작동하고 있다. <가디언>에서 가장 열정적으로 전쟁을 찬성하는 칼럼니스트인 조너딘 프리들랜드 Jonathan Freedland가 토니 블레어가 … 이스라엘 총선에서 승리했다고 발표했을 때[40]처럼, 때로 그 결과는 우스꽝스럽기만 하다.

이 경우에 아부는 순수하고 견고한 제3의 길에 대한 진실된 믿음을 반영하는 것이었다. 그러나 다른 많은 경우에는 이것은 불변의 것으로 지각되는 현실에 대한 체념한 적응의 문제에 가깝다. 냉전의 종식은 1989년 혁명들의 해방이라는 약속을 이루기는커녕 전망의 협소화로 귀결되었다.[41] 많은 중도좌파 지식인들이 진정한 사회변혁의 현실적 전망이 없음으로 인해 몇 안 되는 작은 개혁과 자신들의 개인적 출세를 이룩한다는 희망 아래 널리 유행하는 블레어–클린턴 컨센서스에 동조함으로써 만족할 수 있다는 결론에 이르는 것도 그리 놀랄 일은 아니다. 이러한 개탄스러운 지적, 도덕적 결론은 이번 전쟁을 둘러싼 논쟁에서 분명했다. <맨체스터 가디언>의 지도자격 반전 기자인 C. E. 먼터규 Montague가 시간이 흐른 후 회상한 것처럼 '비열함으로 침몰하지 않은 섬이 몹시 작아 보였던'[42] 보어 전쟁 때와 같은 시간이었다.

그러나 이러한 타락한 풍토는 시류를 따르길 거부하기 위한 훌륭한 이유를 부여해준다. 전쟁을 위해 제시된 모순적이고 반동적인 변호론들에 도전함으로써 반전주의자들은 진정으로 비판적인 사고를 생생하게 살아있게끔 만들었다. 이러한 저항운동들은 또한——제3의 길의 돌팔이 처방에 반대되는 것으로서의——진정한 사회변혁이라는 사고가 시야에서 사라지지 않도록 할 수 있다.

주

1. T. Blair, 'Statement on the Suspension of NATO Air Strikes against Yugoslavia', 10 June 1999, www.fco.gov.uk.
2. H. Kissinger, *Diplomacy* (New York, 1994), p. 86.에서 인용.
3. K. Marx and F. Engels, *Collected Works*, XII (London, 1979), p. 221.
4. P. Gowan, *The Global Gamble*, London, 1999, p. 142; 같은 책 8장을 전반적으로 보라.
5. *Newsweek*, 19 April 1999.
6. T. Blair, 'Doctrine of International Community', speech given to the Economic Club of Chicago, 22 April 1999, www.fco.gov.uk.
7. *Guardian*, 27 April 1999.
8. J. Habermas, 'Bestialität und Humanität', *Die Zeit*, 29 April 1999.
9. 'Remarks of the President to AFSCME Biennial Convention', 23 March 1999, p. 3. 'The Twisted Road to Kosovo', *Labour Focus on Eastern Europe*, 62 (1999)을 통해 이 매력적인 연설에 관심을 환기시켜준 피터 고완에게 공을 돌린다.
10. [옮긴이] 영국 노동당 좌파의 대표인물로 블레어와의 불화로 2000년 5월 런던시장 선거 직전 탈당, 무소속으로 출마하여 당선되었다.
11. *Independent*, 21 April 1999.

12. *Guardian*, 20 May 1999.

13. A. Barnett, 'Iron Britannia', *New Left Review*, 134 (1982), pp. 20, 21 n. 14.

14. *Guardian*, 29 April 1999.

15. A. Giddens, *The Third Way*, Cambridge, 1998, p. 70. [한상진·박찬욱 옮김, 『제3의 길』, 생각의나무, 1998]

16. G. Achcar, 'The Strategic Triad: The United States, Russia, and China', *New Left Review*, no. 228, 1998.

17. J. Rees, 'NATO and the New Imperialism', *Socialist Review*, June 1999.

18. [옮긴이] 1975년 동서간 긴장 완화를 위해 미국, 소련 등 35개 국이 조인한 헬싱키 협정을 가리킨다.

19. Kissinger, *Diplomacy*, p. 774.

20. F. Halliday, 'The Left and the War', *New Statesman and Society*, 8 March 1991.

21. S. Huntington, 'The Clash of Civilization?', *Foreign Affairs*, 72:3, Summer 1993, pp. 29-30, 45.

22. S. Wagstyl et al., 'Christendom's Ancient Split Filters Today's View of Kosovo', *Financial Times*, 4 May 1999.

23. 이 그룹의 전개양상은 D. Eribon, *Michel Foucault*, Cambridge MA, 1991[박정자 옮김, 『미셸 푸코』, 시각과언어, 1995]와 D. Macey, *The Lives of Michel Foucault*, London, 1994.에서 찾아볼 수 있다.

24. A. de Waal, *Famine Crimes*, London, 1997, p. 155.

25. 앞의 책, pp. 179, 187, 188.

26. 유고슬라비아 붕괴의 복합적인 요인과 경제, 외교, 정치를 망라한 서방의 개입이 미친 부정적인 영향 전반을 흥미롭게 다루는 뛰어난 분석으로는 S. Woodward, *Balkan Tragedy*, Washington, 1995를 보라.

27. *Financial Times*, 5 June 1999.

28. R. Holbrooke, *To End a War*, New York, 1999, p. 103.

29. *Financial Times*, 23 April 1999.

30. Blair, 'Doctrine of International Community'.

31. Stratfor's Global Intelligence Update: Weekly Analysis June 14, 1999, www.stratfor.com. 이 거래를 중개하는 데 있어서의 핵심적 역할은 독일 고위관료들과 밀접한 연관하에 활동한, 러시아 정부와 연결된 스웨덴 은행가인 페테르 카스텐펠트가 수행하였다. *Financial Times*, 14 June 1999.

32. BBC 2 *Newsnight*, 16 April 1999.

33. *Observer*, 16 May 1999.

34. *Guardian*, 12 April 1999.

35. Ibid., 7 June 1999.

36. 이번 전쟁을 비판하는 사람들은 또한 폭격을 하게 된 동기는 무시하면서 그 결과에만 초점을 맞춘다고 비난받았다. 그러나 — 이 주장의 목적은 인정하자 — 누군가 올바른 이유로(또는 상황이 그녀가 생각하는 대로일 경우에 올바를 수 있는 이유로) 잘못된 일을 하는 경우에, 행위의

옳고 그름을 결정하는 것은 행위자의 의도가 아니라 상황의 성격과 그에 적절한 도덕적 원칙이다. 이 문제에 관한 나의 견해는 1999년 6월 8일 요크 대학 정치이론 워크숍에서 T. M. 스캔론의 '의도, 이유, 허용가능성'을 들음으로써 명쾌해졌다. T. M. Scanlon, 'Intentions, Reasons, and Permissibility', at the Political Theory Workshop, University of York, 8 June 1999.

37. [옮긴이] Pennsylvania Avenue. 미국 워싱턴DC의 백악관에 이르는 길로 미국 정부를 뜻한다.

38. M. Weber, 'The Profession and Vocation of Politics', in *Political Writings*, Cambridge, 1994. 강대국들의 정책을 형성하는 데 있어 이해의 분석을 주장하는 것은 물론 현실주의적인 국제관계 이론을 승인하는 것이 아니다. 이에 대한 비판으로는 J. Rosenberg, *The Empire of Civil Society*, London, 1994를 보라.

39. A. Callinicos et al., *Marxism and the New Imperialism*, London, 1994를 보라.

40. *Guardian*, 19 May 1999.

41. 최근의 지나치게 비관적인 진단으로는 R. Jacoby, *The End of Utopia*, New York, 1999를 보라.

42. J. L. Hammond, *C.P. Scott of the Manchester Guardian*, London, 1934, p. 185에서 인용.

4
발칸 전쟁과 미국의 세계 권력
지오반니 아리기

1999년의 발칸 전쟁에 대해 최소한이나마 믿을 만한 대차대조표가 나오기까지는 시간이 좀 걸릴 것이다. 전쟁의 표면적인 명분이었던 인도주의적 목적이라는 관점에서 봤을 때, 우리가 할 수 있는 일이라야 이제 교황 요한 바오로 2세의 언명처럼 그 전쟁이 보여준 거라곤 전례 없는 '인간성의 패배'일 뿐이라는 명제에 동의하는 것밖에 없다. 전쟁의 진정한 목적이 무엇이었는가를 서두에서 확인하지 않고서는 그 어떤 대차대조표도 이 명제를 넘어설 수 없다.

이 전쟁이 내세웠던 바 소위 인도주의적 동기라는 것이 얼마나 의심스러운 것이었는지에 관해서는 이미 노암 촘스키와 다른 많은 이들이 내가 할 수 있는 그 어떤 설명보다 훨씬 더 잘 이야기해준 바 있다. 그래서 여기서 나는 다만 이 점을 지적하는 것으로 내 역할을 한정지으려 한다. 즉, 전쟁 전반에 걸쳐, 인도주의적 이슈라는 것은 미국과 영국의 전쟁 선동가들의 포고문 속에서 그들이 언급했던 '신뢰성 credibility' 문제와 깊은 관련이 있다는 것이다. 미국과 나토 동맹국들은 무력을 사용할 수도 있다는 위협이 공언이 아니라는 것을 보여주어야 했다. 자신이 원하는 대로 할 수 없을 때 나토는 실제로 무력을 행사할 것이며, 또한 그렇게 무력 행사를 벌였을 때 나토는 원하는 바를 얻을 수 있을 것이라는 두 가지 의미에서. 이 전쟁을 통해 절대적으로 확실해진 점이 있다면, 그것은 신뢰성의 문제(사실상 권력의 문제에 다름 아니다)가 나토가 실제로 추구했던 그 어떤 인도주의적 목적(그런 게 있다면 말이다)보다 절대적인 우선 순위에 있었다는 사실이다. 이 전쟁에 있어서 실로 가장 놀라웠던 것은 냉담함이었고 또한 독선적인 결정이었다. 이러한 기반 위에서 나토는 만약 밀로셰비치(아니면 더 좋은 시나리오로는 그를 축출하고 그의 자리를 계승할지 모르는 그 어떤 이라도)가 나토의 힘에 굴복하고 나토의 지시에 무조건적으로 복종하지 않는다면, 사상 최고의 파괴적인 공습이 무제한적으로 계속될 것이라고 위협하였다.

미국과 나토의 신뢰성이 인도주의적 목적보다 절대적으로 우선했다는 것을 증명하기 위해 증거가 더 필요하다면, 1999년 6월 10일 클린턴 대통령이 행한 '승리'의 연설을 들어 보라. 그에게 있어서 승리는 무엇보다도 유고슬라비아가 나토의 요구에 어느 정도 무조건적으로 굴복했다는 것을 뜻한다. 무조건적인 항복을 받아내기 위해 세르비아계든, 알바니아계든 유고슬라비아 국민들이 겪어야 했던 인간적인 고통은 거의 언급되지 않았다. 예외라면, 세르비아인들이 밀로셰비치를 제거하지 않는다면 파괴된 나라를 재건하는 데 그 어떤 도움도 받을 수 없을 것이라는 새로운 암시가 있었다는 것이다. 처음부터 분명히 지적되었어야 했던 것은 미국과 나토의 힘의 과시야말로 이 전쟁의 진정한 목적이었다는 점이다. 인간적 감성에 대한 호소는 목적으로 위장된 단순한 수단이었으며, 명백한 국제법 위반이었던 부적절한 폭력의 행사에 대해 국내외적인 지지를 끌어내기 위한 것이었다.

그러나 우리는 이 시점에서 다음과 같이 물어볼 필요가 있다. 왜 미국과 나토에게는 그들의 신뢰성을 보여주는 것이 그토록 중요했을까? 보다 상위의 어떤 목적을 추구하는 데 신뢰성이 중요했을까? 그리고 만약 그렇다면,

전쟁은 그 상위의 목적을 달성하는 데 얼마나 성공적이었을까? 이 질문들에 대답하기 위해서는 미국의 군사적 위업 중 가장 최근의 것이었던 이번 전쟁을 단지 고립된 하나의 사건으로서가 아니라, 미국이라는 세계 권력의 궤적에 관해 우리에게 무언가를 말해줄 수 있는 일련의 사건들과의 연계성 속에서 고찰해볼 필요가 있다. 그리고 나서 우리는 다음과 같이 질문을 재구성할 수 있을 것이다. 미국-나토의 군사기구의 신뢰성을 과시할 필요가 있었다는 사실은 미국의 세계 권력이 장기적인 쇠퇴에 접어들었다는 신호이자 그러한 쇠퇴를 늦추려는 미국의 노력의 수단일까? 혹은 세계 권력을 향한 새로운 대약진이라는 신호이자 수단일까? 과연 발칸 전쟁은 미국 세계 권력의 쇠퇴를 늦춘다는 측면에 있어서 성공적이었다고 평가할 수 있을까? 어쩌면 오히려 그것을 가속화해서 [쇠퇴를 예고하는] 새로운 정점으로 접어들게 한 것은 아니었을까?

1968년 이후의 미국 세계 권력의 궤적

먼저 지난 30년에 걸친 미국의 세계 권력에 관한 몇 가지 가장 기본적인 사실들을 개략적으로 검토해보자. 대체적으로 이야기해서, 이 시기 미국의 세계 권력은 10년 단위로 상이한 경향을 보여주며 U자형 궤적을 그려왔던 것으로 보인다. 1970년대에 가파르게 쇠퇴하여 1980년대에는 바닥에 도달했으며 1990년대에 극적으로 복귀하였다. 10년 단위로 이러한 궤적을 모양지운 역학들을 간략히 살펴보자.

　　1970년대 미국 세계 권력의 가파른 쇠퇴는 1968~73년간에 벌어졌던 세계사적인 두 가지 핵심적인 사건이 전적으로 가져온 것이었다. 베트남에서의 미국의 패배와 이와 동시에 벌어진, 미국이 세계 통화 체제를 지배하는 기반이 되었던 브레튼우즈 체제의 붕괴가 그것이다. 같은 시기 인류의 성공적인 달 착륙이 있었고, 군사력 경쟁상의 기술 발전에 있어서 미국이 경쟁자인 소련을 쉽게 따라잡고 능가할 수 있다는 것을 보여주기는 했지만, 미국의 베트남전 패배는 고도로 자본이 집적된 하이테크 기반의 미국의 군사기구가 지구상에서 가장 가난한 한 민족이 벌이는 결연한 저항에 맞서 미국의 지배력을 행사하는 데 얼마나 무력한 것이었는지를 보여주었다. 이 과정에서 발생한 국내외적인 대량 지출은 전쟁—복지 국가 warfare-welfare state 미국에 커다란 재정 위기를 불러왔다. 소련의 위협에 균형을 맞추는 것(그 어느 때보다 비싸고 위험한 대가를 치러야 했다) 이상의 뭔가를 하기에는 미국의 군사기구에 대한 신뢰성 손상이 돌이킬 수 없는 지경이었고, 이 역시 마찬가지로 파괴적이었다. 미국의 세계 권력은 급격히 쇠락했으며, 1970년대 말 이란혁명과 유가의 새로운 급등, 소련의 아프가니스탄 침공, 그리고 미 달러화의 새롭고도 심각한 신용 위기에서 그 최저점에 도달했다.

카터 행정부의 마지막 해에, 그리고 레이건 치하의 중대한 결단과 더불어 정책상의 극적인 변화를 통해 뒤이은 미국 세계 권력 복구의 기반을 마련한 것은 바로 이러한 배경 속에서였다. 군사적인 측면에서 미 정부는 이제 베트남에서의 패배를 불러왔던 것과 같은 지상 대결은 (레바논에서의 철수에서 본 바와 같이) 조심스럽게 피하기 시작했으며, 대리전(니카라과와 아프가니스탄의 경우)이나 별 중요하지 않은 적들에 대한 단순히 상징적인 의미를 갖는 직접 대응(그레나다와 파나마의 경우), 아니면 자신의 하이테크 군사력 덕분에 절대적으로 유리한 공중 폭격(리비아의 경우)을 선호하게 되었다. 이와 동시에 미국은 소련과의 군비 경쟁을 새로운 단계로 진입시켰다. 전적으로 그런 것은 아니었지만, 이는 주로 전략방위구상(SDI, 일명 스타워즈)의 추진을 통해 이루어졌으며 소련이 경제적으로 감당할 수 있는 수준을 훌쩍 뛰어넘는 비용을 쏟아 부었다. 소련은 이제 자신이 그 어느 쪽도 이길 수 없는 두 가지 도전에 봉착했음을 깨닫게 되었다. 하나는 아프가니스탄 전쟁이었다. 아프가니스탄에서 소련의 하이테크 군사력은 베트남에서 미국을 패배시켰던 것과 똑같은 어려움과 맞닥뜨렸다. 다른 하나는 군비 경쟁이었는데 소련으로서는 미국이 동원할 수 있는 재정 규모를 도저히 감당해낼 수 없었다.

미 군사 정책의 이러한 변화는 결국 소련의 붕괴로 귀결되었으며, 이것은 1990년대 미국 세계 권력의 화려한 복귀를 알리는 출발점이었다. 그럼에도 불구하고, 미국 세계 권력의 거대한 U턴을 가져오는 데 가장 결정적이었던 요인은 군사 분야가 아니라 재정 분야에 있어서의 정책 변화였다는 점은 아무리 강조해도 지나치지 않다. 사실 이 분야의 정책 변화 없이는 소련이 감당할 수 없을 정도로 군비 경쟁을 확대시킬 수 없었을 것이다.

통화 공급의 급격한 감축, 높은 이자율, 부유층에 대한 감세, 그리고 기업 운영에 대한 사실상의 무제한적인 자유를 내용으로 하는 이 정책 변화는 뉴딜 정책의 유산을 말끔히 걷어냈다. 이러한 정책을 통해 미국은 전세계 자본에 대한 공격적인 경쟁을 개시했으며, 세계 자본 흐름의 방향을 뒤바꾸는 커다란 변화를 유발했다. 1950년대와 1960년대에 걸쳐 세계 유동성과 직접 투자의 최대 공급원이었던 미국은 1980년에 이르러 최대 채무국이자 주요한 직접 투자 유치국이 되었다. 중하위 빈국들을 강타한 외채 위기는 동전의 또다른 면이었다. 이들 대부분은 미국이라는 거인과 세계 금융 시장에서 경쟁할 능력이 없었던 것이다. 라틴아메리카 국가들과 무엇보다도 아프리카 국가들의 경제는 황폐화되었다. 그러나 위기는 또한 동유럽에서도 감지되었으며, 나아가 미국과의 군비 경쟁에 있어서 소련의 역량을 소진시

컸다. 또한 유고슬라비아에서의 긴장 유발에 결정적으로 영향을 미쳤고, 유고슬라비아의 해체와 민족 분쟁 확대를 야기했다. 이런 식으로 미국이 세계 금융 시장에서 거의 무제한적인 신용을 누리고 있는 동안, 제2세계와 제3세계는 똑같은 시장에서 갑작스런 신용 고갈에 무릎을 꿇어야 했다. 세계 금융 시장에서 미국이 지닌 힘은 자신의 군사력으로는 달성할 수 없었던 성과를 얻어냈다.

그러나 이 승리에는 한 가지 문제가 있었다. 타이완, 홍콩, 싱가포르, 동남아시아 주요 교역 중심부 등에서 활동하는 화교들과 일본이 세계 최대의 채권국으로 부상했으며, 그 속도와 정도 면에서 자본주의 역사상 거의 유례가 없었던 이 지역 산업 팽창의 주도자이자 자금줄로 등장했다. 실제로 1980년대를 통틀어 동아시아 지역은 유동성 자본을 둘러싼 국가간 경쟁의 강화와 냉전의 새로운 고양이라는 상황의 최대 수혜자인 것으로 보였다. 세계적으로 무역과 생산이 정체되었던 동안에도 동아시아 지역의 경제적 팽창은 속도를 더해 갔고, 세계 유동자산의 점점 더 많은 부분을 차지하게 되었다. 일본의 은행들이 국제적인 자산 순위 평가에서 앞자리를 점하게 되었으며, 일본 기관 투자가들이 미국의 자금 시장을 선도했다. '일본 초강대국의 부상' 혹은 '제일 국가 일본'이라는 초기의 예언들이 들어맞는 것처럼 보였다. 미국은 자신의 군사적 경쟁자와 제3세계 전체를 수세에 빠뜨림으로서 1970년대의 깊은 위기로부터 회복할 수 있었는지도 모른다. 하지만 —— 미국의 성쇠의 회복 자체가 보여주는 것처럼—— 총이 아니라 오히려 돈이 세계 권력의 주된 원천이었다면, 일본의 경제적 힘이야말로 미국의 세계 패권에 대한 새롭고도 방심할 수 없는 도전이 아니었을까?

이러한 우려는 1990년대 초반부터 소련의 붕괴와 이와 거의 동시적으로 찾아온 1990~92년 도쿄 증시의 폭락으로 바로 해소되었다. 이 두 사건이 미국 세계 권력의 궤적을 크게 솟구치게 만들었던 것이다. 미국은 이제 오직 유일한 초군사강국으로 남게 되었으며, 예견가능한 장래에 그에 도전할 만한 세력은 전혀 보이지 않았다. 게다가 미국은 소련을 꺾음으로써 자신의 세계경찰 역할을 승인하고 정당화시키는 데 유엔안보리를 동원할 수 있는 토대를 다져 놓았다. 사담 후세인의 쿠웨이트 침공은 그러한 동원을 위한 이상적인 기회를 즉각적으로 제공해 주었으며 미국은 한치도 주저하지 않았다. 하이테크 화력 시범을 텔레비전 쇼로 중계하면서 말이다. 소말리아에서의 '인도주의적' 작전을 통해 이 경험을 한 단계 진전시키려는 시도는 실패했다. 복병이 숨어 있었다. 죽은 미국 병사가 모가디슈 거리를 질질 끌려 다니는 모습이 텔레비전 화면에 잡힌 것이다. 이것은 미 국내에서 베트남 증후군을 다시 불러 일으켰고, 미군의 즉각적인 철수로 이어졌다. 하지만 뒤이어 아이티와 특히 보스니아에서 수행한 보다 안전한 '인도주의적' 작전은 성공적이었다. 대체적으로 소련의 붕괴와 걸프 전쟁 이후 미국의 군사력은 도전 받지 않았으며, 자신이 소유한 지역에서는 도전이 불가능했다.

　걸프 전쟁은 또한 일본이 그 재정적, 경제적 힘에도 불구하고 세계 정치 무대에서 독립적인 입지를 갖기에는 전적으로 무력하다는 것을 보여주었으며, 일본은 다시 한 번 미국에 의존할 수밖에 없었다. 하지만 바로 곧이어 일본의 재정적, 경제적 힘조차 의문시되게 되었다. 일본 경제가 1990~92년의 폭락에서 완전히 빠져 나오지 못하고 있음이 판명되었으며, 1997~98년의 동아시아 금융 위기는 이 상황을 더욱 악화시켰다. 이 위기는 거의 정체되어 있던 일본 경제를 수축 상태로 몰아 넣었다. 그 사이 전세계 자본, 특히 동아시아의 자본은 미국으로 계속 흘러들었다. 덕분에 월스트리트에는 투기 붐이 오랫동안 지속되었으며, 계속 늘어만가는 엄청난 규모의 무역 적자에도 불구하고 미국 경제는 지난 20년의 시기보다 상당히 빠른 속도로 팽창할 수 있었다. 새 천년이 다가오면서 미국의 군사력뿐만 아니라 미국 경제도 무소불위인 것처럼 보였다.

이러한 궤적에 비추어 볼 때, 우리가 던진 질문들에 대한 가장 그럴 듯한 대답은 아마 다음과 같을 것이다. 즉 발칸 전쟁에서 미국-나토 군사기구의 신뢰성을 보여줄 필요가 있었던 것은 미국 세계 권력의 쇠퇴가 아니라 오히려 그것을 향한 대약진이 진행되고 있다는 신호로 보는 것이 더 그럴 듯하다는 것이다. 그리고 발칸에서 그들이 원하는 바를 얻기 위해 무력을 행사할 수도 있다는 미국과 나토의 위협이 공허하지도 무력하지도 않았기 때문에 이 전쟁은 그러한 대약진에 새로운 전기를 마련해 주었던 것으로 평가될 수 있다. 이것이 미국과 영국의 전쟁 선동가들이 상황을 파악하는 방식일 가능성이 높으며, 사실 그럴 것이다. 하지만 이 상황이 1990년대의 관점(즉 앞서 이야기했던 미국 세계 권력의 U자형 궤적에서 상승하는 부분의 관점)으로부터 나타난 것은 전혀 아닐 가능성도 마찬가지로 높으며 또한 그럴 것이다. 또한 영국과 미국의 상황 오판이, 미국 세계 권력의 대약진에 새로운 전기를 부여하기는커녕, 미국의 세계 질서에 그나마 남아 있던 것들의 철저한 와해를 재촉하는 결과를 낳을 가능성 역시 높다는 것이 내 생각이다.

세계사적 관점에서 본 미국의 세계 권력

이러한 평가는 자본주의 역사상 몇 가지 핵심적인 면에서 현재와 닮은꼴인 이전의 시기들로부터 현재적 경향성을 이해할 수 있는 실마리를 찾는 데 바쳐진 두 가지 연구에 기반하고 있다. 첫 번째는 <장기 20세기 *The Long Twentieth Century*>[1]로서 근대 초기부터 현재까지, 세계 자본주의 발전의 각 단계의 최종 국면을 특징지어 왔던 금융 팽창에 초점을 맞추고 있다. 두 번째는 <근대 세계 체제의 무질서와 지배 *Chaos and Governance in the Modern World System*>[2]로서 세계 자본주의의 앞선 두 번의 전환과 (아직은 어디로 갈 지 알 수 없는) 현재의 헤게모니 전환 사이의 유사점과 상이점에 초점을 맞추고 있다. 이전에 있었던 첫 번째의 전환은 18세기에 있었던 네덜란드에서 영국으로의 헤게모니 전환이었고, 두 번째는 19세기 말에서 20세기 초에 걸친 영국에서 미국으로의 헤게모니 전환이었다. 이 두 연구를 통해 현재의 미국 세계 권력의 동학에 대한 다음의 통찰을 이끌어낼 수 있다.

먼저, 상이한 정도와 방식이긴 하지만, 지난 30년에 걸친 미국의 세계 권력을 특징지어 온 U자형 궤적은, 세계적 규모의 자본 축적 과정을 이끈 이전의 주도국들이 그들 헤게모니의 최종 국면에서 보여준 양상처럼 전형적이다. 현재와 마찬가지로 과거에도 시초 위기 후 쇠퇴 중인 헤게모니 국가가 그 운명을 반전시킬 수 있느냐의 여부는 세계 무역과 생산의 모든 주요한 팽창의 결과 발생한 유동성 자본을 둘러싼 격렬한 국가간 경쟁을 자신에게 유리한 쪽으로 바꿔낼 수 있는 역량에 달려 있었다. 이 역량은 과거와 마찬가지로 현재에 있어서도, 쇠퇴 중인 헤게모니 국가가 여전히 세계 경제 체제의 중심부를 점하고 있다는 사실을 통해 뒷받침된다. 상품 시장에서의 경쟁력이 쇠퇴하고 있기는 하지만 국제 금융 체제의 중심지 역할을 할 수 있는 헤게모니 국가의 역량은, 상품 시장에서 최고 경쟁력을 갖춘 상대로 부상하고 있는 국가들을 포함해서 다른 어느 중심부 국가들의 역량보다 아직 뛰어난 것이다.

두 번째는, 현재는 아직 그런 현상이 나타나고 있지 않지만, 과거의 헤게모니 이행기를 고찰해 볼 때, 쇠퇴 중인 헤게모니 국가의 권력이 회복되는 현상은 단지 전세계적인 무질서의 증가와 구 헤게모니 질서의 최종적인 와

해의 전주곡일 뿐이었다. 이러한 무질서의 증가를 촉발하는 데 있어 세 가지 경향이 특히 중요했던 것으로 보인다. 첫 번째 경향은 쇠퇴 중인 헤게모니 국가가 자신의 통제하에 두지 못하는 새로운 군사 강국들의 부상이었다. 두 번째는 현존 헤게모니 질서 아래에서 수용될 수 있는 것보다 더 많은 자원의 분배를 요구하는 국가와 사회 집단들의 등장이었다. 하지만 또 다른 세 번째의 경향은 쇠퇴 중인 헤게모니 국가가 자신의 남은 (그리고 다시 회복된) 권력을 이용하여, (어느 정도 동의에 기반했던) 헤게모니를 (주로 강압에 기댄) 착취적 지배로 전환시킨 것이다.

세 번째는 이전의 헤게모니 이행기와 비교해볼 때 현재의 이행기에는 쇠퇴하는 헤게모니 국가에 미미하게라도 군사적으로 도전할 수 있는 그 어떤 강국도 사실상 존재하지 않는다는 사실이다. 새로운 군사적 도전자가 부상하기는커녕, 유일하게 그럴만한 도전자였던 소련이 붕괴되었다. 하지만 미국에 군사적으로 도전할 수 있는 능력을 지닌 새로운 강국이 부상하는 징후가 보이지 않는다고 하더라도, 다른 두 가지의 경향이 과거보다 강하게 나타나고 있다는 많은 증거가 존재한다. 그래서 1970년대 미국 세계 권력의 쇠퇴는 주로 제3세계의 보다 많은 세계 자원 분배 요구를 수용함에 있어서 미국이 직면한 곤란에 기인했던 것이다. 그리고 뒤이은 미국 세계 권력의 회복은 주로 그러한 요구들을 단지 억누른 것이 아니라 되받아 친 레이건의 세계적 반혁명의 성공에 기인한다. 이 반혁명의 본질은 바로 미국의 헤게모니를 점점 더 착취적 지배로 전환시킨 것이다. 1950년대와 1960년대의 미국 헤게모니는 단지 강압에만 의존한 것이 아니었다. '발전'을 통해 모든 국가를 부유하게 해준다는 전세계적 뉴딜의 약속을 믿은 제3세계의 동의가 있었다. 이와는 대조적으로 1980년대와 1990년대에 제3세계와 옛 제2세계 나라들은 미국과 다른 부유한 국가들로 가차없이 부를 재분배한 세계 금융 시장의 정언명령에 '발전'을 종속시킬 것을 노골적으로 요구받았다.

외형적인 성공에도 불구하고 이러한 전환은 과거에 있었던 유사한 전환들만큼이나 불안정한 것으로 간주할 수 있다. 일단 두 가지 모순이 특히 해결 곤란한 것으로 보인다. 하나는 세계적 자본축적 과정의 중심축이 동아시아 지역으로 지속적으로 이동하고 있다는 사실이다. 널리 퍼져 있는 생각과는 달리, 1990~92년에 터진 일본의 경제 위기가 지속되고, 1997~98년 동아시아 지역 전체의 위기로 전화했다는 사실이 이러한 이전의 흐름이 역류하고 있다는 주장을 뒷받침해주지는 않는다. <근대 세계 체제의 무질서와 지배>에서 우리가 지적했다시피, 과거의 헤게모니 이행에서도, 새로운 질서를 향해 세계를 이끌 수 있는 역량을 갖추기 전까지는, 새롭게 등장하는 세계적 규모의 자본축적 중심부는 팽창보다는 오히려 소란의 중심점이었다. 이것은 18세기말의 런던과 잉글랜드의 경우에서도 확인되며, 1930년대의 뉴욕과 미국의 경우에도 해당되는 사실이다. 1990년대 일본과 동아시아의 금융 위기가 세계적 자본축적 과정의 중심축이 미국에서 동아시아로 이동하고 있지 않다는 사실을 보여준다고 이야기하는 것은 1929~31년의 월스트리트 폭락과 그에 뒤이은 미국의 경제 위기가 세계적 자본축적 과정의 중심축이 영국에서 미국으로 이동하지 않았다는 사실을 입증했던 것이라는 이야기만큼이나 무의미하다.

게다가 일본과 동아시아의 위기는 지금까지 대 大중국(즉, 중화인민공화국과 홍콩, 타이완, 싱가포르)의 지속적인 경제적 팽창과 연계된 문제였다. 중국이 이 지역에서 갖는 인구의 크기와 역사적 중심성을 놓고 볼 때, 동아시아 지역의 경제 부흥에 있어서 이러한 지속적인 팽창은 이 지역의 여타 나라들이 경험한 바 있는 둔화나 수축보다 훨씬 더 중요하다. 확실히 그 엄청난 발전에도 불구하고 중국은 여전히 저소득 국가이다. 위기로 인해 중국의 경제적 팽창이 저절로 중단되지 않으리라는 어떤 보장도 없다. 아마 그러한 일이 벌어질 것이다. 방금 지적했다시피, 위기는 새로운 경제적 중심부의 부상에 있어서 필수불가결한 구성요소이기 때문이다. 그럼에도 불구하고 그만큼 거대한 인구를 가진 중국이 제2세계와 제3세계를 굴복시킨 금융 위기를 헤쳐 나올 수 있었던 것은 그 자신이 갖고 있는 역사적 비중으로부터 나온 성과이다. 만약 최소한의 정치적 역량만으로도 불가피한 미래의 위기를 헤쳐 나갈 수 있다면, 이러한 위기가 단지 중국뿐 아니라 동아시아, 아니 전세계가 미국의 지배로부터 해방되는 순간으로 전환되지 못할 이유는 없다.

그러나 그렇게 되든 안되든, 세계적 규모의 자본축적 과정의 중심축이 지속적으로 동아시아 지역으로 이동하고 있다는 사실은 세계경제의 중심부를 유지하는 미국의 능력을 손상시킨다. 이미 1990년대에도, 외견상 강력했던 미국 경제의 성취와 그 배후의 월스트리트 투기 붐은 동아시아의 자금과 값싼 상품에 철저히 의존하고 있었다. 동아시아의 자금은 투자와 대부를 통해 미국 경제를 커져만 가는 대규모의 무역 적자에도 불구하고 계속적으로 팽창할 수 있게 해주었으며, 값싼 상품의 유입은 경제적 팽창에도 불구하고 인플레이션의 압력을 완화시키는 데 기여했다. 이러한 상황이 얼마나 계속될 수 있을지, 그리고, 미국이 경제적 팽창을 중단시키지 않고서도 이 상황을 타개할 수 있을지는 분명하지 않다. 분명한 것은 이 상황이 더 지속되면 될수록, 미국에 대한 동아시아 지역의 현재와 같은 경제적 의존 상태는 점점 더 역전될 것이라는 사실이다.

1990년대 미국의 힘의 회복에 있어서 두 번째 모순은 그것이 정치적으로뿐만 아니라 경제적으로도 군사적 수단에 점점 더 의존하게 되었다는 점이다. 미국의 군산복합체는 언제나 미국의 지도력과 ——미국식 대량생산 체제의 근원이 된 소형무기 생산에서부터 소련의 스푸트니크 위성에 대한 대응으로 출발하여 오늘날의 컴퓨터화된 위성연계 통신 체계를 가져온 우주 계획에 이르기까지—하이테크 생산 및 운용에 있어서의 최종적이면서 압도적인 패권을 지탱하는 (유일한 원천은 아니었다손 치더라도) 주된 원천 중의 하나였다. 이러한 압도적인 패권은 현재 세계 시장에서 미국이 아직까지 결정적 우위를 유지하고 있는 유일한 것이다. 보다 중요하게는 하이테크 기술과 군사적 생산 및 운용 사이의 상호 침투를 통해 미국은 이른바 세계 '자유'시장의 규칙을 자국 기업에 유리하게끔 관철해낼 수 있는 강력한 수단을 보유하게 되었다. 국내외적인 경쟁이 보다 격화될수록 상업적 우위와 자기보호라는 이런 공공연한 수단은 보다 필수적인 것이 되었다.

그러나 미국의 경제적 이익을 증진시키기 위한 수단으로서 군산복합체의 중요성이 커져가기는 했지만, 엄격히 군사적인 동기만을 놓고 본다면 그 유용성은 소련의 붕괴 및 냉전의 종식과 함께 극적으로 감소되었다. 앞서 지적했듯이, 미국 군산복합체의 주된 유용성은 소련의 위협에 맞서 전례 없이 비싸고 모험적인 수위로 그 균형을 재생산할 수 있는 능력에 있었다. 하지만 베트남에서의 미국의 경험과 아프가니스탄에서의 소련의 경험이 입증했다시피 이러한 하이테크 군산복합 기구는 현장에서 세계의 치안을 유지하기에는 그다지 효과적인 도구가 아니었다. 이를 위해서는 자국 시민들의 생명을 담보로 할 수밖에 없었는데 이것은 시민들에게 설득력을 가질 수 없었기 때문이다. 그 결과, 1980년대 냉전의 상승곡선이 예상했던 목표치를 넘어서서 소련의 붕괴로 이어지자마자, 고도로 자본집약적인 미국의 하이테크 군사 기구는 군사적 가치의 대부분을 잃게 되었다. 유일한 확실한 군사적 경쟁자를 잃어버림과 동시에 미국의 군산복합체는 전쟁제조기로서의 자신의 신뢰성도 상실하였다.

한편으로는 미국의 경제적 우위를 지탱하는 주된 원천으로서 군산복합체의 중요성이 점점 커져 갔으며, 다른 한편으로는 엄격한 군사적 의미에서 그 가치는 점점 감소되었다. 이 둘 사이의 모순은 결코 풀릴 수 없었다. 미국 군산복합체가 갖고 있는 경제적 기능의 중요성은 점점 더 커져 갔지만 그 은밀한 중요성은 표면적인 기능에 대한 신뢰성의 토대를 철저히 침식하지 않고서는 공공연히 인정될 수 없었다. 설상가상으로 그렇게 공공연히 인정할 경우 미국의 군산복합체가 미국이 그렇게도 세계에 설교해 마지않았던 '자유시장'의 규칙들을 악용하고 깨뜨리기 위한 아마도 가장 중요한 수단이 되었다는 사실이 폭로될 수도 있다. 그렇기 때문에 미국 군산복합체의 엄격한 의미에서의 군사적 기능을 발견해내야만 했다.

이것이 냉전 종식 후 미국이 도발한 대여섯 번의 '뜨거운 전쟁 Hot Wars'——전쟁이라기보다는 군사훈련이 보다 어울리는 표현이다——의 주된 목적이었다. 몇몇 예를 통해 볼 때, 특히 걸프 전쟁이나 그보다는 덜하지만 발칸 전쟁의 경우, 이러한 군사훈련들은 또한 미국의 하이테크 상품들을 극명하게 선전해주는 쇼로서도 꽤나 유용했다. 하지만 최우선의 목적은 소련의 붕괴와 함께 미 군산복합체가 잃어버린 신뢰할만한 군사적 기능에 대한 대안을 찾는 것이었다. 이 목적을 달성하는 데 있어 그 일련의 전쟁들은 얼마나 성공적이었을까?

내게는 그다지 성공한 것으로 보이지 않는다. 무엇보다도 이들 전쟁이 보여준 것은 누구나 처음부터 알고 있던 사실뿐이었다. 즉 미국은 원하기만 한다면 어느 나라든 폭격으로 절멸시킬 수 있는 기술적 능력을 갖고 있다는 것이다. 실제로 미국은 마음만 먹으면 전 세계를 날려버릴 수도 있는 기술적 수단을 갖고 있다. 하지만 소말리아에서, 아이티에서, 보스니아에서, 그리고 코소보에서 미국이 벌인 전쟁이 갖는 새로운 표면적인 기능은 사려 깊게 선별되고 극도로 차별적인 인도주의적 목표의 추구일 뿐으로 미국 시민 한 명의 목숨만큼도 가치가 없는 것이었다. 모든 것이 낱낱이 드러나게 되면, 베트남 증후군이 여전히 생생하게 살아 있으며, 미국의 군산복합체에는 어떠한 신뢰할 만한 기능도 남지 않다는 사실이 드러나게 될 것이다.

　결론적으로, 현재 미국의 세계 권력이 회복하게 된 기반은 겉으로 보이는 것처럼 그렇게 견고하지 않다. 한 줌 부유한 국가들의 나머지 세계에 대한 착취적 지배를 공고히 하는 데 이 세계 권력을 사용하려는 시도는 전지구적 재앙을 부르는 가장 확실한 보증수표이다. 희망적이게도, 이 부유한 국가들의 지배 집단은 자신들이 가진 여전히 강력한 힘을 세계를 엄습하고 있는 문제들을 악화시키기보다는 해결하는 데 사용할 정도로 충분히 현명할 것이다. 그러나 불행하게도, 아바 에반 Abba Eban[3]이 한때 말했던 것처럼, "역사는 인류와 국가들이 다른 모든 대안을 소진한 연후에야 현명하게 행동하게 된다는 사실을 우리에게 가르쳐준다."

주

1. Giovanni Arrighi, *The Long Twentieth Century*, Verso, London, 1994.
2. Giovanni Arrighi and Beverly Silver *et al.*, *Chaos and Governance in the Modern World System*, University of Minnesota Press, Minneapolis and London, 1999.
3. [옮긴이] 이스라엘의 외교학자이자 정치가로 1966~74년 동안 이스라엘 외무장관을 지냈다.

5
코소보와 새로운 제국주의
엘렌 메익신즈 우드

고슬라비아의 전쟁은 '제국주의'와 같은 단어를 좀처럼 듣기 힘든 시기에 발발했지만, 발칸 지역에서 일어나고 있는 일들에 대하여 적절하게 포착할 수 있는 다른 '담론'은 현재로선 없다. 이와 동시에 제국주의와 그것이 작동하는 방식에 대한 몇몇 낡은 가정들은 개정될 필요가 있으며, 새로운 제국주의라는 상황 속에서 우리는 군사력의 역할을 다시 생각해보아야 한다.

기분 내키는 대로 전쟁을?

그렇다면, 코소보를 두고 벌어지고 있는 전쟁의 진상은 도대체 무엇인가? 가장 확실한 소식통으로부터 직접 듣는 것으로 시작해볼 수 있겠다. 여기 빌 클린턴의 설명이 있다. "우리가 전세계로 수출할 수 있는 능력을 포함한 튼튼한 경제 관계를 구축하는 데 있어서, 유럽은 매우 중요하다. … 이것이 바로 이 코소보에서 벌어지고 있는 일들의 핵심이다."[1]

그 논리적 결론은 다음과 같다. 인도주의라는 동기는 잊어라. 이것은 미국의 세계 헤게모니에 관한 일이다. 그리고 보다 단기적으로는, 미국이 통제하고자 하는 세계 자본주의의 중요한 한 축으로 유럽연합이 성장하고 있는 이 시기에, 유럽으로 향하는 미국의 연결망으로서 나토의 역할에 관한 것이다. 의심할 나위 없이, 많은 주석가들이 지적한 것처럼, 이는 유럽과 아시아를 가로지르면서 존재하는 유일한 강대국이자 여전히 막강한 영향력을 행사하는 러시아에 대한 지정학적 견제와도 관련이 있다. 그리고 이 전쟁이 클린턴의 가장 열렬한 심복인 토니 블레어(그의 매파적인 태도는 자신의 선생을 훨씬 넘어서고 있다)에게는 어떠한 이해관계가 걸려 있는지 궁금한 사람은 다음과 같은 점을 고려해보면 된다. 현재 유럽연합은 공동 안보 및 방위에 관한 합의를 구축하는 과정에 있다. 블레어 체제 아래서 결국 이러한 합의에 대한 장기간의 저항을 포기한 영국은 다른 영역에서는 발휘할 수 없었던 유럽 차원에서의 지도력을 군사 분야에서 주장하고 있음이 분명하다 (아니, 나토 및 이러한 새로운 안보 합의를 통해 유럽에서의 상호 이익을 위한 미국과의 파트너십을 더욱 공고히 하고자 노력하고 있다는 것이 더 정확할 것이다). 이러한 보다 원대한 차원의 목표들을 염두에 둔다면, —— 이번까지를 포함해서 미국의 군사적 모험들을 설명하는 데 정기적으로, 그리고 대개의 경우에 정확하게 언급되는—— 원유 공급과 송유관을 굳이 상기시킬 필요는 없을 것이다.

그러나 이러한 보다 원대한 차원의 목표들마저도, 여기서는 간략하게 소개할 수밖에 없는, 한층 더 원대한 전략의 맥락 속에서 바라보아야만 한다. 클린턴 정권이 취하고 있는 행동들은, 그것이 아무리 상상을 초월하고 지각없어 보일지라도, 이미 오래 전에 확립된 미국 대외 정책의 패턴과 완전히 부합한다. 이러한 패턴은 이제는 완전히 확립되고 습관이 되어버려 무책임한 대통령과 그의 정신나간 국무장관은 아무런 계획이나 사전의 고려 없이

눈을 가리고도 따를 수 있다. 미국이 벌인 전쟁들은 다른 무엇보다도 단 하나의 목적을 위한 것이다. 바로 미국이 자신의 어마어마한 군사력을 납득할 만한 명분이나 목표, 전략이 있든 없든 간에, 언제 어느 곳으로든 동원할 수 있다는 사실을 과시하는 것이다. 이것은 겉보기에는 비합리적인 군사력 행사로서, 식민지 획득이나 지배, 또는 영토에 대한 주권을 확립하는 것처럼 명확한 목적과는 달리, 특별한 목적이 없는 것처럼 보인다.

아마도 이러한 종류의 군사주의를 서술하기 위해서는 완전히 새로운 어휘가 필요할 테지만, 아직까지는 제국주의라는 단어 외에는 다른 말이 없다. 그렇지만 그것을 이해하려면, 우리는 제국주의의 성격 변화를 추적해야만 한다. 해리 맥도프 Harry Magdoff가 지적한 것처럼, 자본주의 시대의 제국주의는 그 목적 자체가 자본주의적이기 때문에 이전의 제국주의와는 본질적으로 다르다. 가령 그것은 팽창하는 자본, 자본주의적 자기확장 속에서의 시장과 자원에 대한 추구이지 노예제 시대의 로마 제국의 목적과는 다른 것이다. 그러나 자본주의적 제국주의 자체가 변화해온 방식에 대해서는 설명이 더 필요하다.

과거에는, 자본주의적 제국주의는 자본주의 세계와 비자본주의 세계간의 구분에 기반을 두고 있었다. 제국주의 열강들은 일반적으로 식민지 영토를 정복하거나 직접적인 군사력을 통해 지배하였다. 그리고 물론, 제국주의 국가들은 이러한 영토들을 두고 주로 군사력을 통해 경쟁했다. 따라서 목적과 기본 논리는 자본주의 이전의 제국주의와는 근본적으로 달랐지만, 초기의 자본주의적 제국주의는 방법과 수단, 영토 정복과 지배의 양상, 또는 제국주의간 경쟁 형태에 있어서는 이전의 제국주의와 큰 차별성이 없었다.

하지만 오늘날에는 얘기가 달라진다. 오늘날의 제국주의는 자본주의와 비자본주의 세계간의 관계보다는 세계 자본주의 체제 내의 관계와 더 깊은 관련을 가진다. 현대 제국주의는 자본주의의 '보편화'라 부를 수 있는 맥락 속에서 진행되고 있다. 이는 일차적으로 더 이상 직접적인 군사적 식민지 지배, 또는 영토 정복에 관한 것이 아니다. 이는 더 이상, 자본주의 열강들이 철저한 착취를 위해 직접적인 야만적 힘으로 비자본주의 영토를 침략하는 문제도 아니다. 오늘날의 제국주의는 자본주의 시장 세력들이 세계 구석구석에서 승리하도록 보장하는 것, 그리고 그러한 시장 세력들을 가장 강력한 자본주의 국가들, 특히 미국의 이해에 유리하도록 유도하는 것과 더 깊은 관련을 가진다. 이는 단지 특정한 영토를 지배하는 문제가 아니다. 세계 경제 와 세계 시장 전체를 언제 어디서나 지배하는 문제인 것이다.

이것은 선진 자본주의 국가에 기반을 두고 있는 초국적 기업들을 통한 값싼 노동력의 직접적인 착취를 통해서만 이루어지는 것이 아니라, 보다 간접적으로, 외채, 통화 조작 등을 통해서도 이루어진다. 이러한 제국주의 형태의 변화와 더불어 제국주의간 경쟁 또한 변화했다. 경쟁은 여전히 존재 하지만, 자본가들간의 협력이 경쟁 및 지배를 위한 투쟁과 공존하는 모순적 인 자본주의적 축적 과정 속에서 덜 직접적이고 모호한 군사적 형태로 존재 한다. 이러한 제국주의의 성격 변화는 다른 무엇보다도 자본주의의 모순과 불안정성을 심화시켰으며, 이는 반자본주의, 반제국주의 투쟁의 새로운 가 능성을 열어제칠 수도 있다. 하지만 다른 결과들 또한 존재한다. 오늘날의 제국주의가 식민지에 대한 직접적인 군사적 지배로 전형적으로 나타나지 않는다고 해서 그것이 이전의 다양한 제국주의들보다 군사주의적인 성격이 줄어들었음을 의미하지는 않는다. 중요한 것은, 군사적 정복이라는 과거의 원칙이 상업 및 재정적 지배라는 보다 덜 폭력적인 수단으로 전환되었다고 해서 세계가 평화롭게 되었다고 말할 수는 없다는 점이다. 오히려, 군사력은 제국주의 프로젝트에 있어서 여전히 중심을 차지하고 있으며, 여러 면에서 역사상 그 어느 때보다도 더욱 중요하다. 그러나 오늘날에는 군사력은 다른 방식으로, 그리고 다른 단기적인 목표 달성을 위해 사용되며 또 그렇게 사용되어야만 한다.

아주 단순하게 요점을 말할 수 있겠다. 영토——국경을 지닌, 특정하고 명확히 구분할 수 있는 영토——에 대해 주권을 확립하는 것과 무정부 상태의 세계 경제에 대해 주권을 확립하는 것에는 커다란 차이가 존재한다. 우리가 그 차이를 분명하게 인식하는 순간, 시종일관 자신이 언급한 목표를 달성하지 못하는, 심지어 해결하고자 했던 상황을 오히려 악화시키는, 반복되는 미국의 군사 개입 같은 외관상 이해할 수 없는 모든 일들이 명확해지기 시작한다.

우리는 이 새로운 제국주의가 한 국가의 타국에 의한 식민화와는 거리가 멀다는 것을 인식해야 하지만, 또한 이러한 종류의 제국주의의 배경인 자본주의의 보편화가 민족국가들로 구성된 세계 안에서 진행되고 있다는 점도 기억해야 한다. 그러므로 세계 시장에 대해 주권을 확립하기 위한 노력은, 과거의 특정한 식민 영토에 대한 주권과 마찬가지로, 국가권력들, 그리고 그 중에서도 특히 하나의 국가권력에 의해서 추진되는 프로젝트이다.

문제는 이러한 종류의 무한정한 헤게모니, 이 영토 없는 주권, 이 국경 없는 제국주의가 어떻게 달성되느냐이다. 결국, 우리가 모든 종류의 특정한 이해나 명백한 이해를 고려하고 나면, 오직 그 자체를 위한, 미국의 헤게모니를 강제하기 위한 노골적인 힘의 과시가 드러나게 된다. 물론 무력의 과시는 항상 제국주의 전략의 일부분이었지만 새로운 제국주의에서는 엄청난 힘의 과시가 새로운 중요성을 지닌다. 문제는 오늘날의 상황에서는 군사행동에 있어 어떤 구체적이고 명확한 목표가 반드시 있지는 않다는 점이다. 무력행사의 목표가 반드시 영토나 심지어 자원에 대한 직접적인 통제가 아니기 때문에 그러한 것이다.

　이는 몇몇 유행에 뒤떨어진 군인들조차도 이해하지 못하는 부분이다. 일례로, 몇 년 전 당시 합참의장이었던 콜린 파월 Colin Powell 장군은 군사력 행사를 위한 기본 조건들을 제시하는 소위 '파월 독트린'을 발표했다. 명확하고 중요한 국가적 이해가 걸려있어야만 한다, 명확한 목표가 있어야 한다, 이러한 목표를 달성하기 위한 충분한 힘이 있어야 한다, 명확한 탈출 전략이 있어야 한다 등이 그것이었다. 당시 미국의 유엔 대사였던 매들린 올브라이트는 파월의 이 원칙들에 대해서 문제제기를 했다. 전하는 바에 따르면 그녀는 "당신이 항상 얘기하는 그 최강의 군대를 우리가 활용하지 못한다면 무슨 소용이 있는 겁니까?"[2]라고 말했다고 한다. 파월 장군이 제시한 조건 가운데 어느 하나가 없어도, 명확한 내지는 명확히 달성가능한 목표가 없어도, 그리고 명확한 탈출구가 없어도 미국의 군사력을 보다 유연하게 행사해야 한다는 발상인 듯하다. 다시 말해, 미국은 그렇게 할 수 있을 때에, 그리고 그렇게 할 수 있기 때문에 군사력을 행사해야 한다는 것이다.

　올브라이트와 클린턴이 추구하던 신중한 전략이 무엇이었든 간에, 올브라이트의 무책임한 태도는 적어도 새로운 제국주의라는 맥락 속에서는 이해가 된다. 사실 그것은 오랫동안 미국 대외 정책의 근간을 이루어온 테마였다. 언제 어느 때든 미국의 군사력이 배치될 수 있다는 사실을 전세계에 분명히 밝히는 것이 그것이다. 그리고, 헨리 키신저가 선포한 원칙을 인용하자면, 그 전략은 예측불가능성——혹자는 비합리성이라 말할 것이다——을 포함한다.

'급변하는 세계를 위한 선언'

이 명제는 <뉴욕타임스>의 수석 칼럼니스트이자 미국 언론을 이끄는 시사 평론가 중 한 명인 토머스 L. 프리드먼 Thomas L. Friedman의 최근 논설에서 확인된 듯하다. 유고슬라비아에서 폭격이 시작된 지 며칠밖에 되지 않은 3월 28일자 <뉴욕타임스>에 실린 '급변하는 세계를 위한 선언'이라는 장문의 글에서(기사가 실제로 쓰인 시점은 폭격이 시작되기 전이다) 프리드먼은 그의 정치적 신조 표명이라고 할 만한 내용을 제시한다. 이 글은 결국 내가 앞서 윤곽을 그린 새로운 제국주의를 위한 선언인 것으로 드러난다.

　프리드먼의 선언문이 특별히 흥미를 끄는 이유는 단순히 그가 미국의 가장 저명한 칼럼니스트 중 하나이기 때문이 아니라(1980년대에 조지 길더 George Gilder가 그랬던 것처럼, 그는 이 시대의 대중 이론가로 부상하는 듯하다[3]), 그가 주류 미국 언론의 기준에서 볼 때 상대적으로 (미국적인 의미에서) '자유주의적 liberal'이고 현 행정부의 보다 '자유주의적'인 요소를 대표한다고 볼 수 있기 때문이다. 실제로 선언문 자체에서 그는 스스로를 사회민주주의자로 정의하며, 그 스스로가 인도적이고 진보적인 주장을 하고 있다고 생각하고 있음이 분명하다. 그래서 그가 자신의 제국주의 프로그램을 공공연하게 제시하면서 보여주는 점잖은 체하는 확신과 여유는 특히나 더 소름 끼친다.

　프리드먼의 제국주의 개념은 여기서 제시하는 특정 영토에 대한 헤게모니와 세계 시장에 대한 헤게모니 사이의 바로 그 구분에 기초하고 있다. 그는 또한 새로운 종류의 제국주의 헤게모니가 왜 특정한 단기적인 목표의 달성보다는 미국의 지배를 보편적으로 각인시키기 위해 계획된 군사력의 과시를 필요로 하고 있는지를 보여준다.

미국이 세계화의 특혜를 가장 많이 누리는 나라이기 때문에, 프리드먼은 미국이 세계화를 유지하는 데 가장 큰 책임을 지니고 있다고 우리에게 설명한다. "세계화 과정의 지속은 우리 국익에 있어서 최우선의 과제이다. … 세계화는 곧 미국이다 Globalization-is-US." 그는 이것이 '구식 제국주의, 즉 한 나라가 다른 나라를 물리적으로 점령하는 것'하고는 다르다고 설명하고 있다. 이제는 '추상적인 세계화 체계'를 유지하는 것이 관건이다. 여기에는 '안정된 지정학적 권력구조'가 필요한데, '이는 미국의 능동적인 개입 없이는 결코 유지될 수 없다'. 그의 주장은 다음과 같이 간결하게 정리된다. "시장의 보이지 않는 손은 보이지 않는 주먹 없이는 작동할 수 없다. 맥도널드는 F-15기 설계자인 맥도넬 더글라스 McDonnell Douglas 없이는 번창할 수 없다. 그리고 실리콘밸리의 기술을 위해 세계를 안전하게 보호하는 보이지 않는 주먹은 미 육군과 공군, 해군과 해병대이다."

물론 이 보이지 않는 주먹이 자신의 목적을 관철하려면 어느 정도는 정기적으로 모습을 드러낼 필요가 있다. 프리드먼은 더 나아가 대외정책 사학자인 로버트 케이건 Robert Kagan을 인용한다. "뛰어난 사상과 기술은 모범을 보임으로써 이러한 사상을 장려하고 전쟁터에서 승리함으로써 지켜낼 수 있는 강력한 힘을 필요로 한다. 우리의 사상과 기술을 장려한 힘이 약했다면 오늘날과 같이 통용되지는 못했을 것이다."

코소보를 둘러싼 전쟁에 있어 명백한 국가적, 전략적인 이해가 없기 때문에 미국의 목적이 인도주의적일 수밖에 없다고 말하는 이들의 주장은 이렇게 무너진다. '세계화라는 추상적인 체계'의 방어에는 어떠한 제한도 존재하지 않는다. 그렇기 때문에 프리드먼이 미국이 개입할 사건으로서 코소보의 예를 들어 그의 주장을 펼치는 것은 전혀 놀라운 일이 아니다. 폭격은 이제 막 시작되었지만, 그리고 <타임스>에 의하면 폭격이 시작되기도 전에 이미 기사가 인쇄소로 넘겨졌지만, 프리드먼은 그 이후에 그가 어떤 식의 개입을 머리 속에 그리고 있었는지에 대한 의심의 여지를 모두 없애버렸다. 그는 가장 열렬한 폭격 지지자 중 한 명이 되었다. 가령 4월 23일자의 한 논설에서 그는 필요하다면 세르비아를 14세기로 되돌릴 수 있을 만큼 '분쇄'하기 위한 '가차없는 공중전'을 요구하고 있다. 그는 세르비아 국민들에게 "1950년을 원하는가? 1950년으로 만들 수도 있다. 1389년은 어떤가? 1389년으로 만들 수도 있다"고 말하고 있다. 미국인들에게는 "전쟁에 기회를 주자"고 말한다. 미국이 몇 년, 몇십 년 동안 점령군 역할을 하면서 수렁에 빠져들지도 모르는 지상 침공을 선호하면서 그는 "수개월의 폭격이 어떤 결과를 낳는지 봅시다"고 말하고 있다.

물론 2개월여의 폭격이 지난 후 우리는 그 결과가 어떠한지 어느 정도 알게 되었다. 그러나 폭격이 야기한 전면적인 파괴와 인류의 참화(한 사람의 생명도 구하지 못한 폭격의 실패는 신경 쓰지 말자)가 '인도주의적' 목적을 달성하는 괴상한 방식이라면, 이는 본보기로 보여주는 주먹의 과시보다는 훨씬 훌륭한 결과를 낳았음에 분명하다.

선언문을 통해 프리드먼은 '냉전 아래서는 어떠한 부담이라도 견디고 어떠한 대가라도 치를 준비가 되어 있었던' 미국인들이 '추상적인 세계화 체계'를 위해 죽을 각오가 되어 있지 않다고 설명한다. 그래서 "각개 전투가 사라지고, 크루즈 미사일이 생긴 것이다." "그래서 지상군이 필요 없어지고, 첨단 기술의 공중 폭격이 생긴 것이다. 우리는 세계화를 위해서 스스로의 목숨을 내놓고 싶지는 않지만, 다른 사람을 죽이는 것은 상관없다"라고 말했더라면 더 쉬웠을 텐데 말이다.

인도주의적 제국주의?

그렇다면 베트남이나 중미에서 미국 제국주의에 저항하던 수만, 아니 수십만의 사람들은 다 어디로 갔는가? 특히 좌파 세력은 어디에 있는가? 다수의 나토 국가들 중 전쟁에 반대하는 세력이 늘어난 것은 사실이지만, 분명히 짚고 넘어가야 할 점은 하나의 일관된 운동이 나타나진 않고 있다는 것이다.

몇몇 난점은 명백히 이 특정 상황의 고유한 측면들로부터 기인한다. 우리는 여기서 영웅적인 자유 투사들에 대한 제국주의의 공격에 관해 논하고 있지 않으며, 잔학 행위를 묵과하지 않은 채 이 전쟁에 반대할 수 있는 방법을 사람들에게 납득시키는 일도 쉽지 않다. 전쟁을 지지하는 사람들이 즐겨 말하듯이 전쟁을 반대하는 입장에는 어느 정도의 모호함이 존재하는 것도 사실이다. 반전론자들은 전쟁이 사태 해결에 실패했기 때문에 이를 반대하는가 아니면 원칙적으로 전쟁에 반대하는가 등의 의문이 제기될 수 있다는 말이다.

사람들이 전쟁에 반대하는 이유는 전자일 수도 있고 후자일 수도 있다. 하지만 나토 조치의 성격상 이 두 가지 입장을 동시에 취하는 것도 가능하다. 이러한 '실패'가 애초부터 이 전쟁의 논리 자체에 내재되어 있었다고 믿는 데에는, 군부 내의 전쟁 반대자들이 말하는 순전한 전술적인 고려를 포함하여, 여러 가지 이유가 있다. 우리 중 일부는 단순히 전쟁이 표면상의 목적과는 사뭇 다른, 그리고 상반되는 요인들에 의해 발생하고 있기 때문에 '실패'를 불가피한 것으로 본다. 그렇기 때문에 전쟁에 원칙적으로 반대하면서 이러한 실패에 주목하는 것은 문제가 되지 않는다. 다시 말하지만, 반전의 입장에서 드러나는 모호함은 사실상 전쟁 자체에 내재해 있는 모호함에 대한 반영인 것이다.

그러나 여기서 더욱 커다란 의문이 제기된다. 과연 사람들이 제국주의를 보면서도 그것을 인식하지 못하는 게 가능한 일인가? 이 새로운 제국주의의 표면상의 비합리성을 감안할 때, 강력한 반제국주의 성향을 지닌 좌파를 비롯한 많은 사람들이 이를 인식하는 데 어려움을 느끼는 것은 당연한 지도 모른다. 무차별적인 군사력 행사는 직접적인 영토 획득이나 식민지 착취보다 더 이해하기 힘든 것이 사실이다. 그리고 다수의 사람들은 제정신인 사람이나 정부라면 군사력이 설명가능한 목적 없이 학살과 파괴에 사용된다는 것은 있을 수 없는 일이라고 생각할 것이다.

그러나 이 새로운 형태의 제국주의에 대한 반대세력의 놀랄 만한 미약함에는 또다른 이유가 있다. 미국이 실행하고 있는 이 새로운 제국주의는 매우 효과적인 가면을 쓰고 있다. 우리는 이제 소위 '인권 제국주의'라는 것을 목격하고 있는데, 이의 기반이 되는 인권이란 인류 공동의 이익과 이를 대변하기 위해 고안된 국제기구들 대신에 미국의 특수한 이익과 자의적인 행위를 뜻하는 개념이다.[4] '인권 제국주의'라는 개념은 코소보 사태에서 많은 좌파들의 마음을 동요하게 했던 신비화를 잘 포착하고 있다.

그렇다면 우리는 이 전쟁을 위해 고안된 인도주의적 주장에 대해 무슨 말을 할 수 있는가? 우선, 전쟁에 반대하는 것이 세르비아인들 또는 그 누군가가 저지른 잔학 행위를 용인하는 것과는 다르다는 점을 명확히 하자. 분명 어느 누구도 여기저기서 쏟아지는 거짓말 중에서 진실을 가려낼 수는 없다. 코소보에서의 잔학 행위에 대해 우리는 현재 많은 증거를 가지고 있기는 하지만, 나토가 전쟁을 시작하면서 이를 정당화하기 위해 주장했던 잔학 행위에 대한 증거가 놀라울 정도로 없었다는 주장도 속출하고 있다.[5] 하지만, 지각 있는 사람들이 멈춰지기를 원했던 인도주의적 재앙이 정말로 존재했다는 전제로부터 시작해 보기로 하자. 우리는 과연 그들에게 무슨 말을 할 수 있는가?

전쟁의 지지자들은 미국과 나토 동맹국들이 그들이 주장하는 인도주의적 원칙을 다른 국가에는 적용하지 않는 것을 문제가 없다고 간단히 처리하고 싶어하지만, 우리는 어떠한 '인도주의적' 반응도 이끌어내지 못한, 미국의 우방들이 자행한 잔학 행위의 수많은 사례로부터 그들의 동기에 관해 분명 무언가를 배울 수 있다. 가장 극명한 예로는 물론 터키 비행기들이 베오그라드 상공을 비행하는 동안에도 계속된, 터키 정부의 쿠르드족에 대한 장기적이고 체계적인 억압을 들 수 있다.

물론 우리는 또한 전쟁 자체의 결과로부터도 무언가를 추론할 수 있다. 도덕적으로 분노한다는 신앙고백은 (그리고 전쟁 반대자들은 도덕적으로 무감각한 유화파이고 공동묘지들이 파헤쳐질 경우 부끄러워할 것이라는 비난은) 만약 전쟁이 단 한 명의 인명이라도 구제했다면 훨씬 더 설득력이 있었을 것이다. 하지만 결과는 정반대였다. 전쟁의 지지자들은 폭격이 실행되지 않았을 경우 어떠한 일이 벌어졌을 지에 대해 확신을 가지고 얘기를 할 수도 있겠지만, 짐작에 근거한 이러한 확신은 코소보 알바니아계에 대한 인종청소는 전쟁 전이 아니라 전쟁 중에 거의 완료되었다는 확인가능한 사실 즉 그것이 전쟁 때문이든 전쟁에도 불구하고 이루어졌든 간에, 인종청소의 대부분은 전쟁 이전보다는 전쟁이 시작한 이후에 이루어졌다는 사실에 비추어 볼 때 별 의미가 없다. 최종적인 결과가 어떠하든, 1999년 3월에 나토가 전쟁에 착수하지 않았더라면 코소보인들의 상황이 악화되었으리라고 보기는 힘들다. 그렇다면 수단과 목적 사이의 균형은 도대체 어디에 있는가?

이러한 불균형은 우리에게 두 가지 선택을 남겨준 것으로 보인다. 우선, 전쟁의 인도주의적 동기를 인정한다면, 우리는 오직 수단과 방법, 또는 보다 구체적으로 말하자면 공언된 목적과 실제 결과 사이의 불일치에 너무나도 무관심한 도덕적 감각을 두려워할 수밖에 없다. 우리는 이러한 인도주의적 매파들이 도덕적 우월성이라는 이름으로 하지 못할 일이 있는가 하는 물음을 던져보아야 한다. 그들이 잘못을 시인하기 위해서는 도대체 얼마만큼의 파괴와 인류의 참화가 있어야 하는가?

다른 한편, 수단과 목적 사이의 불일치는 단순히 우리로 하여금 목적에 대해 의문을 제기하도록 할 수도 있다. 그리고 결국 그것이 가장 합리적인 선택으로 보인다. (프리드먼은 말할 것도 없고) 클린턴의 말을 액면 그대로 받아들일 경우, 우리는 전쟁이 정말로 다른 무언가의 목적을 위한 것이었다고 인정해야만 한다.

그렇다면, 만약 우리가 전쟁이 인도주의적 동기로 인해 발발한 것이 아니라고 인정한다면 어떠한가? 동기는 별로 중요하지 않다는 꽤 흔한 주장은 또 어떠한가? 만약 당신의 부인이 강간당하거나 당신의 남편이 흠씬 두들겨 맞고 있다면, 경찰이 썩고 부패했는지 알더라도 그들을 부르기 마련이라는 게 이들의 주장이다.

여기에는 고통스럽도록 분명한 몇 가지 대답이 있다. 누가, 그리고 어떤 권한으로 경찰들을 임명했는지 멈춰 서서 물어볼 수도 없고, 이 자칭 경찰들을 부르는 행위가 낳을 장기적인 효과와 법치 자체에 미치는 효과를 고려해 볼 시간이 없더라도, 그들 또한 당신의 반려자를 강간하거나 구타할 것이라고 생각한다면 그들을 진짜로 부르겠는가? 어떤 행위의 동기는, 그 행위자가 어떤 행동을 취하거나 취하지 않을 것이며, 그 행동의 결과가 어떠할 지에 대해 많은 것을 말해준다는 것 자체만으로도 의미가 있다.

만약 나토가 제국주의적 동기에 근거하여 행동했다고 가정한다면, 나토의 개입이 희생자들을 돕는 데 실패하고 상황을 더 악화시킨 것은 별로 놀라운 사실이 아닐 것이다. 또 이라크에서처럼, 억압자들보다는 무고한 시민들에게 더 많은 피해를 입히고, 그들에게 후유증도 더욱 클 기간산업의 파괴도 별로 놀라운 사실이 아닐 것이다. 나토의 군사 기구가 자행한 파괴, 폭격에 의한 민간인들의 죽음과 불구화, 정유 시설과 화학공장들에 대한 폭격을 통한 생태적 재앙으로 인한 현 세대와 다음 세대들에게까지 이르는 장기적인 죽음과 불구화(이는 생물전에 다름 아니다), 그리고 핵전쟁을 예고하는 미국의 열화우라늄(DU) 사용도 별로 놀라운 일이 아니다.

그런 의미에서 발칸 지역의 안정을 도모하기 위함이라고 가정된 개입이 오히려 불안정을 부르는 결과를 낳았고, 밀로셰비치를 파멸시키거나 적어도 그 세력을 약화시켰어야 할 조치가 오히려 그에게 버틸 수 있는 힘을 주었다는 것도 별로 놀라운 일은 아니다. 우리는 미국이 오랫동안 채택해온 방법인 군사적 방법의 지속적인 사용——이는 아직까지 어떠한 전쟁에서도 제시된 목표의 달성에 성공하지 못했으면서도 장단기적인 대규모의 무차별적인 파괴를 낳았다——에도 분명 놀라지 않는다. 폭격 목표물의 식별이 어렵다는 단순한 이유 때문에 민간인(특히 폭격의 혜택을 받는다고 가정된 사람들 가운데)의 사상 死傷이 확실시됨에도 불구하고, 미군 폭격기들의 안전을 위해, 높은 고도에서의 폭격을 하도록 하는 행위 등의 가장 기본적인 전술까지도 우리가 그 배후에 놓인 동기를 인식하기만 하면 예측과 식별이 가능해진다. 토마스 프리드먼은 이 모두를 이해하게끔 만들어준다.

우리는 물론, 단순히 나토의 개입이 터무니없이 서툴렀다고 말함으로써 이 모든 것을 이해하려고 할 수도 있을 것이다. 개입이 서툴렀다는 것은 분명하다. 나토의 개입은 분명 엄청난 계산착오에 기반한 것이었으며, 장기적으로는 나토 자체의 동요를 가져올 것이다. 그러나 다시 말하지만, 새로운 제국주의는 커다란 실수와 무능 또한 포괄한다. 어떤 면에서는, 군사력과 적나라한 파괴력의 자의적인 과시가 목적이라면 이러한 실수와 무능은 그다지 중요한 문제가 아니다. 어쨌든, ──장기적이고 지속적인 미국의 군사개입으로 보건대──전쟁 도발자들 자신이 전쟁에 관해 말하는 바를 받아들이는 것이 타당해 보인다. 전쟁은 미국의 세계 헤게모니의 문제라는 것이 그것이다. 우리는 단지 그러한 목적에 비추어 볼 때 다른 어떤 결과도 중요치 않다는 점을 받아들일 수 있을 뿐이다.

코소보와 유고슬라비아, 발칸 반도, 유럽에 미치는 결과를 넘어서 세계 전체에 가해진 영향도 있다. 두 차례의 세계대전 이후 국제 질서와 비슷한 것이라도 보호하기 위해 만들어진 미약한 안전장치들에 환상을 품고 있는 사람은 거의 없지만, 그것들이 완전히 무용지물이 되는 상황과 유엔의 실질적인 사멸, 그리고 국제법을 준수한다는 모든 약속이 내팽개쳐지는 현실에 무관심할 수만은 없다. 만약 코소보 사태와 같은 위기에서 최소한의 효과를 거둘 수 있는, 제대로 된 해결책이 나올 수 있다는 희망이 조금이라도 있었다면, 그것은 분명 제국주의나 전쟁 기구들보다는 바로 그러한 목적 아래 설립된 기구들이 찾아낼 가능성이 훨씬 더 높았을 것이다.

그러나 나토가 자행한 엄청난 파괴와 (다른 나라들은 말할 것도 없이) 나토 회원국 시민들이 느끼는 거부감은 나토가 종언을 고하고 새로운 제국주의의 수명이 약간이나마 단축되기 시작했음을 알리는 신호가 될 것이다.

주

1. Benjamin Schwartz and Christopher Lane, 'The Case Against Intervention in Kosovo', *The Nation*, 19 April 1999.에서 인용.

2. Eric Schmitt, 'The Powell Doctrine Is Looking Pretty Good Again', *New York Times*, 4 April 1999, p. 5.

3. Doug Henwood, 'The American Millenium', in *Capitalism at the End of the Millenium*, the special summer issue of *Monthly Review*, July/August 1999.

4. Uwe-Jens Heuer and Gregor Schirmer, 'Human Rights Imperialism', *Monthly Review*, March 1998, vol. 49, no. 10, pp. 5-16.을 보라.

5. 한 예로, 폭격이 시작되기 며칠 전인 3월 20일까지 코소보의 수도인 프리슈티나 근교에서 유럽안보협력기구(OSCE) 코소보 조사단과 함께 활동한 캐나다 모니터 요원인 롤리 키스 Rollie Keith가 쓴 '외교의 실패 *Failure of Diplomacy*'라는 기사를 보라. 이 기사는 브리티시컬럼비아 주의 신민주당 New Democratic Party 기관지인 <민주주의자 *The Democrat*> 1999년 5월 9일자에 실렸으며 폭격 직전의 코소보의 인도주의적 재앙에 관한 나토의 설명에 대해 상세한 문제제기를 하고 있다. 이 글은 브리티시컬럼비아 수 신민수당의 웹사이트(www.bc.ndp.ca/welcome-frame.htm)에서도 볼 수 있다. 다음 사이트에서 독일 외무부로부터 유출된 문서들 또한 참고하라. www.jungwelt.de/1999/04-24/011.html. 보다 최근의 증거로는 Audrey Gillan, 'In Search of a Massacre', *London Review of Books*, no. 27 May 1999.를 보라.

6
알바니아의 범죄화
미셸 초수도프스키

Ⅰ. 1997년 알바니아 위기의 역사적 배경

1991년 공산주의 국가의 사망 이후 많은 알바니아인들에게는 서구 자본주의가 한 시대의 종언일 뿐만 아니라 보다 나은 삶의 불확실한 약속을 상징하게 되었다. 그러나 지독히 역설적이게도, 서방의 공여자와 채권자들이 부과한 자유시장 개혁의 예봉 아래 생산과 소득이 급락했다. 1991년 이래 국가 경제는 브레튼우즈 기구들의 감독 아래 철저히 개조되었다. 대부분의 국영기업이 앞장서서 파산하면서 실업과 빈곤이 만연했다.

엔베르 호자 Enver Hoxha가 선택한 후계자인 라미즈 알리아 Ramiz Alia는 이미 서구 자본주의로의 서곡을 열어제쳤었다. 1987년에 독일과의 외교관계가 복원된 이후 유럽공동체(EC)와의 무역이 확대되었다. 1990년 알바니아노동자당 Albanian Workers' Party(AWP) 9차 당대회는 해외투자를 장려하고 국영기업 관리자들의 자율권을 확대하는 경제개혁 프로그램을 채택했다. 이러한 개혁들은 또한 공산당 노멘클라투라들의 사적 부의 축적을 허용하였다. 1990년 4월 아딜 카르카니 Adil Carcani 총리는 알바니아가 유럽안보협력회의 Conference on European Cooperation and Security(CECS) 참여를 갈망하고 있으며 나토를 비롯한 서방 방위기구들과 긴밀한 유대를 맺기 위해 문호를 개방한다고 자신 있게 발표하였다.

라미즈 알리아 대통령은 1991년 5월 여러 정당으로 구성된 의회에 의해 재선출되었다. 사라져버린 알바니아노동자당은 다시 세례를 받았고 새로운 '사회당'과 야당인 민주당 사이의 연정이 구성되었다. 1991년에는 또한 미국과의 전면적인 외교관계가 복원되었다. 제임스 베이커 미 국무장관이 티라나를 방문했고 알바니아는 브레튼우즈 기구들에 대한 전면적인 회원지위를 요청하였다.

한편, 1992년 선거 직전의 하이퍼인플레이션과 가두 폭동으로 인한 혼란의 와중에 독일과 이탈리아, 미국의 기업들은 구 공산당 지도층과 정치적 동맹을 강화하고 '합작 사업'을 꾸리는 등, 조심스럽게 자리를 잡아갔다. (원칙적으로는 서구 스타일의 민주주의를 약속했던) 야당인 민주당은 전 공산당 서기이자 엔베르 호자의 측근그룹이었던 살리 베리샤 Sali Berisha가 이끌고 있었다. 베리샤의 선거 운동은 서방의 풍부한 재정지원을 받은 바 있었다.

IMF·세계은행을 등에 업은 개혁

서방 자본은 거시경제 정책 부문을 확고히 장악하고자 안달이 나 있었다. 1992년 5월 민주당의 선거 승리와 살리 베리샤 대통령의 취임 직후 IMF·세계은행을 등에 업은 개혁이 착수되었다. 경제적 국경이 허물어지고 알바니아 산업과 농업이 '개방'되었다. 몇몇 단계를 거쳐 채택된, IMF를 등에 업은 불행한 개혁은 1996년 말 산업부문의 몰락과 금융 체계의 해체에 가까운 상황으로 피할 수 없는 정점에 달했다. 베리샤 정권 아래서 우후죽순처럼 생겨난 사기성 '피라미드' 투자기금들은 문을 닫았다. '자유시장'의 빛 바랜 약속은 연기처럼 사라져갔다. 수백만 달러의 생명과 같은 예금이 낭비되었으며 이 돈들은 국외로 빨려나가듯이 빠져나갔다. 국민의 3분의 1이 사기를 당했고 수많은 사람들이 자신들의 집과 땅을 팔아야 했다.

15억 달러 정도가 이들 '폰지' 계획 'ponzi' scheme[1]에 예치되어 있었는데 이 가운데 상당 금액은 일자리를 찾아 그리스와 이탈리아로 나간 알바니아 노동자들이 송금한 것이었다. 그러나 이들 투자 기금을 드나드는 금액의 양은 상당히 컸다. 푸글리아의 사크라 코로나 우니타 Sacra Corona Unita 마피아와 나폴리의 카모라 Camorra 마피아는 이 피라미드들을 활용해서 어마어마한 액수의 더러운 돈을 세탁했으며, 이 가운데 일부는 알바니아 정부의 민영화 프로그램 아래서 국가 자산과 토지를 취득하는 데 재투자되었다. 전하는 바에 따르면 '폰지' 계획은 또한 이탈리아 범죄 신디케이트들의 통행로로, 즉 서유럽의 역외 금융 피난지로 더러운 돈을 안전하게 이전하기 위해 활용되었다. 이들 수상한 투자 자금들은 서방 채권자들이 부과한 경제 개혁에 없어서는 안 될 일부분이었다. 워싱턴에 본부를 두고 있는 브레튼우즈 기구들의 인도 아래 진행된 '강력한 경제 요법'의 처방은 금융 체계를 난파시키고 알바니아 경제의 붕괴를 가속화하는 데 기여했다. 1991~92년의 발단 이래 자유시장 개혁은 또한 불법 거래(특히 마약과 무기 판매)의 성장과 국가 기관의 범죄화의 토양이 되는 환경을 낳았다.

집권 민주당의 감독을 받는 알바니아 최대 금융 '피라미드'인 베파 홀딩 VEFA Holding사는 서방 금융계의 암묵적인 지원 아래 북부 알바니아의 구에 구에 Guëguë '패밀리'가 설립한 것이었다. 한 보도에 따르면, 베파는 1997년 이탈리아에서 마피아와의 관련 여부로 조사 받고 있었다. 마피아들은 베파를 이용해서 거대한 액수의 더러운 돈을 세탁했다고 한다.[2] 이들 피라미드는

1996년 6월 선거에 앞서 민주당 선거운동에 자금을 지원했으며 당 관료들은 피라미드를 통해 나라 밖으로 돈을 신속하게 이전하기도 하였다.[3] <크리스천 사이언스 모니터 *Christian Science Monitor*>의 말을 빌자면, "몇몇 수백만 달러의 피라미드 조직들은 작년[1996년] 총선거와 지방선거에서 집권 민주당에 지지를 보냈다. … 지금까지 어떤 나라도 정부와 피라미드 조직 사이의 연계를 수사하지 않았으며 비판자들은 사기에 관련된 입법의 부족함을 지적하고 있다."[4]

'재단 열병 foundation fever'은 도취감에 빠진 베리샤의 1996년 재선 선언을 떠받치기 위해 가장 노골적으로 활용되었다. 민주당은 선거부정으로 널리 비난받으면서도 96년 선거운동 포스터에 피라미드 회사의 로고를 삽입하였다. '폰지' 조직의 벼락부자 신드롬에 메아리치면서 베리샤 정권은 '우리와 함께라면 모두 부자가 됩니다'라고 약속하였다.

'경제 성공 스토리'

서방 정부와 정보기관들은 알바니아 국가기구와 조직범죄 사이의 연계 주장에 관해 잘 알고 있었지만, 워싱턴 당국은 '인권을 법적으로 보장하는' 다당제 민주주의를 수립하려 노력한다고 살리 베리샤 대통령을 칭찬하였다. (알바니아 금융 체계의 탈규제를 감독해왔던) 브레튼우즈 기구들은 미 국무부에 동조하면서 알바니아의 '경제 성공 스토리'를 극찬하였다. "1992년 이래 알바니아의 거시경제 정책 및 구조조정은 상당히 훌륭하다."[5]

세계은행의 중부유럽·아시아 담당부장 장 미셸 세베리노 Jean Michel Severino는 1996년 가을 티라나를 방문한 길에 "다른 [과도기의] 나라들에 비해 경제가 빠르게 회복되었다"면서 알바니아의 '빠른 성장과 대체로 긍정적인 결과'를 두고 베리샤를 칭찬하였다. 몇 달 후 사기 '피라미드' 및 이와 조직 범죄와의 연계가 폭로되었다. 한 논평가가 언급한 대로, "두 자릿수 성장률에 관한 터무니없는 자아도취 와중에, 거의 대부분의 세입이 범죄 활동이나, 해외 원조와 외국에서 일하는 알바니아인들이 보내는 송금 같은 인위적인 원천으로부터 나오고 있다는 사실에 굳이 주목한 이들은 드물었다."[6]

1997년 2월 알렉산데르 멕시 Alexander Meksi 총리는 대국회 성명을 통해 IMF '충격 요법'의 초기 처방 이후 알바니아가 "거시경제적 혼란 … 92년보다 훨씬 악화된 … 실질적인 경제 붕괴 직전에 와 있다"[7]고 엄연히 인정했다. 국회는 베리샤 대통령을 재선시켰다. 긴급조치가 시행되어 "경찰이 투석하는 사람들에게 보이는 대로 발포할 수 있게 되었다. 야당계 최대 신문사가 비밀경찰이 확실시되는 이들에 의해 방화되었는데 이는 가혹한 언론 검열법이 도입된 지 12시간도 채 안되어 벌어진 일이었다."[8] 같은 해 3월 멕시 총리가 해임되었으며 3군 총사령관 세메 코소바 Shemë Kosova 장군은 가택연금에 처해지고 아담 코파니 Adam Copani 장군이 그의 자리를 차지했다. 수년 동안 나토 본부와 긴밀한 인적 유대를 맺어온 코파니 장군은 유엔안보리가 지시한 군사적-인도주의적 작전 활동을 서방 정부들과 조율하는 책임을 떠맡았다.

경제는 정지 상태에 이르렀고 빈곤이 만연했으며 알바니아 국가는 완전히 혼란에 빠져들어 대규모 시위와 시민 소요가 빈발했다. 그러나 97년 3월 과도정부가 구성될 때까지 베리샤 정권에 대한 서방의 지지는 확고했다.

파산 프로그램

피라미드 사기 사건은 경제 및 금융 탈규제의 직접적 결과였다. 1992년 베리샤 정권의 출범 직후 착수된 IMF·세계은행을 등에 업은 개혁 아래 대규모 공기업 대부분이 청산이나 강제 파산을 선고받았으며 대량 실업이 발생하였다. 세계은행 프로그램 아래서 국영기업 State Owned Enterprises(SOEs)들에 대한 재정 지원은 대폭 삭감되는 한편 '어떤 기업이 공적 자원을 이용할 수 있는지, 이를 위해 어떤 조건이 필요한지 분명하게 확인되었다'.9) 이러한 메커니즘으로 인해 알바니아의 생산적 자산의 상당 부분이 유휴화되었다. 파산 절차를 가속화하기 위해 국영기업들에 대한 신용이 이미 중단된 상태였다.

(1989년 유고슬라비아에 부과된 것을 모델로 삼은) 파산법 또한 시행되었다. 세계은행은 '처리하기 쉽고 … 민영화를 준비할 수 있도록 국영기업들을 분할하는 내용이 구조조정에 포함되어야 한다'고 요구하였다. "공공시설을 비롯한 국영 중소기업과 대기업은 대규모 민영화 프로그램 mass privatization program(MPP)을 통해 민영화될 예정이다. … 이들 기업의 인환권이 시민들에게 배포되고 있다."10)

가장 수익성 있는 국영기업들은 처음에 구 노멘클라투라들이 관리하는 지주회사들로 이전되었다. 이들 지주회사가 장악한 국가 자산은 브레튼우즈 기구들과 합의한 일정표에 따라 해외자본에 공매될 예정이었다. 민영화 프로그램은 사실상 신자유주의 교리를 굳건히 신봉하는 자산소유 계급이 하루아침에 등장하는 결과를 낳았다. 북부 알바니아에서 이 계급은 민주당과 연결된 구에구에 '패밀리'와 결합하였다. 한 보도에 따르면 북부의 전통적인 족벌들 또한 이탈리아의 범죄 신디케이트와 연계를 강화하고 있다고 한다.11)

이와 같은 사적 부의 급속한 축적은 번쩍거리는 호화 주택과 벤츠를 비롯한 사치 수입품이 쇄도하게 만드는 결과를 낳았다. 티라나는 유럽에서 인구 대비 벤츠 자동차 수가 최고인 도시 중 하나인데(거의 두 대 가운데 하나가 벤츠이다) 이들 대부분은 도난 차량이거나 밀수입된 것이다. 더러운 돈의 유입과 더불어 차량 수입 또한 증가했다. 다국간 채권자들에 의한 경화 차관의 급증은 또한 사치품의 수입에 기름을 붓는 결과를 낳았다. 1989년에서 1995년 사이 수입이 거의 두 배로 증가하였다. 한편 수출은 점점 감소하고 있는데 이는 알바니아의 국제수지 위기를 악화시키고 있다.[12]

금융 탈규제

알바니아 의회는 1992년 상업적 금융업무에 관계하는 '재단'과 '지주회사'의 설립을 (거의 아무런 제한도 없이) 허용하는 법률을 통과시켰다. 세계은행은 '새로운 (중소 규모의) 민간 은행을 창출하고 비공식적인 대여업자와 비은행 금융 중개업자들로 하여금 공식적인 금융 중개 순환에 참여하도록 장려할 것'[13]을 주장한 바 있다.

　IMF의 조언에 따른 민간 은행 신용의 동결은 비공식적인 금융 체계의 발전을 낳았다. 알바니아의 한 은행 전문가는 이러한 과정을 다음과 같이 묘사하고 있다.

　우리는 비공식적인 금융 조직들의 발달을 보았다. … [중앙은행이 민간은행들에 부과한] 상한으로 인해 민간은행들은 신용을 동결할 수밖에 없었다. IMF의 규제로 인해 공식적인 금융 체계 내에서는 이용가능한 신용이 하나도 없었다. 이로써 비공식 은행들이 발달하게 되었다. 송금은 '금융 재단'들을 통해 이루어졌으며, 유사 금융 체계가 발달하였다. … 이것이 더러운 게임이

라는 건 누구나 알고 있었지만 어느 누구도 개입하려 하지 않았다.[14]

이로 인해 '피라미드'들은 브레튼우즈 기구들이 베리샤 정부에 제안한 규제 없는 금융 환경에 없어서는 안 될 일부분이 되었다. 다양한 기금과 '재단'들은 국립상업은행, 농촌상업은행, 저축은행 등으로 구성된 알바니아 국영 금융 체계를 가로질러 자유롭게 활동할 수 있게 되었다. 1992년의 법률은 민간 금융 중개업의 확장을 지원하는 한편, 그럼에도 불구하고 중앙은행 당국의 일정한 '감독 기능'은 그대로 유지시켰다. 법률 제28조는 '예금자들의 이익을 보장'[15]하기 위한 중앙은행의 준비기금 설립을 제공하였다. 28조의 조항들은 이후에 세계은행을 등에 업은 파산법 초안에 포함된 은행 및 금융기관에 관한 특별조항으로 통합되었으며 이는 94년 말 알바니아 의회에 제출되었다. 이 조항은 중앙은행 감독 아래 '예금 보장 기금'을 설립할 것을 담고 있었다.

이 법률이 국회에서 논란을 야기하는 와중에 중앙은행의 IMF 자문단이 개입하여 이 조항이 폐기되어야 한다고 요구하였다. '이제는 IMF 간부들의 조언과 대립된다'는 것이 그 이유였다(어떤 다른 이유도 제시되지 않았다). 또한 IMF 전문가들은 은행들에 정상적인 파산 절차를 적용해선 안 된다고 충고하였다. 지불불능 상태에 빠진 은행의 채권자들이 해당 은행의 경영 중단을 요구할 수 있기 때문이었다. 한 IMF 전문가는 주장하기를, 이것은 어리석은 권고였는데 왜냐하면 '은행의 수가 너무나도 적은 알바니아에서 이는 은행 감독 당국만이 결정할 수 있는 문제이기 때문'이었다. 바로 중앙은행이 관장하는 일이었던 것이다.[16]

이번에는 (브레튼우즈 기구들의 추천을 받아 알바니아 정부를 대신해) 파산법의 초안을 작성한 해외 고문 차례였다. 그는 알바니아 중앙은행에 권고하기를, 예금 보장 조항을 삭제할 경우, "소액 채권자들이 문닫은 은행 앞에 몰려들어 집회를 열면서 국민을 착취하고 파멸시키기 위해 서방 자본, 또는 마피아와 결탁한 중앙은행의 음모를 비난하는 붉은 깃발과 포스터를 흔들어댈 것"이라고 말했다. IMF 전문가들은 이에 귀기울이지 않았다. 그들 의 권고에 따라 예금 보장 계획과 금융기관에 대한 파산법의 전면적인 적용 은 삭제되었다.[17]

이러한 경고에도 불구하고, (알바니아 정부와 세계은행을 압도한) IMF의 결정은 '모든 사람이 사기 금융 기업들로 상징되는 위험을 명백히 알고 있었 을'[18] 1996년 2월에 의회에 제출된 새로운 은행법 초안에 공식적으로 구체화 되었다. 새로운 은행법은 또한 1992년 법안에 담겨있던 3단계 금융 체계를 삭제했다.

그것[1996년 법률 초안]은 너무도 끔찍한 알바니아어로 되어 있어 천박한 국회의원들로서는 거의 이해할 수 없었다. 법률 초안의 난해한 전문용어들에 감동 받은 국회의원들이 아무 생각 없이 통과시킨 것이 틀림없다. 영어 원문 을 그대로 직역한 결과 누구든지 중앙은행에 상주하는 IMF 전문가들이 작성 한 것이라고 생각할 수밖에 없었다. 사람들이 피라미드를 믿었던 것과 마찬 가지였다.[19]

알바니아 중앙은행의 IMF 자문단은 이렇게 하여 '예금주들의 안전을 위한 입법안을 방해했다. … 중앙은행의 IMF 자문단은 자신의 영향력을 행사 해서 중앙은행으로 하여금 감독 임무를 수행하여 피라미드를 제때에 중단하 도록 하지 않았다. IMF 전문가들의 견해로는 알바니아에 가능한 한 은행이 많아야 했기 때문이었다. 그것이 정직한 은행이든 부정한 은행이든.'[20] IMF

가 처음 입장으로부터 후퇴해서 '베리샤 대통령에게 행동을 요청'한 것은 금융 사기가 정점에 달한 1996년 후반에 이르러서였다. '당시는 이미 시기가 너무 늦어 어떤 종류의 연착륙도 불가능했다.'21)

이러한 사태전개와 병행하여 (기업 구조조정과 민영화 프로그램을 감독하느라 분주하던) 세계은행은 1995년에 국영 은행들을 지주회사로 전환시키는 법안을 채택할 것을 요구한 바 있다. 이러한 전환은 세계은행 기업·금융부문 구조조정 신용 World Bank Enterprise and Financial Sector Adjustment Credit (EFSAC)의 '대부 조건'에 포함되어 있었다.

세계은행은 청산 대상이 된 수백 개의 국영기업에 대한 예산 지원 동결을 요구함으로써 산업 파괴 과정을 신중하게 계획하였다. 세계은행은 또한 민영화 대상으로 지정된 국영기업들을 지원하기 위해 엄청난 규모의 자금을 비축하라고 당국에 요구했다. 그리하여, <알바니아 타임스 *Albanian Times*>에 따르면, 국영상업은행과 농촌상업은행, 저축은행을 경매대에 세우기에 앞서 (세계은행의 조언을 따르는) 정부는 이들 은행의 악성 대부 서류를 떠안아 이들의 대차대조표를 '회복'시킬 것을 요구받았다.

잠재적인 해외 투자자들에게 (국가 소유 공공시설을 비롯한) 국영기업을 '보다 매력적으로 보이게' 만드는 것은 예상대로 알바니아의 대외 채무에 기름을 붓는 데 이바지했다. 이와 같은 '민영화에 대비한 국영기업의 강화'는 다자간 및 양자간 채권자들이 제공한 풍부한 신규 자금의 수혜로 이루어졌다. 역설적이게도 알바니아 정부는 서방 투자자들에게 매각 대상으로 지정된 국영기업들에 재정 지원을 제공함으로써 '자신의 부채를 축적'하고 있었다. 게다가 해외로부터의 송금과 더러운 돈이 '재단들'로 유입되면서 발생한 외환 수익의 일부 또한 부채에 짓눌린 국영기업들을 떠받치기 위해 사용되고 있었으며, 결국 최저 가격으로 국가 자산을 취득하고 있는 해외 매입자들에게 이로운 일이었다.

    1996년, '민영화 프로그램을 가속화'하려는 목적으로 티라나 증권거래소가 설립되었다. 앵글로색슨 자유주의의 정신 아래 (정권에 의해 신중하게 선택된) 오직 10명의 선수들만이 이 거래소에서 활동하고 '경쟁'할 수 있도록 인가 받게 될 것이다.[22]

국가 자산 쟁탈전

금융 체계가 무너져 내리고 나라 전체가 재앙을 향해 나아가면서 (이탈리아의 범죄 신디케이트를 비롯한) 해외 투자자들이 수익성 좋은 국가 자산을 접수하기 위해 앞다퉈 돌진했다. 1997년 2월, 알바니아 최초의 인환권 민영화 기금인 앵글로아드리아틱 Anglo-Adriatic은 양조업에서 시멘트, 제약에 이르는 분야들에서 해외 투자자들과 거래를 교섭하느라 분주히 움직이하고 있었다. 1996년 6월의 부정 선거 이후 서방의 요구에 부응하여 급조된 민영화부 Privatization Ministry는 '경제를 민영화하고 건전하고 꾸준히, 합법적으로 이를 완수한다'는 정부의 결정을 재확인하였다. "우리는 계속 진행하기로 결정했다." <파이낸셜 타임스>는 독자들에게 다음과 같이 조언했다. "3월 10일 정오에 알바니아 재무부 3층 복도에서 엘바산 Elbasan 시멘트 공장 주식 70퍼센트를 현찰로 매각하는 경매가 있을 예정이다. 하루 뒤에는 계열 석회암 채석장의 70퍼센트가 매각될 예정이다…."[23]

    세계은행 또한 수도와 전기, 기간 시설을 비롯한 모든 공공시설을 민간의 수중으로 이전시켜야 한다고 충고한 바 있다. 이와 더불어 시민 소요는 해외 구매자들에 이롭게 국가 자산의 장부 가격을 한층 하락시키는 데 이바지했다. <파이낸셜 타임스>는 티라나의 한 서방 투자자의 말을 인용해 "여기는 개척시대 Wild East이다. … 당분간은 어려움이 있겠지만 이 또한 기회이다. 우리는 여하튼 길을 재촉하고 있다"[24)]고 보도했다.

전략 산업의 매각

노동조합의 항의가 거세어짐에도 불구하고 정부는 (서방 금융기관들과의 합의 아래) 석유, 구리, 크롬을 비롯한 핵심 산업의 전략적 소유권을 매각하기 위한 세밀한 일정을 수립해놓고 있었다. 이러한 매각은 1997년 초까지로 예정되어 있었다. 독일 광산 그룹인 프레우삭 AG는 3백50만 달러라는 헐값에 크롬 산업의 80퍼센트를 취득하여 유럽 크롬 광석의 최대 보유량을 장악할 예정이었다.

   미국과 독일 모두는 1996년 알바니아 선거에 큰 이해관계를 갖고 있었다. 아데나워 재단 Adenauer Foundation은 독일 기업계를 대신하여 이면에서 로비를 벌여 왔다. (석유 및 마약 불법 무역에 관여했다고 알려진) 베리샤의 전임 국방장관 사페트 줄라리 Safet Zhulali는 RTZ사와 제휴하여 미국이 주도하는 매칼로이사 Macalloy Inc.의 콘소시엄의 경쟁 입찰에 맞서 프레우삭과 계약하도록 기획한 바 있다. 옥시덴탈 Occidental, 셸 Shell, 브리티시 석유 British Petroleum를 비롯한 몇몇 서방 석유회사들은 두레스 Durrës, 파토스 Patos, 티라나 등지의 아직 탐사되지 않은 풍부한 석유에 시선을 집중하였다. 옥시덴탈은 알바니아의 아드리아해 해안선 앞바다에서 굴착 작업을 하고 있었다.

   1994년 서방의 조언 아래 만들어진 '우호적인 광산법'은 몇몇 서방 광산 기업들을 알바니아의 최대 구리 생산 지역인 미르디타 Mirdita로 유인하였다. 그러나 서방 투자자들은 또한 쿠케스 Kukës와 카치나리 Kacinari, 라도미라

Radomira 지역에 있는 금, 아연, 니켈, 백금 등에도 눈독을 들이고 있었다. 한 주요 서방 광산기업의 대변인은 "알바니아가 다른 발칸 인접국가들과는 달리 정치적으로 안정되어 있다"[25]는 사실에 고무되었다. 1996년, 알바니아 정부는 광산 산업 전반의 민영화를 위한 법규를 확립했다.

인프라에 대한 해외 지배

브레튼우즈 기구들과 조인한 협정들 아래 알바니아 정부는 재갈이 물린 상태였다. 재정 및 통화 정책을 통해 생산 자원을 유통시키는 것조차 허용되지 않았다. 모든 지출 부문에 대해 세밀한 상한선이 부과되었다. 다시 말해 국가는 이제 더 이상 채권자들의 승인 없이는 공공 인프라나 도로, 병원 등을 건설할 수 없었다. 채권자들은 모든 주요 공공투자 프로젝트의 '브로커'가 되었을 뿐만 아니라——세계은행의 지시 아래 수립된 '공공투자 프로그램 Public Investment Programme(PIP)'이라는 배경 속에서—— 어떤 유형의 공공 인프라가 알바니아에 가장 적합한가를 결정했다.

비공식 경제 grey economy

국가가 소유한 기업들의 사멸과 더불어 6만 개 이상의 소규모 '비공식' 기업들이 우후죽순처럼 생겨났다. 세계은행에 따르면 이는 탄력 있는 자유기업 경제를 보여주는 명쾌한 증거였다. "국가 부문의 쇠퇴는 소매 거래나 수공예, 소규모 건설, 서비스 등에서의 민간 소규모——종종 비공식적인—— 활동의 급속한 성장으로 보상되었다."[26] 그러나 공식 자료를 자세히 검토해 보면 이 초기 단계의 민간 부문에서 총 고용(23만7천 명의 노동자) 가운데 73퍼센트가 '한 명의 피고용인만을 갖고 있는 신규 기업들'[27]로 구성되어 있음이 드러난다.

광대한 '비공식 경제'가 펼쳐졌지만 이 소위 '기업'들 대부분은 (진정한 생산 단위라기보다는) 공공 부문에서 일자리를 잃어버린 사람들을 위한 '생존 활동'이었다.[28] 이 '생성 단계의' 시장 자본주의는, 세계은행과 유럽연합, 그리고 수많은 양자간 공여자들이 '신규 고용 창출을 통해 농촌 및 도시 지역의 발전을 돕기 위해' 1992년에 설립한 '사회안전망'인 알바니아 개발기금 Albanian Development Fund으로 지탱되었다. 알바니아 개발기금은 또한 '실업자 및 경제적으로 소외된 사람들이 자기 사업을 시작하도록 소규모 신용과 조언'[29]을 지원할 계획이었다. 베파 홀딩사의 경우와 마찬가지로 알바니아 개발기금은 민주당이 임명한 사람들이 관리했다.

알바니아 또한 제3세계의 수많은 저임금 지역과 경쟁하는 새로운 값싼 노동력 개척지가 되었다. 5백여 개의 기업과 합작회사들(이들 중 일부는 마피아와 연루되어 있다는 혐의를 받았다)이 대부분 이탈리아와 그리스로 수출되는 의류 및 신발 산업에서 저임금 조립에 종사하고 있었다. 해외 투자자들에게 7년간의 면세기간을 비롯한 많은 특혜를 제공하는 '자유경제지구'를 창설하는 입법 또한 1996년에 승인되었다.[30]

농업의 붕괴

위기는 알바니아의 농촌 인구를 혹독한 가난으로 몰아넣었다. 식량 자급률이 파괴되고 내수 시장용 밀 생산은 1988년의 65만 톤(알바니아 국민 전체를 먹여 살리기에 충분한 수준이다)에서 1996년에는 27만1천 톤으로 폭락했다. 1996년에 밀 생산은 33퍼센트 줄어들었다.[31] 이와 동시에 베리샤 정부의 출범과 더불어 브레튼우즈 기구들이 부과한 긴축 조치는 대부분의 공공사업 프로그램의 붕괴와 함께 농업 인프라의 파괴를 가져왔다. 생산과 유통 분야의 협동조합 구조들 또한 해체되었다.

베리샤 집권기 동안 세계은행은 (국제 입찰을 통해) 그리스와 이탈리아, 독일, 오스트리아 건설회사들에 대부분의 인프라 건설 프로그램을 외주하는 것을 비롯하여 민간 건설기업에 우호적인 프로그램을 지원했다.[32] 세계은행은 또한 해외 자본과 연결된 부유한 농민들을 위한 트랙터 4천여 대의 구입 비용을 조달하였다. 농촌 신용의 붕괴와 세계은행이 명령한 투입 가격 및 연료비의 상승 등으로 인해 절대 다수의 농민들은 농업 기계 사용을 포기하였다. "현재 농업 설비는 민간 농민들에 의해 임대되고 있다. 하지만 사람들이 농업 기계에 드는 비용을 마련할 수 없어 수작업 농업이 되살아나고 있다."[33]

농촌 신용의 붕괴와 더불어 진행된 잉여 농산품의 투매는 알바니아 농업을 파산 상태로 몰아넣었다. 서방 재정 지원의 상당 부분은 식량 원조 형태로 이루어졌다. 미국은 1991년의 '발전을 위한 식량 Food for Progress'법 아래 수입된 잉여 곡물을 알바니아 시장에 공급하고 있었다. 국내 시장에 투매된 미국의 '발전을 위한 식량'은 국내 농업을 해체시켰을 뿐만 아니라 국내 시장에서 잉여 상품의 판매를 관리하는 새로운 상인 계급을 부자로 만드는 데도 이바지했다. 유럽연합 또한 1991~92년에 식량 원조 프로그램에 착수하였다. 1996년 중단될 때까지 이 프로그램이 가져온 탈안정화 효과는 이미 국내 생산을 죽음으로 몰고 갔다. 수입 식량에는 최저 관세가 부과되었고 상당한 규모의 상업성 곡물 수입이 점차 식량 원조를 대체해 나갔다. 정부 무역회사들 또한 수입 밀의 대규모 수송에 관여하면서 스위스와 그리스 상품 브로커들을 통해 암거래에 개입했다.

수입 상품들이 국내산 식량 산물을 대체해갔으며 소매가는 하늘 높은 줄 모르고 치솟았다. 1980년대에 알바니아는 5만 톤 미만의 곡물을 수입하고 있었는데,[34] 식량농업기구(FAO)의 추산에 따르면 1996년에는 밀 수입이 약 47만2천 톤(80년대와 비교하여 10배 이상 증가한 것이다)에 이르렀다. 공식 자료에 의하면 밀과 밀가루의 수입(가격 기준)이 1994년 3천2백20만 달러에서 1996년의 1억2천3백70만 달러로 거의 4배나 증가하였다. 1996년에는 식량 산업의 60퍼센트 이상을 해외 자본이 장악하고 있었다.[35] 대 對유럽연합 수출을 위한 농산물 가공이 국내 시장을 파괴하면서 발전하였다. 세계은행은 비전통적인 수출 곡물 지원에만 저금리 차관과 종자, 비료를 제공하고 있었다.

한 관측통에 따르면, 곡물 상품에 대해서는 신용이나 종자가 제공되지 않아 농민들은 '밀이나 옥수수 생산에서 고부가가치 상품인 과일, 채소, 돼지고기 등으로 전환'할 수밖에 없었다.[36] 그러나 수출 시장을 위한 '고부가가치 곡물' 가운데 하나가 알바니아 전역에서 재배되고 있는 불법적인 대마초 생산이라는 사실은 언급되지 않고 있다. 게다가 이탈리아 정보 당국은 그리스 접경지대 산악지역에 코카 플랜테이션이 성행하고 있음을 확인한 바 있다. "콜롬비아인들의 지원을 받고 있는 시실리 마피아가 이들 플랜테이션을 세운 것으로 추측된다."[37]

식량농업기구는 곡물 생산과 관련된 상황을 다음과 같이 서술하고 있다.

[밀] 재배는 [1996년에] 12만7천 헥타르로 하락한 것으로 추산되는데 이는 1991년에서 1995년 사이의 평균 15만 헥타르에 한참 못 미치는 수치이다. 이러한 감소는 주로 농민들이 밀보다 상대적으로 나은 수익을 얻을 수 있는 다른 곡물을 선택한 결과이다. 산출량 또한 이미 축소된 전년도 수준보다

한층 낮아진 것으로 추산된다. 지난 몇 년간과 마찬가지로, 농민들이 비료나 작물보호 화학품, 새 종자 등의 투입재를 이용할 수 있는 기회가 제한되어 잠재 수확량이 이미 제한되어 있었다(농민들은 다음 해를 대비해 전년도 종자의 일부를 보관하기만 해서 종자의 질이 저하되는 결과를 낳았다).38)

이와 더불어 (지역 종묘장에서 재생산되는) 전통 종자의 생산이 파괴되었다. 처음에는 수입 종자가 농민들에게 (무상으로) 배포되었다. 얼마 지나지 않아 농민들은 국제적 농산물 기업들이 배포하는 변종 종자에 의존할 수밖에 없었다. 그러나 종자 상품의 가격은 하늘 높은 줄 모르고 치솟았고 지독히 역설적이게도 수입 종자와 농장 투입재 시장은 완전히 마비되었다. 농업부 Ministry of Agriculture 대변인에 따르면, "올해[1996년] 3만5천여 톤의 밀이 종자로 필요한데 이는 엄청난 양이며 아마도 수입을 통해서만 확보될 것이다. 그러나 지금까지 민간 기업과 국영기업들로부터 종자 1킬로그램도 수입되지 않았다."39)

　　종자 및 농장 투입재 시장에 대한 이와 같은 조작은 서구 농산물 기업들을 위해 알바니아의 수입 곡물에 대한 의존을 심화시켰다. 국내 시장에 대한 유럽연합과 미국산 잉여 곡물의 투매는 농업 생산자들을 빈곤으로 몰아넣었다. 농업 노동력의 50퍼센트 이상이 현재 연간 1백65달러의 소득을 올리고 있다. 유엔개발프로그램 United Nations Development Programme(UNDP)의 <알바니아 인간발전 보고서>에 따르면, 1995년 농가 가구당 평균 소득은 월 20.40달러에 불과했으며 산악 지역 농장들에서는 월 13.30달러였다. 수십만 명의 사람들이 농촌 지역을 떠나갔다. 티라나의 인구는 1990년 이래 거의 두 배로 증가했으며 티라나 서북쪽 끝에 있는 칸자 Kanza에는 여기저기로 뻗어간 슬럼 지역이 발달하였다.

거시경제적 혼란

1989년에서 92년 사이에 알바니아의 산업 생산고와 국내총생산(GDP)은 각 각 64.8퍼센트, 41.2퍼센트 하락했다.[40] 국내총생산 기록은 1994년 7.4퍼센트, 95년 13.4퍼센트, 96년 10퍼센트 급등했다.[41] 그러나 브레튼우즈 기구들이 치켜세운 이러한 '긍정적 성과'는 세계은행을 등에 업은 파산 프로그램에 의해 지속된 산업 쇠퇴라는 배경 속에서 이루어진 것이었다. 1995년의 산업 생산고는 1989년 수준의 27.2퍼센트였는데 이는 70퍼센트 이상 하락한 것이었다.[42]

국내총생산 기록의 인상적인 전환에도 불구하고 생활 수준과 생산고, 고용은 계속해서 급격히 떨어졌다. 국내 물가는 하늘 높은 줄 모르고 치솟은 반면 월 소득은 한없이 낮은 수준으로 떨어졌다. 1990년의 실질 임금은 일일 1.50달러 수준(월 50달러 미만)이었는데 90년에서 92년 사이에 57.1퍼센트 떨어졌다.[43] 이와 같은 실질 소득의 몰락은 1992년 이후 계속되었다. 최근 자료에 의하면, 군 신병은 2달러를 월급으로 받고 있으며 노령 연금생활자의 경우 한 달에 10 내지 34달러를 받고 있다. 전문직 노동자 가운데 가장 높은 임금은 월 백 달러 가량이다(1996년). 1996년 후반 레크화의 가치절하와 더불어 실질 소득은 (거의 하루아침에) 33퍼센트 폭락했다.

풍토병의 발발

이처럼 널리 퍼진 빈곤은 풍토병을 부활시키는 결과를 낳았다. 1995년에는 콜레라가 발발하였다. 1996년에는 서북지역에서 티라나와 다른 지역으로 소아마비 유행병이 확산되었다.[44] 경제개혁이 지역 보건 및 교육 서비스의 해체를 촉진시킨 상황에서 이들 질병은 더욱 파괴적이었다. 세계은행은 정부를 도와 '희생을 통한 회복 cost recovery' 시스템을 통해 사회부문 예산을 삭감시켰다. 교사와 보건의료 노동자들이 정리해고되었고 세계은행이 고안한 '외래 환자 서비스, 병원 서비스, 의약품에 관한 새로운 가격수립 정책과 지불 메커니즘'을 채택함으로써 보건 지출이 축소되었다.[45] 유럽연합의 파레 프로그램 Phare program[46] 또한 세계은행과 협력하여 알바니아 보건 체계의 민영화를 지원했다.

알바니아 국가의 범죄화

IMF의 지도 아래 알바니아 경제의 산업 및 농업 부문이 빈곤화되는 것과 나란히 지하 경제가 융성하고 있었다. 국제 공동체가 세르비아와 몬테네그로에 부과한 통상제재와 그리스가 마케도니아에 강요한 봉쇄정책의 결과, 석유, 무기, 마약의 삼각 거래가 발전하였다. 이와 동시에, 산업 및 농업의 붕괴는 경제 체제에 공백을 낳았으며 이는 불법 교역을 더 한층 확대시켰다. 불법 교역은 '선도적 부문'이자 외환 수입의 주된 원천, 범죄 마피아의 비옥한 토양이 되었다.

그리스와 이탈리아의 40만여 알바니아 노동자들이 보내는 해외 송금의 유입은 (공식 수치에 따르면) 1992년에서 96년 사이에 세 배가 증가하였다. 기록되지 않은 더러운 돈을 포함한 실제 유입량은 훨씬 컸다. 몇몇 보고서를 살펴보면 조직범죄 수익을 돈세탁하고 더러운 돈을 국가 자산 취득으로 전환시키는 데 피라미드 계획들이 광범위하게 활용되었음을 알 수 있다.

익명을 요구한 티라나의 한 은행가는 더러운 돈의 최근 대규모 선적이 1997년 초에 도착했으며 마피아가 2천만 달러를 세탁한 기금에 1백50만 달러를 지불했다고 로이터통신에 말해주었다. 그는 다음과 같이 언급했다고 한다. "더러운 돈이 피라미드들로 유입되어 유령 수입 거래라는 가면을 쓴 채 깨끗한 돈으로 흘러나오고 있다." "이 돈이 피라미드 시스템을 통과하는 건 쉽게 볼 수 있다"고 그는 덧붙였다.[47]

이탈리아 범죄 신디케이트의 역할

이탈리아 마피아들은 마약 거래, 담배 밀수, 매춘 등에 종사하고 있다.

이탈리아의 마피아 담당 검사장인 피에르 루이지 비냐는, 이탈리아의 조직범죄 그룹들이 새로운 투기사업을 위한 초기 자본을 조달하기 위해 피라미드 계획들에 돈을 투자했다는 한 중소기업 협회의 보고서를 확인하였다. 그는 알바니아가 중요한 마리화나 생산국이 되었으며 코카인의 원료인 코카나무 재배에 손대고 있다는 사실에 주목했다.[48]

정치인들은 "계속되는 무질서에서 이득을 누렸다. 그들은 심지어 알바니아의 현대화와 구조조정을 향한 노력에 전혀 도움이 되지 않는 이러한 상황에 기대어 있었다."[49] (정보부 출처에 근거한) 한 언론 보도에 따르면, 각료 및 국가보안경찰(SHIK) 임원을 비롯한 고위 정부 인사들이 마약 거래 및 불법 무기 교역에 개입하고 있다고 추정되었다.

이러한 주장들은 매우 진지한 것이었다. 마약, 무기, 밀수 담배 등은 알바니아 집권 민주당이 공공연하게 운영하는 회사인 슈치포냐Shqiponja가 취급해온 것으로 믿어졌다. 1996년 동안 국방장관 사페트 줄라리는 직위를 이용해서 무기, 석유, 밀수 담배의 수송을 용이하게 했다는 의혹을 받았다. 세르비아가 통치하는 알바니아계 지역인 코소보에서 온 마약왕들은 아무 처벌도 받지 않고 알바니아에서 활동했으며, 마케도니아와 그리스에서 이탈리아를 향해 가는 헤로인 및 여타 마약의 알바니아 전역 운송은 국가보안경찰이 담당하는 것으로 믿어지고 있었다. 정보요원들은 암거래 지휘 계통이 최상 층부에까지 이른다는 사실을 확신하고 있었으며 자신들의 보고서에서 아무 거리낌없이 장관들을 거명했다.50) 1997년 정부의 피라미드 계획 운용에 항 의하는 대규모 시위 와중에 사페트 줄라리는 보트를 타고 이탈리아로 피신 했다.

'대 大알바니아를 위한 총과 탄약'

1993년 이래 통상제재 집행을 명령받은 8백 명 이상의 미군이 알바니아와 마케도니아 국경에 주둔했음에도 마약 및 무기 거래는 계속 번창하였다. 서방은 계속 못 본 체했다. 석유와 마약에서 나온 수익은 무기 구매 자금으로 사용되었다(종종 직접 교환되기도 하였다). "([1993~94년간] 그리스의 통상 제재를 피한) 마케도니아로의 석유 인도는 코소보의 알바니아계 '형제들'에 대한 칼라시니코프 기관총의 인도와 마찬가지로 헤로인을 감추는 데 사용될 수 있다."51)

서구 강대국들은 지정학적 이유로 인해 이러한 광범위한 무기 인도를 묵인하였다. 미국과 독일 모두 알바니아, 코소보, 마케도니아 일부 지역을 에워싸는 '대 알바니아'라는 아이디어를 (공식적으로는 아니지만) 은근히 장려하였다.52) 코소보의 무기-마약 거래에 관해 국제 언론이 '숨막힐 듯한 침묵'을 보인 것도 놀라운 일은 아니었다. "[마약 및 무기의] 암거래는 기본적 으로 전략 지정학적인 함의에 근거하여 판단되고 있다. … 코소보에서 마약 및 무기의 암거래는 지정학적 희망과 공포에 기름을 붓고 있다."53)

불법 무역 수익의 재순환

마약, 석유, 무기를 통한 재정 수익은 알바니아와 이탈리아 사이의 엄청난 매춘 암거래를 비롯한 다른 불법 활동으로 재순환되었다. 밀라노에서 활동하는 알바니아의 범죄 집단들은 "매춘 암거래를 통해 매우 강력해져서 힘과 영향력에서 칼라브리아인들의 지위를 넘보게 되었다."54) 알바니아 여성들을 이탈리아로 송출하는 비용으로 마피아들이 지불한 더러운 돈 또한 피라미드 기금들에 기탁되었다. 알바니아 헬싱키 위원회에 따르면 이탈리아 매춘부의 3분의 1 가량이 알바니아인이라고 한다.55) 다른 통계들은 이탈리아의 알바니아 매춘부 수를 4천에서 7천 사이로 추정하고 있다.

합법 사업에 투자하는 조직범죄

합법 및 불법 활동은 떼려야 뗄 수 없이 뒤얽히게 되었다. 물적 증거를 보건대 이탈리아 범죄 신디케이트들의 알바니아 개입은 마피아의 전통적인 투기 사업(마약, 매춘, 무기 밀수 등)에 국한되지 않았다. 조직범죄는 또한 의류산업, 관광, 서비스 경제 등 수많은 합법 경제 활동에도 투자했다는 의혹을 받았다. <지정학 마약 감시 Geopolitical Drug Watch>에 따르면, "남부 알바니아의 피라미드 협동조합들 대부분이 이탈리아 중소기업들에 투자하여 합작회사를 차렸으며 이들 일부는 이탈리아 당국의 조사를 받고 있다."56) 알바니아 범죄 집단들이 이탈리아의 토지와 부동산에 투자했다는 증거도 있다.

　　알바니아의 4대 '피라미드' 저축 계획은 수드야 Sudja, 포풀리 Populli,

자페리 Xhaferri, 베파 홀딩이었다. 베리샤 집권기 동안 서방에 의해 '공산주의 이후 자유 기업의 모델'로 지지 받은 베파 홀딩은 민주당이 긴밀히 관리하는 알바니아 최대의 피라미드 투자기금이었다. 베파 홀딩은 베리샤 집권기의 민영화 프로그램을 통해 슈퍼마켓, 수출입상사, 운송회사, 제조회사 등 수많은 국영기업을 매입함으로써 광범위한 이윤을 취득했다. 1997년 말 베파 홀딩은 마피아와의 연루 혐의로 이탈리아에서 조사를 받았다. 베파 홀딩은 나폴리에 본부를 둔 회계회사인 체체레&카푸토 Cecere and Caputo의 컨설팅을 받고 있었는데 이 회사는 마피아와 연루되어 있다는 소문이 많았다. 이 회사의 (고인이 된) 창업주인 젠나로 체체레 Gennaro Cecere의 동생은 마피아 관련 기소로 97년 초에 체포되었다.[57] 컨설턴트 중 한 명인 지안니 카푸치는 1997년 2월 베파 홀딩을 구조조정하고 경제학 소양이 전혀 없는 전임 군수품 관리자 베흐비 알리무카예 회장을 도우라는 지시를 받고 7명으로 구성된 알바니아 파견팀을 이끌었다. "카푸치는 베파가 불법적인 방식으로 운영되고 있다고 믿을 아무런 이유가 없다고 전화로 말했다. … 동생은 회사와 전혀 연관되어 있지 않았다. … 카푸치는 이탈리아 회사의 또다른 사장인 니콜라 카푸토가 업무상 알바니아를 방문하면서 알리무카예를 몇 차례 만난 적이 있다고 말했다."[58]

서방 채권자들에게로 재순환되는 더러운 돈

티라나의 늘어나는 대외 채무에 대한 이자를 징수하고 싶어 안달이 난 국제 채권단은 이러한 불법 무역의 외환 수익 증대에 시선을 집중하였다. 알바니아가 더욱 더 깊이 채무에 빠져들고 합법적인 산업과 농업이 붕괴함에 따라 불법 무역과 해외 송금을 통한 소득이 필요한 외환의 유일한 원천이 되었으며, 채권자들과 티라나 정부 모두는 수익성 좋은 밀매가 중단되지 않도록 하는 데 재정적 이해를 공유했다.

알바니아로 유입된 송금과 더러운 돈은 자국 통화(레크화)로 전환되어 (민영화 프로그램 아래 진행된 국가 자산 및 토지의 취득과 더불어) 피라미드 기금들로 집중되었다. 이와 동시에 경화 硬貨 수익은 금융 시장 inter-bank market으로부터 알바니아 재무부로 집중되었다. 브레튼우즈 기구들과의 협정에 따라 알바니아 정부는 결국 이 경화 준비금을 대외 채무의 이자 및 잔금 상환에 쓸 수밖에 없을 것이다. 사실상 (범죄에서 기인한 돈을 포함한) 외환 유입의 상당 부분은 결국 대외 채권자들의 요구를 충족시키는 데 사용되어 이에 상응하는 자원의 유출로 귀결될 것이다. 한 보고서에 따르면 채권자들은 가급적 오랫동안 피라미드를 유지시키는 데 상당한 이해를 갖고 있었다.

> IMF는 1996년 10월까지 경보를 울리지 않고 기다렸다. 국제기구들과 미국 및 유럽의 대부자들, 서방 각국 외무부는 '성공한 사람들'——그들 없이는 알바니아에서 아무 일도 되지 않는 여러 족벌들에 붙은 이름이다——의 분파인 알바니아 정치 계급의 활동을 지원하는 데 만족하고 있었다.[59]

서구 금융 자본은 베리샤의 민주당을 믿고 있었다. 베리샤에 조언을 해주던 브레튼우즈 기구들은 금융 체계의 전면적인 탈규제를 역설하였다. 피라미드 조직의 발전에는 어떠한 장애물도 없었고 자금의 이동에도 아무 제한이 가해지지 않았다. 의심할 나위 없이 일반 통념은 이러한 부정하고 더러운 돈의 유입이 알바니아의 '국제수지 개선'에 도움이 되었다고 주장할 것이다. 다시 말해 서방은 베리샤 대통령 재임 기간 동안 범죄자와 밀수업자들이 번창할 수 있는 금융 환경을 용인했을 뿐만 아니라 '자유시장' 체제는 국가기구의 범죄화를 위한 기반을 마련했다. 물적 증거를 보건대, 대외 채권자들이 부과한 '강력한 경제 처방전'은 빈곤과 경제적 혼란을 자양분으로 하는 광범위한 범죄 경제의 발달에 이바지했다.

II. 1997년 2월의 저항운동

서방 언론은 '폰지' 피라미드 기금들의 붕괴에 이어 1997년 2월에 폭발한 알바니아의 저항운동을 심각하게 왜곡하였다. 세계 언론은 '벼락부자 계획'을 둘러싼 금융 사기가 사회적 격변의 유일한 원천이라고 협소하게 묘사하였다. 자생적인 가두 폭동의 이미지가 전달되면서 무장 폭력단의 악행과 국가 자산의 약탈에 초점이 맞춰졌으며 베리샤 전임 대통령에 반대하는 시민 그룹들은 흔한 범죄자로 낙인찍혔다. 이와 동시에 서방 언론은 이탈리아의 범죄 신디케이트와 알바니아 국가가 연결되어 있음을 언급하지 않았다. '구제위원회'의 구성을 비롯한 민간인들의 정치적 반대는 '자유시장' 사회로의 '이행'을 사보타지하는 것으로 묘사되었다. 이탈리아 외무장관의 말 속에서 반란은 '극좌 활동가들에 자극 받은 비행 패거리들'이 주도한 것이었다. 그러나 현실은 다소 달랐다.

　　반란은 2월에 지역 구제위원회들이 경찰본부와 군사령부를 점거한 블로레 Vlorë라는 남부 도시에서 시작되었다. 봉기는 블로레에서 남부 알바니아의 다른 도시들로 확산되었다. 학생과 노동자, 농민이 결합했다. 알바니아 군과 경찰은 대부분 무력해졌다. 경찰만이 아니라 장교들까지 베리샤 대통령의 사임을 요구하면서 시민운동에 자발적으로 참여했다. 한 신문이 지적했듯이, "남부 알바니아에서 군대는 민중 편으로 돌아서 버렸다."[60] 블로레의 파샤 리마니 Pasha Limani 군기지 사령관은 반란에 참여했고 블로레 방어위원회와 자신의 수비대 병사들을 통합시켰다. 델비네 Delvinë와 사란데 Sarandë의 반란 근거지의 경우 "베리샤 대통령의 인물들이 경찰의 지지를 받지 못하고 있다는 점이 분명해지자 급속하게 통제불능 상태로 빠져들었다…"[61]

서구 강대국들은 반란이 통제불능 상태에 이르지 않을까 우려했다. 미국 군사고문단이 티라나로 급파되었고 티라나 근교의 갸데르 Gjader 비행장에는 남부 알바니아의 반란을 모니터할 능력을 지닌 하이테크 프레데터 predator 무인 대공감시 시스템이 세워졌다. 1997년 2월에는 합참의장 샬리카시빌리 Shalikashvili 장군이 알바니아에 주둔하고 있는 미 공군 인사들을 방문했다(국제 언론에서는 정부 관료 및 알바니아 군 당국자들과 샬리카시빌리 장군의 회담에 관해 한 줄도 언급하지 않았다).

1997년 3월에 서방의 조언 아래 사회당 선거관리 총리하의 '국가화해 정부'가 수립되었다. 베리샤 대통령이 국민의 눈에 불신 받게 되면서 유럽과 미국 모두 사회당 지도 아래 새로운 정치 동맹을 발전시키고 싶어 안달했다. 사회당은 브레튼우즈 기구들의 지도하의 '건전한 거시경제 정책'을 약속하고 있었다. 과도 정부의 첫 번째 과제는 구제위원회의 무장해제를 위한 기반을 마련하면서 남부의 반란을 진정시키는 것이었다.

사회당(구 공산당) 지도자들은 3월에 서방 정부 및 유엔과 소위 다국적 방위군(MPF) 파견에 관한 논의를 열었다. 유엔안보리 결의에 이어 4월에는 ──대부분 이탈리아군과 그리스군으로 구성된── 다국적 방위군이 아드리아 해안에 상륙하였다. 다국적 방위군이 받은 명령은 '인도주의적 원조를 위한 수송을 보호하는 것'이었다. 그러나 다국적 방위군이 행한 첫 번째 구체적 행동은 긴급 공수품의 인도를 보호하는 게 아니라 비틀거리는 알바니아 정부의 경찰과 군에 지원을 제공한 것이었다.

다국적 방위군의 '뒤에 숨은 의제'는 민간인을 무장해제하고 반란을 평정하기 위해 알바니아 군과 경찰을 튼튼하게 만드는 것이었다. 이탈리아 다국적 방위군 사령관인 지롤라모 지글리오 Girolamo Giglio 장군의 말을 빌면, "우리는 특수한 수단과 전문적인 원조를 제공함으로써 경찰력의 효율성을 제고하는 데 도움을 줄 것이다."[62] 유럽의회협의회 Council of Europe Parliamentary Assembly(PACE)[63]는 지역 차원의 '구제위원회'들을 공식적으로 비난하고 그들의 무장해제를 요구함으로써 다국적 방위군에게 사실상의 위임장에 인장을 찍어주었다.[64]

서방의 목적은 분명했다. 민간인을 무장해제하고, 1992년 베리샤 대통령 아래 착수된 '자유시장' 개혁을 계속 유지해나갈 '민주적으로 선출된' 후임 정권을 수립하는 것이 그것이었다. 선거는 1997년 6월 29일에 치러져 사회당의 압승으로 귀결되었다. 97년 8월 신임 대통령의 취임 이후 7천 다국적 방위군의 마지막 병력이 철수하였다. 그리스와 이탈리아의 군사고문단은 새로 구성된 당국이 '알바니아의 산산이 부서진 군대를 재건'하는 것을 돕기 위해 남았다.[65]

1997년의 정치적 저항운동은 알바니아 경제의 붕괴를 촉발시킨 국제 금융기구들과 서방 기업계의 역할을 알지 못했다. 구제위원회들은 다양한 야당 인사뿐만 아니라 베리샤에 반대하는 민주당 인사들까지 포함하여 알바니아 사회의 여러 다른 부문의 사람들로 구성되어 있었다. 이 위원회들은 국가 경제를 파괴하고 알바니아 국민을 가난하게 만드는 데 이바지한 거시경제 개혁에 대해 명확한 정치적 입장이 없었으며 이러한 개혁을 시행하는 데 서방이 행한 역할에 대해서 의문을 제기하지도 않았다.

사회당은 (민주당과 더불어) 해외 자본을 위한 '정치 브로커'로서의 자신의 권위에 위협이 되는 이들 위원회를 해산시키는 데 여념이 없었다. 아울러 서방은 정당 정치 구조와 '거수기 rubber stamp'로서의 의회의 정당성을 훼손시킬지도 모르는 상황을 피하기를 원했다.

국민들의 저항운동은 대부분 부패한 정치 체제로 향했다. 민주당은 사회가 빈곤화되었다는 이유로 불신임 받았다. 국민들의 눈에는 베리샤 정부가 비난 대상이었다. 서방에 대한 평판은 손끝 하나 닿지 않은 채 그대로 유지되었다. 서방의 간섭은 정치적 저항의 주요한 대상이 아니었다. 그리하여 서방은 베리샤의 몰락을 위한 토대를 닦는 동시에 베리샤 정부를 통해 자유시장 개혁을 강요할 수 있었다.

1997년 3월 국가화해 과도 정부가 선출되자마자 미국과 유럽연합은 사회당과의 새로운 동맹을 강화하면서 베리샤 대통령을 거부하였다. 1994년에 베리샤에 의해 투옥된 사회당 지도자 파토스 나노 Fatos Nano가 석방되었다. 나노는 92년 민주당 하에서 착수된 IMF를 등에 업은 거시경제 개혁을 계속하겠다고 분명히 약속했다.

III. '사회당' 연정하의 이행

서구의 기업계는 야당인 사회당을 선출하고 흡수함으로써 우호적인 후임 정권의 수립을 보장함과 동시에 정치적 반대를 피할 수 있었다. 다시 말해, 서방은 그 정당성이 도전 받고 있는 인기 없는 친서방 정부를, 야당 대오로부터 형성된, 새로이 선출되고 마찬가지로 친서방적인 '사회당' 정권으로 대체하도록 하였다. 그리하여 그 이후의 정부들은 채권단과 다국적기업들의 이해를 방어하면서도 사회적 불만에 정면으로 맞설 수 있었다. 그 결과 이러한 정권 변화가 거시경제 정책의 방향 전환을 수반하지 않은 점은 말할 필요도 없다. 한편 이와 반대로 브레튼우즈 기구들은 정권 변화를 통해 신임 당국과 경제 개혁의 새로운 물결을 협상할 수 있었다.

그러나 친미적인 '사회당' 정부의 수립은 유럽과 미국 사이의 지정학적 균형을 변화시켰다. 신임 정부의 핵심 조언자 중 몇 명은 사회당이 야당이었을 때 미국에서 교육받은 이들이었다.

워싱턴에 대한 정부의 충성은 97년 7월 로마회의에 대한 신임 알바니아 총리의 성명서에서 예고되었다. 워싱턴은 정치, 경제, 군사 영역들에서 적극적으로 협력하도록 초대받았다. 베리샤 치하에서 채택된 광산법은 경쟁하는 미국 광산 컨소시엄에 손해를 주면서 독일 광산 컨소시엄인 프레우삭 AG에 유리한 내용이었다. 광산입법 전반은 97년 후반부터 뉴욕에 본부를 둔 법률회사의 원조를 받아 개정되었다. "전에는 프레우삭이 배타적인 권리를 가졌지만 이제 막다른 골목에 몰렸다. … 우리는 이행기에 처해 있다. 게임의 룰이 규정되어야 한다. 쟁점은 민영화와 입찰 과정을 어떻게 조직할 것인가 하는 문제이다."66)

독일은 무조건적으로 민주당을 지원해 왔었다. 살리 베리샤가 크롬 산업의 민영화와 관련해서 프레우삭 AG에 굳건한 지지를 보냈기 때문이었다. 그러나 사회당 연정 아래서 미국 기업계와 워싱턴 컨센서스에 굳건한 충성을 보내는 새로운 관료 세대들이 권력을 잡게 되었다. 사회당은 알바니아의 어마어마한 크롬, 니켈, 구리 저장량을 탐사하려는 영미 광산업계에 우호적인 태도를 보였다. 광대한 역청 사암 지대 또한 캐나다의 한 컨소시엄이 개발 중이다.

로마 협정

1997년 7월 31일 로마회의에서 사회당 지도자들과 체결한 협정 아래 그때까지 남아 있던 이탈리아 파견 부대가 알바니아에 계속 주둔하게 되었다. 유럽 안보협력기구 알바니아 중재자인 프란츠 브라니츠키 Franz Vranitzky가 최종 기자회견에서 한 말을 들어보자. "우리는 알바니아 경찰, 군대, 상업, 금융 체계, 헌법의 재건과 관련하여 계속해서 실질적인 틀거리를 만들 것이다." 경제 전선에서는 브레튼우즈 기구들이 사회당으로 하여금 계속 '건전한 거시경제 정책'을 적용하도록 보장할 것이었다. 브라니츠키의 말을 빌면, "IMF 와 세계은행은 [1997년] 8월에 티라나로 여러 팀을 파견하여 금융 체계를 수립하고 피라미드 계획을 효과적으로 다루는 방법에 관해 조언하는 등 경제 프로그램에 조력할 계획이었다."

로마회의에서 발표될 알바니아 정부의 기조 문서는 회의 시작 3일 전인 97년 7월 28일에야 알바니아 의회에 급하게 제출되었다. 이 문서는 (서방 군 및 경찰 고문단의 지원을 통한) '민간인의 무장해제', '서방 각국과의 협정 에 기반한 국제적 안보 및 방위 구조를 통한 원조'와 더불어 군의 재구조화 및 현대화, '나토에서의 철저한 동반자관계와 전면적인 회원 자격' 등의 핵심 목적을 역설했다.67)

로마회의에서 발표한 성명을 통해 파토스 나노 총리는 (브레튼우즈 기구 들의 요구를 전적으로 준수하면서) 민주당 시기에 착수된 거시경제 개혁을 계속하겠다고 확인하였다. "이들 기구는 알바니아를 돕기 위해 조건을 설정 했다. … 이러한 조건은 전적으로 이행가능하며 우리의 정치적 의지를 요하 는 것이다. … IMF와의 협정은 각 프로그램에 대해 청신호를 보내고 있다. … 우리는 이를 실현하기로 결심했다." 회의 폐막식에서 그는 승리감에 가득 차 다음과 같이 언급했다. "우리[정부]의 프로그램은 [의회의] 신임 투표를 받았을 뿐만 아니라 이제는 국제 공동체로부터도 승인을 받았다."

알바니아의 '마샬 플랜'

(IMF 관리하의 거시경제 개혁의 방향과 마찬가지로) 알바니아에 대한 서방 공여자와 채권자의 신탁통치는 논쟁 대상이 아니었다. 부흥 프로그램은 (정부 지출의 대규모 삭감에 입각하고 있었음에도) '마샬 플랜'이라고 지칭되었다. "해외 원조는 국제 입찰을 통한 공공사업의 재정 조달을 위한 근간을 구성하게 될 것이다. 단기적인 목적은 공여자들이 알바니아 [사회당] 정부에서 진지하고 헌신적인 동반자를 찾을 수 있도록 하는 것이다."[68]

이 문서는 은행 및 전략 광물 자원의 민영화와 관련된 새로운 규정을 비롯하여 민주당 아래서 착수된 민영화 프로그램의 '방향전환과 가속화'를 제안하였다. IMF는 3년간의 구조조정 차관을 제공하는 조건으로 1998년까지 이행할 포괄적인 민영화 프로그램을 요구하고 있었다. 부문별 정부 부처가 폐지되고 광산, 석유 및 가스, 공공설비 등의 관할권은 민영화부로 이전되었다. 민영화부는 독자적인 절차가 준비된 금융 부문을 제외한 모든 경제 부문의 민영화 프로그램을 시행할 권한을 부여받았다.

사회당은 또한 채굴권 양여에 근거한, 광물 자원의 민영화를 위한 새로운 틀을 발전시키기 시작했다. "우리의 법률[초안]은 라틴아메리카의 모델에 근거한 것이다. 그 목적은 해외 투자를 유도하기 위함이다. 우리의 법률은 세계에서 가장 매력적일 것이다. 우리 나라는 광산업 이익의 백 퍼센트를 매각할 준비가 되어 있다."[69] 나노 총리는 또한 민영화 프로그램이 '아직 공적 수중에 있는 모든 주요 자원을 포괄하게 될 것'이라고 확인하였다. "광물 자원, 전자통신, 운송 등에 우선적으로 초점을 맞추면서 모든 공적 자원을 국내외 민간 부문에 매각할 것이다."70)

IMF와 세계은행을 등에 업은 삭감 프로그램

<1997 정부 프로그램> 문서는 로마회의에서 발표되기 몇 분 전에야 영어로 번역되었다. 이 문서는 <경제회복과 성장을 위한 전략>이라는 제목이 붙은 또 다른 기조 문서와 함께 제출되었다. '전략' 문서는 신임 정부를 대신해서 워싱턴의 세계은행 간부들이 세밀하게 초안을 작성한 것이었다. 이 문서는 신 행정부가 수행해야 할 구체적인 거시경제 조치('융자 조건')를 개괄하였다.

이 세계은행 분서는 1997년 10월 브뤼셀에서 회동하는 국제 원조기구들과 공여자들에게 제출하기 위해 각료회의에서 채택되었다. 티라나에 주재하고 있는 한 유엔 관료에 의하면, [공여자들이 부과한] 조건은 퉁명스러운 것이었다. "이 때까지 이것을 하시오…"하는 식이었다. [사회당 신정부는] 해외의 조언을 완전히 무비판적으로 받아들이는 태도를 보였다. "우리가 무엇을 하기를 바라는지 알려만 주십시오. 공여자들을 기쁘게 해드리고 싶습니다."71)

97년 10월 브뤼셀에서 회동한 알바니아의 서방 공여자들은 보건의료 노동자 및 교사들에 대한 대규모 정리해고를 비롯하여 공공 부문 잉여 인력의 삭감을 요구하였다. 이러한 삭감은 (교사 및 보건의료 노동자들을 비롯한) 공무원 인원수를 약 25퍼센트 정도 전반적으로 축소하기 위한 3단계 구조조정을 예고하였다.

공공 부문 고용인원은 1997년 12월말 전에 천 명 삭감될 것이다. 98년 3월까지는 만 명, 98년 남은 기간 동안에는 [잔여 총 인원의] 10~15퍼센트가 감축될 것이다. 운영 및 관리 할당금, 국내에서 조달한 투자, 예비기금 등의 삭감을 통해 추가적인 비용절감이 이루어질 것이다.[72]

세계은행의 지침에 따라 급여 인상은 핵심 정부 직위의 공무원들로 제한될 예정이었다. 세계은행은 자신이 제안한 한 계획을 통해 정부 부처, 사법부, 경찰 등에서 선별된 인사들의 급여를 상한선까지 끌어올렸다. 이탈리아 또한 자국 고문단의 지도 아래 재조직될 경찰력을 지원할 목적으로 양자간 재정 지원을 제공했다.[73] (이탈리아는 알바니아에 있는 이탈리아 기업계를 지원하는 동시에 치안 유지에서 극히 중요한 역할을 하였다. 티라나의 반체제 언론인들은 사실상 '이탈리아 보호령'이 존재한다고 지적한 바 있다.)

삭감 프로그램은 베리샤 집권기에 이미 임금이 나락으로 떨어진 공공 노동자들에게 적용되었다. 한 예로 1997년 12월에는 젊은 의사가 월 45달러, 등록된 간호사가 30달러를 벌고 있었다. 30년 이상 근무한 티라나의 한 병원 의사의 최대 임금은 한 달에 약 백 달러였다.[74] 다시 말해, 정리해고나 해고의 타깃이 된 노동자들의 수가 엄청났음에도 운 좋게도 공공 부문 일자리를 잃지 않은 공무원들에 대한 급여는 매우 낮은 수준이었다. 게다가 이러한 저임금 구조로 인해 삭감 프로그램은 ——공공 서비스의 붕괴를 촉진시키는 결과를 낳은 반면 ——IMF가 요구한 바인 국가 급료 총액의 실질적인 감축에 이바지하지도 못했다.

'재정 안정화'

국가 경제를 '안정화'하고 '인플레이션 압력을 피하는' 수단으로 서방 공여자들은 부가가치세를 12.5퍼센트에서 20퍼센트로 급등시킬 것을 요구하는 재정 안정화 프로그램을 강요했다. 그러나 이러한 조치는 IMF가 주장한 것처럼 인플레이션을 경감시키기는커녕 소비자 물가의 앙등(과 이에 상응하는 실질 소득 수준의 하락)을 가져왔을 뿐이었다. 부가가치세 인상은 또한 소생산자와 농민들에게 영향을 미쳤다.

97년 10월 브뤼셀에서 채택된 알바니아 경제회복 프로그램 Recovery Programme for Albania에 따르면, '통화 정책의 최종 목표는 인플레이션 없는 완전고용 및 성장의 도모와 함께 하는 장기적인 물가 안정'이었다.[75] 이러한 목적은 신용 상한의 부과를 통해 광범위한 자금의 공급을 동결시켜야만 이루어질 수 있었다. 신용 상한의 부과는 IMF가 감독하기로 되어 있었다. 실물 경제에 대한 신용은 동결되었다. (공기업이든 민간 기업이든) 기업들은 국제 금융기관으로부터 대부가능한 기금을 취득할 수 없었다. 유일한 대안은 은행 융자를 얻을 수 있는 해외 기업들과 합작 회사를 설립하는 것이었다.

사회당 집권 아래 국가 금융 체계 전체가 민영화 매각 대상이 되었다. 정부는 이미 몇몇 해외 은행들과 협상을 개시하고 있었다. IMF는 (알바니아 정부는 사실상 아무런 관여도 하지 않는 가운데) 민간 은행 체계의 민영화를 위한 포괄적인 전략에 관한 초안을 작성하기 시작했다.[76] 알바니아 중앙은행이 사실상 마비 상태에 빠지면서 이들 해외 은행은 통화 당국의 방해를 거의 또는 전혀 받지 않는 가운데 신용 구조 전반에 대한 관리권을 인계받았다. 즉각적인 결과는 생산적 투자와는 거의 무관한 단기 차관(수출입 거래)의 제공이었다. 신용망 전반은 티라나로 집중되었다. 마약 거래를 비롯한 돈세탁은 계속 번창했다. 레크화로는 38퍼센트, 미국 달러로는 리보 금리를 3~5퍼센트 상회하는 단기 차관만이 존재했다.

피라미드들의 파산

'국민의 돈을 도적질한' 피라미드들의 '해산'은 IMF·세계은행과 협정에 이르기 위한 주요한 조건 가운데 하나였다.[77) 그러나 브레튼우즈 기구들이나 정부는 '국민들에게 돈을 돌려줄' 계획을 세우고 있지 않았다. 97년 4월 세계은행은 남아 있는 피라미드 계획들에 대한 회계 감사와 폐쇄, 처분을 권고하였다. 해외 회계회사를 이용하는 비용으로 사회당 정부는 6백만 달러 프로그램(베리샤 집권기에 공여된 초기 신용으로 재정이 조달되었다)을 이용할 수 있었다.[78)

후에 서방 공여단과 협의하에 브레튼우즈 기구들은 나노 정부에게 피라미드들의 자산을 매각할 계획을 세우고 영국 회계회사인 델로이트 투시 Deloitte Touche사에 운영을 인계하라고 권고하였다. 베파 홀딩사의 광산 및 석유 매장량이 잠재적인 관심사였다. 베파 회장인 베흐비 알리무카예의 말을 들어보자.

정부는 우리를 파괴하고자 한다. IMF는 최저 가격으로 우리의 자산을 인계받기를 원하고 있다. … 델로이트 투시사가 우리의 감독자로 임명되었다. … 헌법재판소는 우리를 지지하는 판결을 확인한 바 있다. 헌법재판소는 해외 관리자의 임명이 헌법에 위배된다고, 즉 알바니아 헌법상의 특정 조항을 위반하는 것이라고 판결하였다. 다음 날 정부는 헌재의 판결을 무효화하기 위해 [입법부에] 개헌을 요구했다.[79)

이러한 사태 전개 이후에 베파 홀딩 회장은 델로이트 투시사의 활동을 방해한다는 이유로 98년 초 '가택연금'에 처해졌다.

'사회당'하의 범죄 경제의 부활

베리샤 집권기의 피라미드들의 해체는 주로 대외 채권자들에 대한 상환을 위해 채무를 끌어 모으고 자산을 새로운 소유자들의 수중으로 이전하는 것이었다. 세계은행의 권고 아래 임명된 관리자들은 '폰지' 계획들이 조직범죄와 연루되어 있다는 사실을 언급하지 않았다.

사회당 시기의 금융 개혁은 국가경제의 하락을 악화시키는 데 기여했다. 신용 동결은 생산적 투자의 토대를 침식하는 동시에 불법 교역과 돈세탁의 발달에 기여했다. 통화 동결은 또한 그리스, 이탈리아, 구 유고슬라비아를 비롯한 인접국들과의 정상적인 역내 교역 전망에도 영향을 미쳤다. 공여단의 지도 아래 사회당은 남아 있는 '폰지' 계획들을 해체하느라 바빴지만, IMF가 주문한 금융 신용 동결은 '비공식적인 금융 구조들'의 부활과 새로운 피라미드 계획들의 급성장을 가져오는 결과를 낳았다.[80]

알바니아 경제의 범죄화는 사회당 집권기에도 수그러들지 않고 계속되었다. 마약 거래 수익의 일부는 새로운 피라미드 계획들로 흘러들었고 (1997~98년의 경제 개혁기에 최고조에 달한) 국내 농업의 붕괴는 국내 모든 주요 지역들에서 대마초 생산이 급등하는 결과를 낳았다. 97년 말 이탈리아 경찰은 (네덜란드와 독일 경찰과의 공동 작전으로) 알바니아와 남부 이탈리아 푸글리아 지역의 범죄조직들과 연루된 마약 밀수단을 급습하였다. 레체 경찰은 푸글리아 최대의 마피아 조직 보스인 마리오 토르네세와 그의 오른팔인 프란체스코 산톨라를 체포했다.

> [알바니아와 이탈리아] 양국의 마피아 조직들은 아직 공식 조직으로 통합되지는 않았지만 놀랄 만큼 결합되고 있다. … 레체 경찰 대변인은 아직까지는 마피아와 다른 여러 나라 범죄집단 사이에 완전한 결합은 없지만 그렇다고

경계심을 늦출 수는 없다고 말했다.[81]

이탈리아 마피아와 연루된 알바니아 범죄 집단들은 또한 터키로부터의 헤로인 운송에도 관여하고 있었다.

이탈리아는 여전히 서남 아시아의 헤로인이 통과하는 지점이다. … 트럭들이 터키, 그리스, 알바니아, 구 유고슬라비아 국가들로부터 발칸 지역을 통과하여 이탈리아 남부 항구들에서 연락선으로 연결된다. … 이탈리아의 금융 부문은 마약과 다른 불법 자금들을 위한 중요한 돈세탁 센터로 기능하고 있다.[82]

IV. 결론

1997년 7월의 로마협정은 알바니아를 서방 세력권으로 전환시킴으로써 서방의 전략적, 경제적 이해를 보호했으며 해외 자본의 약탈에 맞선 알바니아 민중의 단결된 저항을 봉쇄하는 보루로 기능하였다. 알바니아의 경제는 파괴되었고 경제 기관들 또한 서방의 감독 아래 해체되었다. 식민지 스타일의 '보호령'이 수립되었으며 국가 예산은 브레튼우즈 기구들의 감독을 받고 있다. IMF가 통화 정책을 관리하고 국내 치안과 방위는 서방의 통제 아래 있으며 이탈리아 경찰과 군 고문단이 정부와 밀접히 협력하면서 향후의 시민 저항 운동을 억제하기 위해 경찰 설비를 복구하고 재무장시키고 있다.
　1999년 봄 나토의 대 유고슬라비아 전쟁 당시, 서방 공여자와 채권자들이 부과한 '자유시장' 개혁으로 불구화되고 사실상 나토의 군사기지로 바뀌어버린 알바니아는 마지막으로 남은 정치, 경제 주권까지 완전히 박탈당했다. 전세계 언론이 떠들썩하게 치켜세운 것과는 달리 유고슬라비아에서 벌어진 전쟁은 알바니아와 알바니아 민중들에 대한 전쟁이기도 했다. 알바니아는 난민들의 곤경을 해결하기 위해 세계은행과 IMF가 계약한 대외 채무로 또 다시 고통받게 될 것이다.

브레튼우즈 기구들의 감독 아래 알바니아에서 시행된 거시경제 개혁은 국가 경제의 파괴와 알바니아 국민의 빈곤화에 이바지하는 한편으로 이 나라의 엄청난 광물 자원을 외국의 수중으로 이전시켰다. (이탈리아 마피아와 연계한) 코소보와 알바니아, 마케도니아의 마약왕들이 새로운 경제 엘리트가 되었으며 대개 서방의 기업계와 긴밀한 관계를 유지하고 있다. 알바니아는 수십억 달러에 이르는 발칸 지역 마약 거래의 중심지이다. 이와 동시에 마약 자금의 세탁은 코소보에서 '분쟁 자금을 조달'하는 데 중심적인 역할을 했다. 경제개혁은 또한 국가기구의 범죄화와 불법적인 무기 및 마약 거래를 번창시키는 환경을 창출했다. 이러한 구조는 또 다시 코소보 분쟁과 나토의 폭격을 위한 무대를 마련하는 데 관건적인 역할을 했다.

발칸 반도의 전쟁은 IMF의 치명적인 개혁의 부과를 통해 경제 전선에서도 수행되었기 때문이다. IMF의 개혁은 나토의 전략적, 군사적 목적과 조정되면서 시행되었다. 나토는 보스니아의 패턴을 따르면서 브레튼우즈 기구들과 유럽개발은행——이들은 '전쟁 이후 재건'에서 중추적인 역할을 떠맡았다 ——과 긴밀하게 접촉했다.

코소보에 대해 그려지는 '분쟁 이후의' 개혁은 알바니아와 마케도니아에서 채택된 것을 본 딴 것이다. 이는 점령 지역에 사이비 민주주의를 수립함을 함축한다. 아울러, 코소보 해방군이 '분쟁 이후 정부' 구성에서 중심적인 역할을 할 자세를 보이고 있는 상황에서, 조직 범죄와 긴밀한 연계를 유지하는 국가 체제가 수립될 가능성이 높다. 이 점에 대해 미 국무부는 (1999년 5월 G8회담 제안문에 담겨있는 내용으로 보건대) 코소보 해방군이 '군사조직으로 지속되는 것은 용인하지 않지만 자치를 추구하는 쪽으로 전환할 기회는 갖게 될 것'이라는 입장을 견지하고 있다. 이를 통해 우리가 상상할 수 있는 체제는(<뉴욕타임스>에 인용된 국무부 대변인 제임스 폴리의 말에 따르면) 나토 관리하의 새로운 '마약 민주주의 narco-democracy'의 개시일 뿐이다.[83]

주

1. [옮긴이] 1919~20년에 이 계획을 운영한 찰스 폰지 Charles Ponzi의 이름을 따서 붙은 명칭이다. 폰지 계획은 신규 투자자들이 지불하는 돈으로 초기 투자자들에게 수익을 지불하는 투자 계획이다. 피라미드와 유사하지만 피라미드식 위계 구조가 없고 한 개인이나 회사가 중심부에서 모든 것을 관리한다는 점에서 다르다.
2. Andrew Gumbel, 'The Gangster Regime We Fund', *Indepedent*, 14 February 1997, p. 15.
3. 'Albania, More than a Bankruptcy, the Theft of a Century', *Geopolitical Drug Watch*, Paris, no. 66, April 1997, p. 1.
4. *Christian Science Monitor*, 13 February 1997.
5. World Bank Public Information Department, Washington, 5 December 1995.
6. Gumbel, 'The Gangster Regime We Fund', p. 15.
7. *Albanian Daily News*, Tirana, 28 February 1997.
8. Jane Perlez, 'Albania Tightens Grip, Cracks Down on Protests', *New York Times*, 4 March 1997.
9. World Bank Public Information Department, 5 December 1995.
10. 앞의 글.
11. 'Albania, More than a Bankruptcy', *Geopolitical Drug Watch*, p. 4.

12. United Nations Economic Commission for Europe (UNECE), *Economic Survey of Europe 1996*, Geneva 1996, pp. 188~89.

13. World Bank Public Information Department, 5 December 1995.

14. 필자와의 인터뷰, 1997년 12월, 티라나.

15. F. Münzel, 'IMF Experts Partially Responsible for Albanian Unrest', Kosova Information Office, Stockholm, 13 March 1997.을 보라.

16. 앞의 글.

17. 앞의 글.

18. 앞의 글.

19. 앞의 글.

20. 앞의 글.

21. 앞의 글.

22. *Albanian Times*, vol. 2, no. 18, May 1996.

23. Kevin Done, *Financial Times*, London, 19 February 1997.

24. 앞의 글.

25. *Albanian Times*, Tirana, vol. 2, no. 19, 1996.

26. World Bank Public Information Department, 5 December 1995.

27. *Albanian Times*, vol. 1, no. 8, Tirana, December 1995.

28. World Bank Public Information Department, 5 December 1995.

29. *Albanian Times*, vol. 2, no. 19, Tirana, 1995.

30. *Albanian Times*, vol. 2, no. 7, Tirana, February 1996.

31. *Statistical Yearbook*, Ministry of Agriculture and Food, Tirana, 1996, p. 25; Food and Agricultural Organisation press release, 8 October 1996도 보라.

32. 농업부 한 고위 관료와의 인터뷰, 1997년 12월, 티라나.

33. 앞의 글.

34. World Bank, World Development Report 1992.

35. *Albanian Times,* vol. 2. no. 15.

36. *Albanian Times*, vol. 1, no. 2, 1995.

37. Helena Smith, 'Italy fear Influx will set back War on Mafia', *Guardian*, London, 25 March 1997.

38. Food and Agricultural Organisation press release, 8 October 1996.

39. *Albanian Observer*, vol. 2, no. 1.

40. United Nations Economic Commission for Europe (UNECE), *Economic Survey of Europe 1996*, Geneva, 1996, p. 184.

41. 앞의 글. 1996년의 수치는 추정치이다.

42. 앞의 글, p. 185.

43. *Statistical Yearbook of Albania*, Tirana 1991, p. 131.

44. World Health Organisation press release WHO/59, 18 September 1996; *Albanian Times*, vol. 2, no. 40.

45. World Bank Public Information Department, 'Albania—Health Financing and Restructuring Project', Washington, January 1994.

46. [옮긴이] 중동부 유럽 국가들에 대한 유럽연합의 재정 및 기술 지원 프로그램. '민간기업의 발전 및 행정 제도 개혁과 더불어 교육, 보건, 노동 등의 다양한 분야에 대한 지원과 자문서비스를 제공'하는 것을 주요 내용으로 하고 있다.

47. Fabian Schmidt, 'Is There A Link Between The Albanian Government And Organized Crime?', *Bulletin of the Open Media Research Institute*, 17 February 1997, vol. 1, no. 553.

48. Gumbel, 'The Gangster Regime We Fund', p. 15.

49. *Geopolitical Drug Watch*, no. 35, September 1994, p. 3.

50. Gumbel, 'The Gangster Regime We Fund', p. 15.

51. *Geopolitical Drug Watch*, no. 35, p. 3.

52. *Geopolitical Drug Watch*, no. 32, June 1994, p. 4.

53. 앞의 글.

54. *Guardian*, 25 March 1997.

55. Ismije Beshiri and Fabian Schmidt, 'Organized Criminal Gangs Force Albanian Women Into Prostitution Abroad', Open Media Research Institute brief, 14 August 1996.

56. *Geopolitical Drug Watch*, no. 66, April 1997, p. 3.

57. Daniel J. Wakin, Associated Press Dispatch, 19 February 1997.

58. 앞의 글.

59. *Geopolitical Drug Watch*, no. 66, p. 2.

60. *La Vanguardia, Barcelona*, 10 March 1997.

61. *The Times*, London, 10 March 1997.

62. ATA dispatch, 21 April 1997.

63. [옮긴이] 유럽연합의 유럽의회와는 구별되는 조직으로 유럽 41개 국가 의회의 협의체이다.

64. ATA dispatch, 26 April 1997.

65. *Jane's Defence Weekly*, vol. 28, no. 7, 20 August 1997.

66. Interview by the author with an Albanian expert on the mining industry, Tirana, December 1997.

67. Government Programme: Fatos Nano, Prime Minister of Albania's presentation to the Rome Conference, Republic of Albania, Tirana, 28 July 1997, p. 6.

68. Government Programme, 28 July 1997, p. 28.

69. 알바니아 광업 전문가와의 인터뷰, 1997년 12월, 티라나.

70. Richard Murphy, 'Prime Minister Plans Privatisation Drive', *Albanian Observer*, vol. 3, no. 11, p. 3.

71. 티라나에 주재한 유엔 관료와의 인터뷰, 1997년 12월.

72. 'Reform and Recovery, Current Developments and Priority Needs', Brussels, 22 October 1997, p. 4.

73. *Albanian Daily News*, Tirana, 9 December 1997, p. 8.

74. 티라나의 한 병원과의 인터뷰, 1997년 12월.

75. 'Reform and Recovery, Current Developments and Priority Needs', p. 4.

76. *Albanian Daily News*, Tirana, 9 December 1997, p. 7.

77. *Albanian Observer*, no. 9, 1997, p. 22.

78. Carlos Elbirt, 'Albania under the Shadow of the Pyramids', World Bank, Washington, 1997. 1997년에 엘버트는 알바니아 주재 세계은행 대표국 국장이었다.

79. 베파 홀딩 회장과의 인터뷰, 1997년 12월, 티라나.

80. 해외 은행 대표들과의 인터뷰, 1997년 12월, 티라나.

81. Reuters dispatch, 'Police Swoop on Italy, Albania Mafia Drug Network', *Lecce*, 29 November 1997.

82. US Department of State, International Narcotics Control Strategy Report on Italy, Washington, March 1997.

83. 미 국무부 대변인 제임스 폴리 James Foley, *New York Times*, 2 February 1999.에서 인용.

7
나토의 발칸 성전 聖戰

타리크 알리

럽에서 어느 누구도 전쟁에 관해 생각하지 않고 오직 별난 사람들만 비행기에 관해 몽상하던 1908년, 기이한 영국의 사회주의자 H. G. 웰즈 H. G. Wells는 <공중전 *War in the Air*>이란 제목의 으스스한 미래파 소설을 썼다. 나는 40년 전에 이 책을 처음 읽었다. 무언가 내 잠재의식 속에 분명 남았을 것이다. 나토의 발칸 십자군 기간 동안 나토 전투기들이 유고슬라비아 연방의 도시들을 폭격하는 매일 매일의 끔찍한 일상을 보면서 나는 웰즈를 떠올렸다. 여기 이 잊혀진 저술가의 몇몇 예언적 구절들이 있다.

비행선들이 도처에 폭탄을 떨어뜨리고 다녔다. … 지상의 모든 곳은 경제적 재앙과 굶주린 실업자들, 폭동과 사회적 무질서로 가득 찼다. … 식량 공급이 중단된 마을과 도시, 거리는 굶주린 실업자들로 혼잡을 이루었다. … 행정은 공황에 빠졌고 국가들은 포위 상태였다. … 돈은 지하실과 토굴, 집안 벽 사이, 수천만 곳의 은신처로 사라졌다. 경제 세계는 비틀거렸고 결국 사망을 고했다. … 생명체의 혈액에서 빠져나가는 물과 같았다. 아니, 혈액순환의 갑작스러운 절대적인 응고와 같았다. … 어느 곳에나 폐허와 묻지도 못한 시체들, 서늘한 무관심으로 가득 찬 주름지고 누렇게 뜬 얼굴의 생존자들이 있었다….

다른 소설 <자유로워진 세계 *The World Set Free*>에서 웰즈는 중부유럽 강대국들이 슬라브 동맹국에 공격을 가하고 영국과 프랑스가 슬라브 동맹을 지원하면서 야기된 세계대전을 다루었다. 그러나 이번은 사정이 달랐다. 베오그라드에 대한 폭격은 매들린 올브라이트와 그녀의 조언자들이 결정한 것이었다. 미국측의 요구를 통보 받았을 때 영국의 신노동당 정부는 예상대로 기꺼이 열정적으로 프랑스와 독일, 이탈리아에 압력을 가했다. 이 세 나라는 당시까지는 유엔의 재가 없이 일방적인 작전에 착수하려는 올브라이트의 시도에 반대하고 있었다.

올브라이트는 (a) 밀로셰비치는 폭격 며칠 후에 비굴하게 항복할 것이고 (b) 어떤 일이 있어도 러시아는 이번 작전에 거부권을 행사할 수 없을 것이라고 유럽 동맹국들을 납득시켰다. 이는 유엔안보리에의 호소가 불가능함을 의미하는 것이었다. 나토는 국제법을 자신의 수중에 장악할 것이기 때문이었다.

이 모든 더러운 추문의 구실은, 나토('올브라이트'로 읽으시오)가 코소보에 제안된 평화유지군을 나토군(즉 러시아나 아일랜드, 오스트리아는 제외된다)으로 제한할 것과 이 평화유지군이 코소보만이 아니라 세르비아 전역을 조사할 권한을 가져야 한다고 주장한 랑부예 회담에서 세르비아 지도부가 자신들의 코앞에 던져진 최후통첩을 거부했다는 것이었다. 이는 밀로셰비치의 머리에 권총을 들이댄 것이나 마찬가지였다. 어떤 나라의 지도자건 그러한 상황에서라면 당연히 그러하듯이 밀로셰비치는 회의장을 박차고 나왔다. 이러한 사실을 감안한다면, 미하일 고르바초프가 전쟁 발발 당시 영국을 방문했을 때 미국이 그토록 필사적으로 전쟁을 원하지만 않았다면 협상이 연기될 수는 있어도 어쨌든 성공했을 것이라고, 들을 준비가 되어 있던 사람들에게 말한 것은 당시로서는 놀라운 일이 아니었다.

올브라이트는 미국 지도 아래의 나토가 유엔보다 훨씬 효율적임을 전세계에 과시하기 위해 신속한 승리를 원했다. 미국의 자유주의 주간지 <네이션 *The Nation*> 1999년 6월 14일자에서 전 국무부 유고슬라비아 담당관 조지 케니 George Kenney는 다음과 같이 말했다. "국무장관 매들린 올브라이트를 정기적으로 수행하는 한 믿을 만한 소식통은 한 국무부 고위 관료가 랑부예 회담에 몰려든 기자들에게 출처를 밝히지 못하는 기밀임을 맹세하면서 미국이 '의도적으로 세르비아가 받아들일 수 있는 것보다 높은 장벽을 쌓았다'고 자랑을 늘어놓았다고 내게 말해주었다. 이 관료에 따르면 세르비아가 제정신을 차리려면 더 많은 폭격이 필요했다."

이러한 전략은 수행된 지 일주일만에 파멸을 낳았다. 왜 그랬는가?

1999년 3월 24일 유고슬라비아에 가해진 나토의 공습은 치명적인 결함으로 그 뿌리가 침식되었고 이는 곧 동맹을 뒤흔드는 위협이 되었다. 그들은 평화협정을 협상하거나 더 큰 분쟁에 휘말려야 했고, 후자는 인도주의적 대재앙으로 귀결되어 러시아로 하여금 독자적인 안보 동맹[CRUVIS; 중국, 러시아, 우크라이나, 베트남, 인도, 세르비아. CRUVIS는 여섯 나라의 머릿글자를 딴 것이다]의 구성을 진지하게 생각하도록 강제할 수도 있었다. 우크라이나가 이 계획에 동의할 경우 ——그럴 수도 있었다—— 이 새로운 동맹은 폴란드와 우크라이나 국경에서 나토와 영구적인 대치상태를 만들어낼 것이다.

올브라이트 전략의 결함은 단순하게 서술할 수 있다. 연합군 작전은 고성능 무기와 유고슬리비아를 폭격해서 석기시대로 되돌리겠다는 위협을 통해 서구식(베버식) 합리성의 작전으로 유고슬라비아 정부를 나토편에 서게 만들기 위해 계획된 것이었다. 사고는 단순했다. 올브라이트는 유고슬라비아 정부의 대응이 '합리적'일 것이라고 믿었다. 다시 말해 유고슬라비아는 목적을 수단에 적응시키게 될 것이었다. 일단 서방이 공중에서의 전격전을 통해 이러한 수단을 파괴시키기만 하면 유고슬라비아 정부는 나토와 사실상 똑같은 것이 될 때까지 자신의 목적을 적응시키는 과정을 시작하게 될 것이라고 기대되었다. 서방측은 이틀간의 폭격으로 충분할 것이라고 생각했지만 이러한 일은 벌어지지 않았다.

이 전쟁에 대한 미국의 주요한 관심사는 코소보 알바니아인들의 고통과는 거의 아무런 관계가 없었다. 조금이라도 관심이 있었다면 서구 강대국들은 러시아와 공동의 조치를 취해 밀로셰비치에게 의지할 곳이 없음을 분명히 깨닫게 했을 것이다. 이러한 공동의 접근은 평화유지군에 러시아가 참여하는 것을 의미했겠지만 이것이야말로 펜타곤이 거부한 것이었다. 나토의 공중폭격 착수는 나토 독자적으로 이와 같은 문제를 해결할 수 있다는 일종의 계산된 시위였다. 이것이 코소보인들에 대한 세르비아 준군사조직의 테러를 야기할 것이라는 위험은 분명했다. 이것이야말로 전쟁 비판자들 대부분이 이번 작전을 야기한 미국의 동기가 애초부터 더러운 것이었다고 믿은 이유이다.

30여 년 전 브레즈네프가 바르샤바조약기구를 동원해 체코슬로바키아를 침공한 이래 최초로 세르비아에 대한 나토의 공습을 지시함으로써 한 유럽 국가의 주권을 침해하기로 한 미국의 결정은 두 가지 기본적인 문제를 던졌다. 무엇이 이처럼 뻔뻔스럽게 국제법을 무시하는 일을 정당화할 수 있으며 나토가 이 지역에서 기도하는 미래는 어떤 것인가? 첫 번째 문제에 대한 답은 분명해 보인다. 절대 다수의 언론은 말할 것도 없고, 미국 대통령과 그의 영국인 잡역부[토니 블레어를 가리킴], 그리고 여러 유럽 정치인들은 매일매일 우리에게 그 이유를 제시하고 있다. 밀로셰비치는 히틀러라는 것이다. 어제만 해도 사담 후세인이 히틀러였고 순진한 유럽 시민들을 위해 준비하고 있는 내일의 히틀러가 누구일지 누가 알겠는가? 유럽 정치를 유치하게 만드는 이러한 행위는 위험한 전략이며 자유민주주의 자체의 장기적 기능을 위협에 빠뜨릴 수도 있다. 새로운 인권 제국주의를 정당화하기 위해 '히틀러–집단학살–홀로코스트' 명제를 사용하는 것은 거짓에 의존한다. 영국과 프랑스(그리고 그 다음에는 미국)가 유태인을 구하기 위해 히틀러에 전쟁을 선포했다는 생각은 그로테스크한 역사 개작이다. 언론의 백치증세야 이제 너무나도 명백하여 놀랄 일이 아니지만, 이러한 넌센스를 신봉하는 사민주의 정치인들과 전쟁을 도발하는 학자들은 해독 치료를 받을 필요가 있다.

히틀러 비유를 사용하는 것은 인권 제국주의자들의 이데올로기적 취약성을 반영한다. 서유럽 시민들에게 전쟁이 필요하다고 확신을 주기 위해서는 이것이 유일한 방법인 듯하다. 다른 어떤 것도 '완화책'에 불과할 것이다. 이성에 귀기울이길 거부하는 지도자를 눌러버리기 위해서는 전쟁이 필수적이다. 밀로셰비치가 야만적인 지도자라는 사실은 결코 의심의 여지가 없으며 현 유고슬라비아 공화국이 코소보의 알바니아인들에 대한 민족적 억압에 기반하고 있다는 점 또한 사실이다. 그러나 이는 모든 서방 강대국들이 밀로셰비치의 잔류 유고 연방을 인정한 1991년에도 이미 사실이었으며, 어느 쪽도 코소보 문제를 제기할 시도조차 하지 않았던 1995년의 데이턴 협정 협상 시기에도 여전히 사실이었다. 밀로셰비치의 군대가 코소보인들을 대상으로 범죄를 저질렀다는 사실은 부인할 수 없다. 그러나 그 혼자만 그랬는가? 우리 모두가 알고 있듯이, 인권에 대한 서방의 극히 선별적인 관심은 오늘날에도 계속되고 있다. 이스라엘의 네타냐후는 훨씬 더 잔인한 정치인이자 아무 규제도 받지 않고 유엔 결의안을 무시하고 레바논에 정기적으로 폭격을 가한 폭력적이고 인종주의적인 선동 정치가였다. 사실상 이스라엘의 국가창건 자체가 팔레스타인인들에 대한 대량학살과 인종청소를 동반한 것이었다. 팔레스타인인들은 오늘날 코소보에서 벌어지고 있는 것과 전혀 다르지 않은 방식으로 그들의 땅에서 쫓겨났다.

크로아티아의 밀로셰비치인 병든 프란조 투즈만 Franjo Tudjman은 어떠한가? 그는 지금 죽음을 기다리고 있지만 그 또한 일생 동안 세르비아계와 때로는 보스니아계에 대한 인종청소를 허가했다. 1995년에 크라지나 Krajina에서 20만에 약간 못 미치는 세르비아인들을 인종청소했을 때 그의 행위는 사실상 나토의 보스니아 전쟁과 제휴한 것이었다. 그는 제2차대전 동안 나치 점령군에 협조한 크로아티아 파시스트들의 지도자들을 복권시킨 체제를 통솔했다. 그의 정부는 정치적 반대파를 살인적으로 대했다. 그러나 네타냐후와 투즈만은 '우리편'에 서 있었고 아무 것도 문제되지 않았다. 히틀러 비유의 유일한 기능은 정치 담론을 흐리게 하고 무모한 군사행동을 자극하는 것이다.

히틀러 이래 인류에 대한 수많은 범죄가 저질러졌다. 앵글로색슨 강대국들은 지난 반세기 동안 대규모의 잔혹 행위들을 조장했다. 히틀러의 범죄를 결코 잊어서는 안 되지만, 워싱턴이 1917년 시작된 세계 내전에서 승자가 되었다고 해서 라틴아메리카나 동남아시아에서 미국이 저지른 범죄를 모른 체 해야 하는가? 자유와 민주주의라는 이름 아래 그들은 밀로셰비치 ── 그가 서방 변호론자들이 비겁하게 지원한 옐친의 헌법 국민투표보다 훨씬 덜 조작된 일련의 선거를 통해 세르비아 국민들에 의해 계속 당선되었다는 사실을 기억해야만 한다 ── 보다 훨씬 극악한 독재자들을 지원해 왔으며 모든 대륙에서 그들의 권력 장악을 도왔다. 인도네시아의 독재자 수하르토는 1998년 5월 민중봉기로 무너지는 그 순간까지 영국과 미국의 무기 지원을 받았다. 워싱턴이나 런던이나 민중봉기를 지지하지 않았음은 물론이다. 인도네시아는 확실히 (토니 블레어의 표현을 빌면) 토스카나 Tuscan 해변에서 보이지 않는 먼 나라이지만 터키는 어떠한가? 분명 터키는 그리스의 어느 해변에서 일광욕을 하는 신노동당의 한 하원의원 눈에 들어올 것이다. 앙카라[터키의 수도]의 일련의 정부들이 자국의 쿠르드족 시민들에 가한 박해는 코소보인들에게 취해진 대우보다 더하면 더했지 덜하지는 않았다. 터키 당국의 주장은 세르비아 지도자들의 그것과 정확히 똑같다. 쿠르드족을 고문하고 손발을 자르고 살해하고 자치권을 부정하면서 그들은 그저 터키 국가의 단결을 옹호할 뿐이었다. 이러한 일이 지금도 여전히 벌어지고 있다는, 또는 터키가 중요한 나토 회원국이라는 사실을 아는 TV 시청자들은 얼마나 될까?

비판적 관찰자들로 하여금 이번 분쟁의 이면에 있는 보다 깊은 이유를 찾게 만드는 것은 바로 이처럼 속이 뻔히 들여다보이는 이중의 기준이다. 코소보인들을 보호해야 한다는 것이 나토 폭격의 구실이 되었지만 실제 목적은 이 전략적 지역에 대한 지배를 공고이하고 발칸 심장부의 광대한 나토 교두보를 강화하는 것이었다. 이번 행위는 서방지향적인 동유럽 국가들을 포괄하려는 나토 팽창이라는 맥락에서 보아야만 한다. 이러한 확대는 러시아를 포함하는 것으로는 결코 상상된 적이 없다. 러시아는 여전히 나토가 스스로 설정한 잠재적 적이기 때문이다. 그럼에도 불구하고 극히 최근까지 나토 전략가들은 러시아가 서방, 즉 미국의 헤게모니 아래 '평화를 위한 파트너'로서의 상징적 역할을 받아들이게 될 것이라고 희망했다. 나토는 또한 러시아의 신경과민을 진정시키기 위해 상호 이해라는 어려운 문제를 논의할 목적으로 러시아와의 공동협의회를 창설했다. 하비에르 솔라나 나토 사무총장은 1998년 6월 23일 행한 기조연설에서 코소보 같은 어려운 문제를 다룰 경우에는 '러시아의 … 참가'가 필수적이라고 주장했다. 그는 유럽 안보에 관한 어떤 문제를 다루든 간에 러시아를 완전히 배제하거나 적대적인 태도를 보이는 것은 어리석은 일이라고 역설하였다. 그는 나토와 러시아측 인사들의 상설공동위원회가 ——안보에 대한 결정적인 도전으로 묘사되는—— 코소보만이 아니라 평화유지군(SFOR)에서의 나토-러시아 공동작전이나 군축, 테러리즘, '퇴역 군인 재교육' 등과 같은 이슈도 다루어야 한다고 강조했다. 솔라나는 또한 나토 내의 '독자적인 유럽 안보'의 필요성에 관해서도 말했다.

1999년 3월의 나토 공습은 이러한 과거의 접근과 완전히 단절했다. 실제로 밀로셰비치에 압력을 가하고 그와 협상한 공습 이전 6개월의 과정은 러시아와 소위 접촉그룹 Contact Group 등 러시아가 포함된 단위를 거의 완전히 배제한 채 진행되었다. 미하일 고르바초프는 코소보 같은 문제를 다루기 위해 유럽안보협력기구(OSCE)가 엄청난 노력과 선전을 투여하며 창설한 국제기구들을 서방측이 기꺼이 활용했다면 코소보에 관한 협정이 이루어질 수 있었다고 계속 지적했다. 협상을 통한 해결을 가장 확실하게 보장할 이러한 접근을 배제하기로 한 결정은 나토의 전략 수립가들이 전쟁을 원했음을 의미한다. 공습 초기에 미국 방문을 취소한 러시아 총리의 결정은 워싱턴이 이전에 생각했던 파트너로서의 러시아 신정부의 역할을 부정하고 있음을 더욱 분명하게 만들었다. 프리마코프 정부가 이제는, 고르바초프가 '전임 모스크바 주재 미국 영사'라고 묘사한 코지레프 외무장관으로 연상되는, 비굴한 자세를 버렸기 때문은 아니었음은 의심의 여지가 없다.

그리하여 세르비아에 대한 나토의 공격은 유럽 정치의 분기점을 이루었다. 이 전쟁은 미국이 유럽에서 '규범에 근거한 집단안보 체제'라는 모든 관념을 포기하기로 결정했음을 반영한다. 이는 미국 헤게모니 아래 자본에 지배되는 세계라는 조건 속에서 어떤 경우에든 바라마지 않는 경건함이었을 수도 있지만, 고르바초프 집권 이래 러시아가 계속 요구해온 것이었으며 1989년 냉전 종식 이후 콜의 독일을 비롯한 수많은 유럽연합 국가들이 공명한 것도 바로 이러한 요구였다. 나토의 군사작전이 이루어진 핵심 이유는, 러시아가 이러한 행동을 저지하기에는 여전히 너무 약하다고, 또한 앞으로 러시아를 봉쇄하기 위해서는 남쪽의 그리스로부터 북쪽의 헝가리까지 발칸의 틈새를 틀어막음으로써 그물망 같은 기지와 요새화된 진지를 구축해야 한다고 서방이 믿고 있기 때문이다.

<가디언>의 악명 높은 조너던 프리들랜드를 비롯한 일부 전쟁 지지자들은 미국이 올바른 일을 하고 있는 한——즉, 코소보인들을 지키고 있는 한——배후의 동기에 관해 우려해서는 안 된다고 주장하고 있다. 또한 이와 마찬가지로 과거에 버릇없이 내버려두었던 한 압제자에 대해 서구 강대국들이 반감을 갖게 되는 경우 이를 환영해야만 한다는 주장도 공공연하게 제시된다. 밀로셰비치를 추려낸 후에는 그러한 행동의 논리가 터키나 이스라엘에 대해서도 똑같은 강경한 방침을 요구한다는 것이다. 그러나 사실은 나토의 접근방식이 모든 코소보 주민에게 재앙이었다는 것이며, 쿠르드족과 팔레스타인인들의 곤경 또한 이스라엘이나 터키에 나토가 폭격을 가한다고 개선될 리는 없다는 것이다.

당시까지 영국을 제외한 모든 유럽국가 정부들은 유엔이 앞서 재가하지 않은 경우 어떠한 도발이 있더라도 일방적인 공격행위를 재가하지 않았었다. 이는 1990년대 내내 독일의 정책이었다. 폭격이 시작된 다음날 폴커 뤼에 Volker Rühe 전 독일 국방장관은 마케도니아의 독일 병사들은 '공격을 위해서가 아니라' '평화유지군'으로 파견된 것이며 따라서 즉시 철수해야 한다고 주장하였다. 오스카 라퐁텐 Oskar Lafontaine이 극적으로 사임한 주요 이유는 그가 나토 계획에 전면적으로 반대한 것이었다는 사실도 밝혀지게 되었다. 그는 코소보에서 미국의 뒤를 좇는 것은 무모한 일이라고 독일 각료들에게 말했다(한 독일 장관은 '결국 그를 사직하게 만든 건 코소보였다'고 <뉴욕타임스>에 알려주었다). 헬무트 슈미트 Helmut Schmidt 전 독일 총리는 나토의 모험에 관한 신랄한 공격에 착수했으며 집권여당인 사민당(SPD)은 심각한 분열에 빠져 있음이 분명하다. 녹색당의 폭격 찬성파 또한 곧 아래로부터의 반란에 직면하게 될 것이다.

유럽연합 지도부를 결심시키기 위해 서유럽 전역에서 조용한 전쟁이 무대 뒤에서 진행되고 있다. 미국은 유럽연합에서 신자유주의 흐름을 이끌기 위해 영국이라는 과거의 트로이 목마를 이용하였다. 나토/미국의 세계 지도부 뒤로 유럽연합을 끌어들이고 러시아의 신경과민에 일일이 비위를 맞추어주어야 한다는 생각을 없애버린다는 영국과 미국의 관점에서 보면 코소보는 깔끔한 작전이다. 새로운 유럽의 공성부대로서 나토를 유지시키려고 필사적으로 노력하는 미국의 전략가들은 나토가 항구적인 기능을 갖고 있으며 궁극적인 조정자이고 단독으로 행동할 수 있다는 점을 입증하고 이를 세계에 기정사실로 제시하기 위해 유럽을 전쟁으로 몰아 넣었다. 유럽안보협력기구를 통해 행동했더라면 더 어렵고 귀찮았을 테지만, 협상을 통한 해결을 선호하고 유고슬라비아 정부가 이전에 직접 받아들인 합의를 존중하도록 강제했을 것이다.

물론 협상을 통한 해결은 시장에 많은 도움이 되지 못했을 것이다. 1999년 4월 12일자 <파이낸셜 타임스>가 다소 수세적으로 지적했듯이, 확실히 전쟁은 주가를 부양해준 것으로 보인다.

코소보 분쟁의 수혜자들을 찾아보는 것은 약간 소름끼치는 일일 수도 있지만 주식시장은 정에 호소하지는 않는다. 3월 24일 나토가 폭격 공습을 시작한 이래 브리티시 에어로스페이스 British Aerospace사와 스미스 인더스트리즈 Smith Industries사의 주식은 거의 9퍼센트 올랐고 GKN사와 레이시온 Raytheon 사는 각각 8퍼센트와 7퍼센트 상승했다. 여기에는 피도 눈물도 없는 논리가 존재한다. 군사연구 그룹인 제인스 Jane's는 나토가 지난 3주도 안 되는 기간 동안 10억 달러에 가까운 비용을 소비했으며 이 대부분은 장비와 연료가 차지했다고 추산하였다. 한 예로, 미국은 록히드와 보잉이 제조한 1백20만 달러짜리 크루즈 미사일을 1백50기 이상 발사했으며 역시 록히드사의 3천 5백만 달러짜리 스텔스 전폭기 한 대를 잃었다. 마트라 Matra사의 미사일과 레이시온사의 레이저유도 폭탄 또한 사용되고 있으며, 군용기의 대량 사용은 BAE사와 롤스로이스사, 그리고 이들 회사를 보조하고 예비부품을 공급하는 미국의 거대 국방 집단들에게 이익을 주고 있다. 더 나아가 분쟁이 한창일 때 각국이 자국의 군사 수요를 재평가하게 될 경우 '전쟁 배당금'이 있을 지도 모른다. 나토가 전투 차량과 헬기를 갖춘 지상군을 투입하게 될지도 모른다는 추측은 이 두 장비를 제조하는 GKN사의 기운을 북돋아 주었다.

나토의 공습이 결국 세르비아측으로 하여금 나토 평화유지군을 받아들 이도록 강제한다면, 이는 커다란 승리로 환영받고 유럽연합 내에서 영국과 미국의 동맹을 강화하게 될 것이다. 그러나 공습을 통해 밀로셰비치를 협상 테이블에 앉히는 데 실패할 경우, 나토는——예상되는 모든 위험과 난관에도 불구하고——지상군을 투입할지, 아니면 일방적 접근을 포기하고 러시아의 중재를 요청할지 결정해야만 할 것이다. 나토가 분열된다면 동맹에는 재앙 적 결과가 될 테지만 유럽 전체에는 좋은 일일 것이다. 이것이야말로 얼마나 많은 코소보인이 이 과정에서 죽거나 난민이 되는가 하는 게 아니라 이러한 죽음과 축출이 어떻게 인식되는가 하는 것이 나토 정책입안자들에게 중요한 문제가 되는 이유이다. 만약 나토가 이로 인해 비난받게 될 경우 그들은 실패하게 되는 것이고 나토 비회원국을 포괄하는 유럽안보협의회를 향한 움직임이 다시 부활될 것이다. 이것이야말로 독일과 러시아가 실제로 원하는 길이며 언젠가는 그들이 성공할지도 모른다. 사실 소련의 붕괴와 바르샤바 조약의 해체 이래 나토의 존재 자체가 시대착오였다. 본래 나토란 유럽에서, 아니 코소보 작전이 성공할 경우 세계에서 미국의 헤게모니를 확실히 하기 위한 도구 이상이 아니다.

폭격이 시작되기 직전에 코소보와 세르비아의 지도자들은 3년간의 자치와 그 이후의 재논의에 합의한 바 있다. '평화유지군'이 등장하자마자 이러한 논의가 무로 돌아갔다. 세르비아측은 당연하게도 평화유지군의 구성을 '변장한 나토 NATO-in-disguise'로 간주했다. 나토가 유엔 감독 아래 러시아의 보조에 동의했다면 러시아측이 실상은 그렇지 않다고 세르비아를 설득할 수 있었겠지만, 사태가 더 진행되기도 전에 미국은 '충분히' 말해버렸다. 세르비아측은 협상테이블을 박차고 나왔고 모니터 요원들이 철수했으며 폭격이 시작되었다. 협상은 다시 시작되어야 할 것이다. 세르비아로서는 어떤 형태로든 나토 병사들이 주둔하는 것 자체를 거부할 공산이 크다. 코소보인들의 경우 밀로셰비치의 특수경찰대나 군인들을 허용하지 않을 것이다. 양측 모두 정당한 것이며 해결책은 어느 쪽이건 공격한 바 있는 군대의 병사들을 배제한 중립적인 유엔이나 유럽안보협력기구 평화유지군일 것이다.

수많은 절망적인 자유주의자와 마음씨 고운 사민주의자들은 코소보의 난민 행렬 이미지를 텔레비전으로 보고서 이성을 잃어버린 나머지 신랄한 전쟁광이 되어버렸다. 세르비아에서 미국이 벌이는 전쟁을 지지하고 있는 유럽은 대륙의 절반을 차지하는 자유주의, 사민주의 국가들이다. 삶의 정치에 지배되는 단순한 정치 문화 속에서, 한 무더기의 희생자들을 위해 흘리는 눈물은 그들의 억압자들에게 떨어뜨리는 폭탄과 연결된다. 그러한 과정이 새로운 희생자들을 낳고 군사행동으로 구해내려던 사람들에게 끔찍한 보복이 가해지고 있음에도 말이다. 슬픈 일이지만, 뉴스의 가치에 대한 주요 서방 언론의 왜곡된 방침은 대중의 혼란과 무지를 부채질하고 있을 뿐더러 보도에 있어서 어이없는 불균형을 낳고 있다. 가령 세 명의 미군 병사의 운명이 25만 코소보 난민의 강제이주만큼이나 중요하게 다뤄지고 있다.

세르비아에 대한 폭격이 코소보인들을 돕기 위한 것이었다고 열렬히 주장해온, 노예근성으로 똘똘 뭉친 나토 옹호론자들조차도 이번 폭격이 야기한 인도주의적 재앙의 규모를 분명히 볼 수 있을 것이다. 나토의 정치지도자들은 세르비아 정부의 야만적 반응에 정말 놀랐을까? 워싱턴의 국방부 대변인은 자기 조직의 입장에 대해 분명했다. "펜타곤에서는, 이 건물에서는 밀로셰비치가 한 일에 놀라지 않았다. 누군가 공습에 놀랐다고 말한다면 나로서는 역사의 기억상실일 뿐이라고 생각한다." 이 경우라면 왜 난민의 홍수에 대해 더 많은 준비가 없었는가? 신노동당의 해외발전장관 클레어 쇼트는 영국 텔레비전에 출연한 자리에서 만약 서방이 난민 문제에 준비되어 있는 것으로 보였다면 사람들은 이것이 '나토 공습의 불가피한 결과'라고 생각했을 것이라고 해명하였다. 여기서 우리는 다음과 같은 이번 작전 전체의 그로테스크한 논리를 간결하게 볼 수 있다. 우리는 폭격으로 인해 코소보인들이 희생되리라는 사실을 알고 있었지만 이를 미리 인정할 수는 없었다. 우파든 좌파든 대부분의 진지한 관찰자들이 예상한 대로 폭격은 코소보인들을 돕지도 밀로셰비치에 대한 지지를 약화시키지도 못했다.

영국의 경우 흥미롭게도 가장 한결같은 전쟁 비판은 대부분 우파와 연관된 논평가들로부터 나왔다. 유명한 이름만 대보자면 코렐리 바넷 Corelli Barnett[1], 안드레아스 휘텀-스미스 Andreas Whittam-Smith[2], 윌리엄 리즈-모그 William Rees-Mogg[3], 앨런 클라크 Alan Clark[4], 노먼 스톤 Norman Stone[5] 등이 그들이다. 전통적인 자유주의자, 사민주의자, 반전 좌파 대부분은 그들의 신문과 잡지와 더불어 나토의 행위를 지지했다. 폭격이 실패로 돌아간 후 자유주의 전쟁광들——이들은 갈티에리 Galtieri[6]가 박살나고 후세인이 여전히 응징되고 있는 범죄인 국가주권 침해를 아무렇지도 않게 생각하고 있다——은 지상군 투입을 소리 높여 요구하기 시작했다. 이것은 처음부터 찬성받지 못한 수단이었다. 나토 병사들은 죽이는 일은 사양하지 않았지만 자신들이 죽기를 바라지는 않았기 때문이다. 이러한 선택이 여전히 나토의 접근으로 남아 있으므로 대리 전사 proxy warriors를 찾게 될 것으로 보인다. 혹자는 지상군 투입을 요구하는 좌파들은 만약 자신들의 주장이 진지한 것이라면 스스로 본보기가 되어 코소보 독립을 위해 코소보해방군과 나란히 싸우게 될 국제여단을 창설하기 위해 나서야 한다고 주장하고픈 마음이 들지도 모르겠다. 이는 적어도 국제주의 전통과 조화를 이루게 될 것이다. 1930년대에 사회주의자와 자유주의자들은 프랑코에 맞서 싸웠고 베트남 전쟁에 반대하는 활동을 했던 우리 중 일부는 북베트남 지도부와 지원병 문제를 아주 심각하게 논의하기도 하였다. 원칙은 기본적인 것이다. 당신 스스로가 싸울 준비가 되어 있지 않다면 정당하다고 생각하는 전쟁에 다른 이들이 싸울 것을 요구해선 안 되는 것이다. 오늘날과 같은 '제3의 길' 시대에 이러한 국제여단은 샌드라인 Sandline이나 서머필드 Somerfield 등의 기업이 후원할 수도 있다. 새로운 전쟁광들은 나토 군대가 자신들의 전쟁을 대신 해주기를 바라면서 서방의 전략적 망상에 의해 코소보의 대의가 왜곡되는 것을 기꺼이 받아들이고 있다.

코소보해방군은 어떤 정치운동의 군사 부문이 아니다. 코소보해방군은 최근에 창설되었으며 이브라힘 루고바의 정당처럼 과거에 코소보 선거에서 이긴 정당들과는 아무런 연계가 없다. <가디언>에서 인용한 <로스앤젤레스 타임스>의 한 최근 보도는 코소보해방군이 조직범죄와 마약 거래상, 오사마 빈 라덴 Osama Bin Laden[7] 등과 연루되어 있다고 주장하였다. 이 기사는 "최근까지 백악관 국가안보평의회의 발칸 문제 최고 전문가였던 이보 다알더 Ivo Daalder가 '우리가 여기서 제안하는 게 코소보를 탈환하기 위한 대규모 게릴라 전투의 개시라면, 그것은 아프가니스탄 증후군이다'라고 말했다"고 덧붙였다. 분명 오늘날의 아프가니스탄은 러시아에 대한 서방의 강박관념이 결국 어디로 귀결되는가를 상기시켜주는 불길한 사례이다. 다알더의 말을 계속 들어보자. "우리는 이 친구들을 통제할 수 없을 것이다. … 그들은 우리의 이해에 부합하는 세력이 아님이 입증될지도 모른다." 하지만 이러한 언급을 액면 그대로 받아들인다면 바보 같은 일일 것이다. 미국은 자신의 목적에 부합하는 조직들을 활용하고 나서 아무 일도 없던 듯이 버려버린 수많은 기록을 갖고 있다.

현재 벌어지고 있는 사태는 유고슬라비아의 해체라는 비극의 마지막 장이다. 서방이야말로 이러한 과정을 조장한 가장 큰 책임이 있다. 모두가 밀로셰비치의 잘못일 뿐이라는 주장은 일면적이고 잘못된 것이며 그를 성공하게 만든 슬로베니아와 크로아티아, 서방 정치가들만 기쁘게 할 뿐이다. 가령, 보스니아인과 알바니아인, 그리고 민족주의적이지 않은 세르비아계와 크로아티아계를 늑대의 품으로 던져버려 그 결과 연방 해체라는 재앙을 촉발시킨 결정적인 요소는 바로 슬로베니아의 이기주의였다고 주장할 수 있다. 구 유고연방의 붕괴가 멈출 수 없게 되자 코소보가 보스니아는 말할 것도 없고 크로아티아나 마케도니아 정도의 독립권을 가진다는 점이 분명해졌다.

크로아티아나 마케도니아, 보스니아 중 어떤 나라도 한 민족이 국민의 90퍼센트 이상을 차지하진 못했다. 서구 강대국들은 코소보의 자치에 반대하였다. 코소보는 구 공화국 국경의 불가침이라는, 자치와 정확히 반대되는 원칙에 근거한 보스니아 보호령 상태였기 때문이었다. 유고슬라비아에서 서방이 저지른 기록 전체는 일련의 냉소적이고 위선적인 책략으로 가득 차 있으며, 세르비아에 대한 폭격은 가장 최근의 일일 뿐인 것이고 마지막이 되지도 않을 것이다.

나토의 폭격은 난민의 유출을 막기 위해 계획된 것이었다. 아니, 우리는 그렇게 믿으라고 이끌려졌다. 그러나 폭격은 난민을 백 배나 증가시켰다. 폭격 전의 언론몰이 또한 밀로셰비치가 자기 나라에 대한 폭격을 원했음을 암시했다. 그가 신속하게 항복함으로써 자신보다 강경한 민족주의자들을 고립시키기를 원했다는 것이다. 이는 순전히 공상임이 드러났다. 또다른 이유는 세르비아 내에서 밀로셰비치에 대한 정치적 지지를 약화시킨다는 것이었다. 그러나 폭격 2주째 <뉴욕타임스>의 베오그라드 통신원이 보도한 것처럼 오히려 그에 대한 지지가 높아졌다. 베오그라드와 노비사드의 다리에 대한 폭격은 결코 세르비아 국민을 끌어들이기 위한 것이 아니었다. 세르비아 시민들은 분노하여 장기적인 저항 태세를 갖추거나 음울한 낙담에 빠져들었다.

구 유고슬라비아는 금세기에 두 번이나 창건되었다는 점에서 독특한 나라였다. 제1차대전 전승국들이 부과한 베르사유 조약 이후 유고슬라비아는 세르비아가 지배하는 왕국이자 발칸에서 소련의 영향력을 차단하기 위해 계획된 완충국으로 간주되었다. 두 번째 유고슬라비아는 독일 파시즘과 토착 파시스트들에 맞선 오랜 저항 투쟁 이후에 탄생하였다. 크로아티아 태생의 공산주의자인 레지스탕스 지도자 티토는 소수민족을 비롯한 여러 민족이 평등한 모델에 기초하여 연방국가를 계획했지만 마땅히 동등한 지위를 누렸어야 할 코소보만은 예외로 하였다. 그는 또한 스탈린과 나토 모두에 맞서 유고슬라비아의 독립을 격렬하게 지켜냈다. 두 번째로 수립된 유고슬라비아는 자신을 창조한 티토의 죽음 이후 오래 지속되지는 못했지만 이 지역이 누린 가장 평온한 시기였다. 아마도 유고슬라비아 연방을 재건하는 것은 어려울 것이다. 우리는 어제의 시계나 오늘의 시계에 의지해서 살 수는 없다. 내일의 시계로만 살 수 있을 뿐이다. 옛날에 바다를 항해할 때는 갑판에서는 보이지 않는 빙산이나 소용돌이, 침몰하는 배 등을 볼 수 있도록 한 사람이 돛대 꼭대기에 올라갔다. 서방은 유고슬라비아에서 자신의 실수를 반복할 것인가, 아니면 창조적으로 미래를 사고할 것인가?

유고슬라비아의 붕괴로 이미 유럽연합과 미국은 수백억 달러의 비용을 치렀다. 이번 전쟁에만 쏟아 부은 비용은 1백20억 달러이며 앞으로 그 수치는 더욱 올라갈 것이다. 유럽안보협력기구가 중재한 타협의 일환으로 이 돈의 절반만 구 유고슬라비아 모든 나라에 경제발전을 위해 공적으로 제공했더라면, 지난 수십 년의 상처를 막을 수 있었을 것이다. 지금도 유럽연합은 마샬 원조계획의 경험에 기초하여 재건 계획을 승인하고, 세 번째 유고슬라비아의 재탄생은 아니더라도 유럽연합의 상대자로 대화하게 될 새로운 발칸 연합을 장려할 수 있다. 이러한 합의는 독립국으로서의 코소보를 포함해야만 할 것이다. 발칸 지역에서 생각해볼 수 있는 진지한 대안은 두 가지뿐이다. 전쟁과 피비린내 나는 전투로 강요된 일련의 나토 보호령을 통해 유럽의 재무장화와 러시아와의 새로운 냉전을 가져오거나, 모든 미해결 문제에 관한 건설적 협상에 러시아를 참여시키고 새로운 지역 틀을 만들어내기 위해 진지하게 노력하거나 하는 것 가운데 선택해야 한다.

발칸 지역의 장기적 미래는, 러시아가 오랫동안 요구해온 대로 사무국과

안보이사회를 갖춘 유럽안보협력기구의 틀 내에서 결정되어야 한다. 이러한 틀 내에서라면 유럽 강대국들은 체첸의 탄압 문제를 제기할 수 있고 러시아는 북아일랜드나 코르시카, 터키 남부의 단속 문제를 논의에 부칠 수 있다.

결국 나토가 혼자 힘으로 해나갈 수 없다는 사실이 분명해졌다. '일단 시작하면 이겨야 한다'식의 접근은 실패했다. 지상전과 인적 손해를 피하려면 나토는 러시아를 필요로 했다. 독일과 러시아가 마침내 협상을 중개했다. 옐친은 미국의 압력 아래 프리마코프 총리를 해임하였다. 모스크바는 베오그라드측에 만약 밀로세비치가 랑부예 협정보다 나은 새로운 타협안을 받아들이지 않을 경우 원유 공급의 중단을 고려할 것이라고 말했다. 밀로세비치는 철수에 동의했다. 코소보에 있던 그의 군대와 장비 대부분은 고스란히 완전한 상태였다. 코소보의 세르비아 군대가 철저히 '붕괴'되었다고 주장하던 나토의 선전은 허풍에 불과했던 것이다.

이 전쟁에서 값비싼 대가를 치른 이들은 평범한 코소보인과 세르비아인들이었다. 나토의 주장을 액면 그대로 받아들이고 전쟁의 목적이 코소보의 알바니아인들을 보호하는 것이라고 생각했던 이들에게는 전쟁은 기념비적인 실패였다. 훨씬 더한 인도주의적 재앙을 낳았던 것이다. 나토가 점령한 코소보는 인종적으로 순수하게 될 것이다. 나토의 보호 아래 코소보해방군은 세르비아계와 집시들을 몰아내고 있다. 그러나 전쟁은 커다란 정치적 실패였다. 나토는 심각하게 분열되었다. 나토는 러시아와 유엔의 개입이 없으면 자신의 목적을 이룰 수 없을 것이며, 독일과 이탈리아, 그리스는 앞으로 이와 유사한 모험에 합의하기 전에 오랫동안 충분히 생각해볼 것이다.

이를 보여주는 이른 징후는 독일의 주간지 <슈피겔 Der Spiegel>의 영향력 있는 발행인인 루돌프 아우크슈타인 Rudolf Augstein의 1999년 5월 31일자 사설인 '매들린의 전쟁'이다. 여기서 그는 이번 전쟁이 인도주의적 전쟁이라는 주장을 부인하며 오히려 '식민지 전쟁'에 불과하다고 역설하였다. "워싱턴의 관점에서 본 전략적 의미는 나토가 지난 50년간 성공적으로 유지해온 지위——방위 동맹——를 이제 더 이상 유지할 수 없다는 사실을 유럽인들에게 분명히 확인시키는 것이었다. 나토는 이제 다른 목적과 다른 구조를 가져야만 하며 유럽인들은 이를 분명히 알아야 했다."

올브라이트의 정책은 근시안적이고 어리석었다. 그녀의 정책은 새로운 분쟁의 토대를 만들었다. 하나만 예를 들어보자. 우크라이나는 핵무기를 포기하고 일방적으로 폐기한 세계에서 유일한 나라였다. 이번 전쟁 와중에 우크라이나 의회는 과거의 핵 보유 국가로 되돌아가기로 만장일치로 결의하였다. 국회의원들은 자신들이 규범에 기반한 새로운 포용적 안보 체제라는 미국의 약속을 믿은 게 어리석은 일이었다고 주장했다. 유고슬라비아에 대한 나토의 전쟁은 그들의 환상을 모두 깨버렸으며, '향후에' 유럽연합 회원국으로 받아들이겠다고 약속하면서 그들을 되돌리려는 뒤늦은 시도는 성공할 가망이 없어 보인다.

키에프[우크라이나의 수도]가 분노한 경우라면 모스크바는 형형색색 빛을 냈다. 미하일 고르바초프는 유럽연합 지도자들을 조롱했다. "그래, 당신들은 경제적으로 강하다. 하지만 정치적으로 보면 난쟁이에 불과하다." 군산복합체는 이 나라에서 가장 보존이 잘 된 시설 가운데 하나이다. 군산복합체의 지도자들은 거의 2년 동안 정치인들과 논쟁하면서 러시아의 핵병기를 업그레이드시킬 수 있도록 허용해줄 것을 호소하였다. 1999년 3월 24일이 오기 전에는 그들은 많은 진척을 이루지 못했다. 4월 30일 열린 모스크바의 국가안보평의회 회의는 전략 및 전술 핵탄두 전체의 현대화를 승인하였다. 이것은 세계 어느 곳이든 정밀 폭격할 수 있는 전략 저출력 핵미사일의 개발 및 제조를 허가한 것이었다. 이와 동시에 국방부는 핵 독트린상의 변화를 승인하였다. 선제 사용을 배제하지 않게 된 것이다. 몇 주 전 유럽 핵군축위원회 European Nuclear Disarmament의 위원을 역임한 하비에르 솔라나와 로빈 쿡 Robin Cook[영국 외무장관]이 핵 불꽃을 재점화시킨 바 있었다.

베이징 또한 중국대사관 폭격으로 인해 선제 사용 배제 원칙으로부터 전환하게 되었다. 중국은 자국 대사관에 대한 폭격이 우발적인 사고라는 주장을 받아들이지 않았다. 옳든 그르든, 그들은 이 폭격이 내깃돈을 크게 함으로써 해결을 어렵게 만들기 위해 워싱턴의 주전파가 꾸민 마키아벨리식 책략이라고 믿고 있다. '우리는 책임자에 대한 엄격한 처벌을 원한다'고 주장했을 때 베이징은 단순히 명령에 복종한 조종사들만을 언급한 것이 아니었다. 중국은 오랜 기억을 갖고 있다. 그들은 1950년대 한국전쟁 시기에 중국에 대한 지상침공을 주장한 맥아더를 해임한 트루먼 대통령처럼, 클린턴이 올브라이트나 버거를 해고하기를 바라고 있었다. 또한 모스크바와 베이징이 나토에 맞서기 위한 새로운 안보 질서를 논의하고 있다는 징후들이 존재한다. 베오그라드를 비롯한 도시에 떨어진 폭탄들은 새로운 냉전의 첫 번째 발포로 기록될지도 모른다.

자유주의 및 사민주의 전쟁광들이 무시한 것은 바로 이러한 문제였다. 왜 그랬는가? 내 생각으로는 부분적으로는 신중하게 통제된 텔레비전 이미지들 때문이었다. 우리는 역설적이게도 시장의 국제화가——특히 미국과 영국에서——문화적, 정치적 편협성을 낳은 원자화된 세계에서 살고 있다. 그러나 더 심원한 다른 이유들이 있다. 가령 프랑스의 경우 인권 히스테리가 무분별한 지경에 이르렀다. 흉내낼 수 없는 독특한 방식으로 프랑스의 전쟁 개입에 감히 도전한 레지 드브레에게 가해진 언어 폭력은, 조심스럽게 말하자면, 균형을 잃은——나토 폭격의 문자 버전——것이었다. 레이건 시대 동안 백악관의 조잡한 반공주의를 흉내내면서 여기에 보다 심오한 의미를 담고자 한 '신철학자들'이 <르몽드>의 지면을 차지한 이래, 파리의 지적 유행은 한번도 이와 똑같은 적이 없었다. 이제 다시 옛날의 똑같은 패거리들이 활동하고 있다. 이들은 보다 많은 전쟁, 보다 많은 폭력, 지상침공을 원한다. <리베라시옹>은 이들의 집안 저널이 된 지 오래다.

미국의 경우 전쟁에 전반적으로 무관심하지만 자유주의 전쟁광들은 열심이다. 냉전 이론가인 토니 쥬트 Tony Judt는 <뉴욕서평 *New York Review of Books*>을 통해 클린턴을 맹렬하게 공격하면서, 그를 네빌 챔벌레인 Neville Chamberlain[8])에 비유하고 그가 지상군 파병을 거부함으로써 인권이라는 대의를 배신했다고 비난했다.

1991년 소련의 붕괴와 자본의 승리 이래 세계 좌파들은 커다란 혼란 상태에 빠져 있었다. 이는 자연스러운 일이다. 패배의 규모는 거대했고 그 영향은 갈피를 못 잡을 정도였다. 좌파 가운데 일부는 스스로를 해방시킬 수 있는 민중의 능력에 대한 확신을 잃어버렸다. 이러한 자기확신의 상실은 그들을 절망하게 만들었다. 그들은 자신들이 할 수 없는 일을 다른 이들이 이루기를 바랬다. 여기서 문제는 미국의 세계적 이해가 인권과는 거의 아무런 관계가 없다는 점이다. 인권과 자유, 민주주의가 제재와 폭력, 침공을 정당화하기 위해 사용되었지만 항상 그런 식이었을 뿐이었다. 유럽의 강대국들은 아프리카를 분할하면서 자신들의 목적은 노예무역을 소탕하는 것이라고 주장했다. 결국 그들은 끔찍한 강제노동 체제를 확산시켰으며, 이는 레오폴드 왕의 식민지 개척자들이 우월한 문명의 이름 아래 6백만에서 8백만에 이르는 사람을 살해한 콩고에서 절정을 이루었다.[9)]

시대가 바뀌었고 이와 더불어 착취의 양식 또한 달라졌다. 나토 보호국으로서의 보스니아의 경험은 결코 행복한 것이 아니다. 사실 서방의 지배는 이 지역에서 민주주의를 절멸시켰다. 정치적 결정은 나토가 내리고 지역 마피아들이 IMF의 지시에 따라 경제를 운영하고 있다. 이는 인권 근본주의자가 어떤 나라에 강요해야 하는 모델이 아니지만 코소보의 미래가 될 수도 있다. 아직까지는 잘 되어가고 있지는 않지만.

미국이 모든 대륙에서 독재자를 이식하던 과거의 좋지 않은 시절에 좌파는 압제자들을 무너뜨리기 위해 기꺼이 민중들에 의존했다. 우리는 결코 칠레를 침공해서 피노체트를 쫓아내달라고 모스크바에 간청하지도 않았고 인도네시아를 침공해서 수하르토를 제거해달라고 베이징에 호소하지도 않았다. 인권 근본주의자들은 무력 사용과 벌거벗은 힘의 과시를 확신에 가득 찬 채 선택하고 있다. 이들 가운데 일부는 이를 모르고 있을 수도 있지만 다음 세기를 특징짓게 될 새로운 헤게모니 싸움에서 제국주의의 보병 역할을 하고 있다.

나토 첫 번째 사무총장인 고 故 이스마이 경 Lord Ismay은 자신들의 목적이 '미국을 끌어들이고 러시아를 배제하며 독일의 위상을 저하시키는 것'이라고 언급한 적이 있다. 50년이 지난 지금 세계는 변화했지만 나토의 논리는 여기서 달라진 게 없는 듯이 보인다. 나토의 해체는 세계 평화를 향한 기나긴 길을 내딛는 첫걸음이 될 것이다.

주

1. [옮긴이] 영국의 군사 역사가.
2. [옮긴이] <인디펜던트>의 초대 편집장을 역임한 언론인.
3. [옮긴이] <타임스> 편집장을 역임한 언론인.
4. [옮긴이] 영국 보수당 하원의원과 국방장관을 역임한 정치인.
5. [옮긴이] 옥스퍼드 대학 현대사 교수를 역임했으며 현재 터키 빌켄트 대학 국제관계학과 교수.
6. [옮긴이] 레오폴드 갈티에리 Leopold Galtieri. 영국과 벌인 포클랜드 전쟁의 패전으로 퇴진한 아르헨티나 대통령으로 전 칠레 독재자 피노체트와 마찬가지로 학살 및 인류에 대한 범죄 혐의로 2000년 8월 이탈리아 당국에 의해 체포되었다.
7. [옮긴이] 사우디아라비아 출신의 이슬람 근본주의 테러리스트로 미국에 의해 1998년 8월 224명의 목숨을 앗아간 탄자니아 및 케냐 주재 미 대사관 폭파사건의 주모자로 지목돼 서방 각국의 지명수배를 받고 있다.
8. [옮긴이] 1869~1940. 1937년부터 1940년까지 영국 수상을 역임하는 동안 독일의 히틀러에 유화정책을 펴 뮌헨 협정을 이끌어냄.
9. [옮긴이] 1884년부터 1908년까지 콩고 자유국을 지배한 벨기에의 레오폴드 2세를 지칭한다. 벨기에의 콩고 지배는 유럽 제국주의 중에서도 가장 무자비한 것으로 유명하다.

8
코소보: 나토 팽창 전쟁
로빈 블랙번

나토의 코소보 보호령 부과의 대가는 이 지역 여러 민족이 겪게 된 엄청난 고통이었으며, 상이한 민족집단 사이의 관계는 더욱 악화될 공산이 커지게 되었다. 나토의 폭격은 약 백만에 이르는 알바니아계 코소보인들의 추방이라는 무대를 마련한 것이었으며, 유고슬라비아 전역에 걸쳐 사회 기반시설을 파괴했다. 1999년 3월 24일 이후 사망자 수는 코소보에서만 약 만 명에 이르며, 유고슬라비아 나머지 지역에서는 5천여 명이 목숨을 잃었다. 부상자와 이재민의 수는 이보다 훨씬 더 많다. 희생자의 대부분은 군인이 아니라 민간인과 난민들이었다. 정확성을 자랑하는 무기들이 동원되었음에도 불구하고 많은 사람들이 오폭으로 목숨을 잃었다.

공중 폭격을 비판하는 이들 가운데 일부는 처음부터 지상 공격을 수행했어야 했다고 주장했다. 사실 나토 최고 사령부는 이 점을 좀 더 현실적으로 파악하고 있었다. 세르비아 군대는 참호에 깊이 틀어박혀 있었으며, 수천 문의 로켓 발사기와 박격포, 야포 등을 보유하고 있었다. 최종적인 성과는 어떻게든 이끌어낼 수 있었겠지만, 즉각적인 침공은 군대뿐만 아니라 민간인에게도 엄청난 인명 피해를 야기할 게 틀림없었다. 제정신인 지휘관이라면 거의 상상할 수 없을 만큼 적대적인 지역에 진입하기에 앞서 적의 장비와 보급선, 통신망 등을 파괴하고 사기를 떨어뜨리는 쪽을 선택하기 마련이다. 지상 공격을 옹호하는 사람들은 지상 공격을 통해 민간 목표물에 대한 공습이나, 산탄형 폭탄의 사용, 오폭 등을 방지할 수 있었을 것이라고 주장할지도 모른다. 하지만 사전 공습은 완벽한 군사상 논리를 지니고 있었으며, 분노에 찬 잔혹한 세르비아 군과 민병대에 의해 수십만 명이 자신들의 집을 버리게 만들면서 지상의 폭력을 급증시킨 것은 바로 첫 주간의 공습이었다.

전쟁이 진행되면서 양측 모두 상대편의 군사력에 타격을 주지 못하는 자신들의 무능함에 치를 떨어야 했고, 대신 애꿎은 민간 목표물에 공격을 가했을 뿐이다. 진짜 군 장비는 지하 벙커들에 안전하게 은폐되어 있는 동안 모형 탱크나 야포 등 플라스틱으로 만든 수많은 교란 물체들을 목표물로 삼은 나토의 폭격은 당시 파악된 것에도 훨씬 못 미치는 비효율적인 것이었음이 밝혀졌다. 불행하게도 폭격으로 파괴된 교량과 발전소, 제련소, 병원, 학교 등은 진짜 시설물들이었다. 나토는 인권이라는 이름 아래 전쟁을 수행했지만, 전쟁은 민족간의 증오와 맹목을 강화시키면서 절대 다수의 세르비아계와 집시들에 대한 탄압과 강제 추방이라는 결과를 낳았다. 많은 알바니아계 코소보인들의 가슴 속에 스며든 복수에 대한 욕구는 물론 분명 이해할 만하다. 하지만 민족집단 사이의 분쟁의 골을 영구한 것으로 만들고 더욱 악화시키는 외부자의 역할은 완전히 다른 문제이다. 특히 인권을 옹호한다고 자처하는 이들이 여자와 어린이, 노인들이 추방되는데도 침묵만을 지킬 경우엔 더욱 그러하다.

서방은 구 유고슬라비아의 유혈적인 해체와 코소보 알바니아계에 대한 탄압을 계속해서 소홀히 한 것에 막중한 책임이 있다. 그러나 1998년 12월이든, 1999년 3월이든 서방은 여전히 평화적 해결을 도모하는 데 있어 결정적인 역할을 할 수 있었다. 재앙과도 같은 공중전은, 또 다른 군사적 선택이 존재했기 때문이 아니라, 세르비아군을 철수시키고 유엔이나 유럽안보협력기구 (OSCE)의 평화유지군으로 대체하는 협상이 애초부터 가능했기 때문에 잘못된 것이었다. 나토는 보호령이라는 자신의 목적을 이루지 못한다는 이유로 이러한 대안을 좌초시켰다. 서방 채권자들에게 잘 보이고 국제무대에서 자신에게 어울린다고 생각하는 역할을 하고 싶어 안달하던 러시아 정부는 베오그라드에 대한 공동 교섭에 기꺼이 응할 채비가 되어 있었다.[1] 서방 주요 강대국들이 러시아를 먼저 끌어들이기만 했다면, 유엔 접촉그룹 UN Contact Group은 1998년 3월부터 12월 사이에 어느 때든 세르비아 병력이 코소보에서 철수하는 것을 골자로 하는 협정에 도달할 수 있었을 것이다. 유고슬라비아 정부는 랑부예에서 그런 내용의 협정안에 서명하기 일보 직전이었지만, 미국이 협정 세부 조항을 강요하자 러시아가 무시되었다는 점이 분명해졌다. 이 조항들은 국제 평화유지군을 나토가 주도하고 유고슬라비아 공화국 전역에 대한 조사 권리를 가지며 평화유지군 요원들은 자신의 어떠한 행동에 대해서도 유고 국내 법정으로부터 면책특권을 누린다는 내용을 명기하고 있었다. 모스크바는 나토가 이끄는 점령군이라고 이 제안을 비난했으며, 러시아측 협상 대표는 1999년 3월 15일 코소보 대표단이 이 협정안에 서명하는 자리에 참석을 거부했다. 폭격 소식이 전해지면서 러시아 총리는 워싱턴으로 가는 비행기 안에서 미국 방문을 취소했다. 밀로셰비치는 러시아가 거부한 협정안, 특히 나토의 작전 영역을 도발적으로 팽창하는 것을 골자로 하는 협정은 결코 받아들이지 않을 것이었다. 이를 받아들일 경우 밀로셰비치로서는 절대적으로 필요한 지지 기반을 잃어버릴 것이며 내부의 반대파들에게 공격당할 위험에 처하게 되기 때문이다. 하지만 같은 이유로 밀로셰비치는 러시아가 지지하는 해결책을 거부하기는 무척이나 힘들었을 것이다. 설사 그것이 코소보로부터의 전면적인 철수를 의미한다고 하더라도 말이다.

1999년 4월 8일자 <뉴욕타임스>는 랑부예 협상의 실패를 다룬 한 기사에서 이렇게 말하고 있다. "독립적인 실체라고 보기 힘든 세르비아 의회는 폭격 직전에 통과시킨, 그러나 거의 주목받지 못한 결의안을 통해 나토군의 코소보 진주는 거부하는 한편 정치적 해결을 감시하기 위한 유엔 병력은 인정했다." 강한 압력을 받고 있던 세르비아 대표단은 나토 주도의 점령군에 대해 매우 상세히 논하고 있는 25장을 제외하고는 랑부예 협정안을 기꺼이 받아들이려고 했다.[2] 데이턴 협정에 조인하면서 밀로셰비치는 수십만의 세르비아인들을 그들이 오랫동안 살아온 땅으로부터 강제로 철수시키는 것을 받아들이는 등 협정 내용을 충실히 이행했다. 설사 코소보에 관한 협정이 보다 이행하기 어려운 것이었다 할지라도, 코소보에서든, 외부 세계에서든, 무장 세력들간의 관계는 전쟁이 수반한 그 끔찍스런 대가를 지불하지 않고서도 순조롭게 풀릴 수 있었을 것이다.

4월 말에서 5월 초 사이, 제안된 평화유지군이 나토 '핵심'을 중심으로 구축되어야 한다는 나토의 주장으로 인해 러시아와 핀란드 정부의 도움으로 새롭게 조성된 외교적 중재의 분위기는 또 다시 좌초되었다. G8 회담이 있은 후 이고르 이바노프 Igor Ivanov 러시아 외무장관은 러시아가 코소보를 나토의 보호령으로 변모시키는 것에 동의할 수 없기 때문에 이 문제에 대한 그 어떤 합의도 도출된 바가 없다는 사실을 분명히 했다. 나토가 지배적인 역할을 해야 한다는 서방의 고집은 그리하여 베오그라드에 대한 합의된 접근의 가능성을 봉쇄했으며, 안보리의 결의안에 대한 기대를 의문스러운 것으로 만들어 버렸다. 이 협상 국면은 서방이 나토의 역할에 관한 어떠한 양보도 하지 않은 채 베오그라드의 중국 대사관에 폭격을 가함으로써 막을 내렸다.

물론 밀로셰비치가 기꺼이 협상안에 서명한 것은 그의 선량한 마음씨 때문이 아니라, 나토의 엄청난 무력에 대한 공포와 경제 제재를 끝내고 국제적인 인정을 받고 싶어했기 때문이었다. 이것이야말로 그로 하여금 1995년 데이턴 협정을 승인하게 만든 동기였다. 혹자는 이 세르비아 지도자의 동기에서 두려움이라는 요소가 공습을 정당화하는 것이라고 생각할지도 모른다. 하지만 이런 정당화는 폭격이 2월에 랑부예에서 이미 얻을 수 있었던 것보다 훨씬 더 나은 결과를 코소보인들에게 전해줄 수 있을 경우에나 가능할 것이다. 이번 전쟁이 가져온 대학살 이후에 이런 결과는 완전히 생각할 수 없었다. 명목뿐인 러시아의 역할에도 불구하고 결국 이루어진 해결은 나토가 이 지역에서 보다 나은 전략적 요새를 획득하게 되었음을 의미했지만, 코소보인들은 여전히 비싼 대가를 치르고 있다.

1999년 3월에서 5월초에 걸쳐 평화유지군의 구성을 놓고 상당한 난관이 드러났다. 나토가 자신이 전적으로 통제할 수 없는 그 어떤 코소보 평화유지군에도 반대했기 때문이다. 양측 모두 공개적으로는 자신들의 입장을 과장할 수밖에 없었지만 평화유지군의 구성은 언제나 곤란한 문제였다. 러시아의 입장은 베오그라드에게 있어서 항상 결정적인 역할을 했다. 이는 단지 세르비아계가 지배하는 유고슬라비아에게 러시아 군의 원조를 통해 강요되는 러시아의 중재를 받아들이는 게 더 쉽기 때문이거나 연료나 무기, 외교적 지원 등 유고슬라비아가 필요로 하는 자원을 러시아가 갖고 있기 때문만은 아니었다. 나토의 코소보 보호령을 인정하는 그 어떤 유고슬라비아 정부도 러시아의 양심을 살 수 밖에 없다는 게 그 이유였다. 밀로셰비치는 러시아에서 코소보를 나토 보호령으로 편입시키는 것에 반대할 것이라는 사실을 언제나 분명히 알고 있었다.

일부 코소보인과 그 지지자들은 코소보 국민의 즉각적이고 전면적인 자결 이외에 그 어느 것도 받아들일 수 없다고 주장했다. 그러나 랑부예의 코소보 대표단은 엄청난 압력과 악전고투 끝에 나토의 보호령과 나토 주도의 평화유지군을 받아들인다고 공표했다. 물론 이 대표단의 구성과 지도부는 나토의 면밀한 심사를 거쳤다. 코소보해방군의 노련한 지도자 아뎀 데마치 Adem Demaci는 배제되고 29세의 미숙한 청년 하심 타치가 대표단을 이끌게 된 한편, 경험 많은 이브라힘 루고바는 밀려났다. 나토는 코소보인들이 자신의 전략을 명령하게 놔두지 않았다. 나토는 베오그라드에게 코소보를 포기할 것을 결코 종용하지 않았다. 이러한 사실에도 불구하고 코소보 대표단은 결국 랑부예 협정에 서명할 수밖에 없었다.[3]

나토는 느슨하게나마 코소보가 여전히 몬테네그로처럼 유고슬라비아의 일부임을 뜻하는 양보조치로 국경 지대 일부에 유고슬라비아가 상징적으로 존재하도록 기꺼이 허용했다. 이를 정당화시킨 주장은 세르비아 점령군을 국제 평화유지군으로 대체하여 난민들을 복귀시키고 새로운 정치 구조의 기반을 마련하는 게 핵심적인 문제라는 것이었다. 이러한 과정을 위해서는 나토 보호령이 필요하다고 나토가 주장하지만 않는다면, 순수하게 과도적이면서 체면치레는 하는 방식으로 합리적인 타협이 도출되어 세르비아 병력의 정연한 철수가 가능할 것이다.

나토 주도의 평화유지군을 대체하는 유엔이나 유럽안보협력기구의 대안에도 거의 틀림없이 몇몇 나토 회원국으로부터 대규모의 병력 파견이 있었겠지만, 또한 러시아나 중립적인 세력의 참여 역시 상당한 수준이었을 것이다. 만약 유럽 강대국들이 이러한 병력에 드는 비용의 상당 부분을 댈 용의가 있다면 ── 유고슬라비아에서 벌어진 여러 전쟁의 단계적 확대에 지대한 공헌을 한 사실을 감안하면 이는 지당한 일이다 ── 이러한 폭넓은 평화유지군은 나토가 주도하는 병력보다 공평한 활동을 벌이게 될 것이다. 임금을 지불 받는 한 군대는 명령에 복종하게 되어 있다. 나토군이 그러하듯이 이는 러시아나 아일랜드, 핀란드 군대도 마찬가지이다. 이러한 대안은 러시아를 자극하지 않을 것이므로 지역 안보의 토대를 침식하기보다는 강화하는 계기가 될 것이다. 코소보에 이런 병력을 투입하는 게 실제로 효과적인가 하는 물음에는, 1999년 2월에 이미 천여 명에 이르는 유럽안보협력기구 감시단이 배치되어 있었다는 사실을 염두에 두어야 한다. 감시단을 철수시켜 최악의 행위를 하도록 세르비아계 준군사조직들을 자극하는 대신, 점령군의 결집과 동시에 감시단의 숫자를 크게 늘릴 수도 있었다.

일부에서는 러시아의 역할을 인정하려는 노력을 천진난만하다거나 믿을 수 없다고 취급했다. 1994~96년간 체첸 공화국을 억압한 러시아의 야만적 기도를 간과하거나 러시아 정치인들과 군이 얼마만큼이나 무모하고 무자비해질 수 있는지를 과소평가하고 있다는 것이었다. 그러나 나토 주요국가들에도 이와 동일한 비판을 가할 수 있다. 가령 1998년 미국은 과테말라의 잔인한 군사정권에 협력한 인물인 윌리엄 워커 William Walker를 코소보의 유럽안보협력기구 감시단장으로 임명했다. 클린턴 대통령은 최근 중앙 아메리카 순방길에서 1980년대 리오스 몬트 Rios Montt[4]와 과테말라 군, 준군사조직들이 저지른 군사적 테러에 미국이 관여한 사실에 대해 공개적으로 사과했다. 영국 정부는 피의 일요일 Blood Sunday[5] 총격 사건에 대해 공개적으로 사과했으며, 북아일랜드의 영국군 병사들은 용의자에 대한 고문으로 유죄판결을 받았다. 프랑스 정보기관은 '무지개전사호 Rainbow Warrior'를 폭파시켰으며, 르완다에서는 후투족 민병대에 적극적으로 협력했다. 사례는 무수하다. 이 모든 사례들 속에서 서구 평화유지군과 자문단이 저지른 악행은 정치인들이 그들에게 부여한 임무의 성격을 그대로 반영하고 있다. 체첸처럼 말이다.[6] 서방은 러시아가 자신의 영토 밖에서 군사적 역할을 하는 것을 금지하지는 않았다. 실제로 보스니아 평화유지군에는 러시아 병력도 포함되어 있었다. 코소보 평화유지군에서 모든 나토 강대국을 배제했다면 동중부

유럽에서 이미 균형을 잃은 대결 국면을 악화시키지 않은 채 러시아 또한 배제시킬 수 있었겠지만, 이런 제안은 결코 이루어지지 않았다.

해외 병력——러시아나 미국, 또는 이 문제에 대해서는 핀란드나 아일랜드——에 의한 코소보의 장기 점령은 남용과 부패, 억압으로 이어질 가능성이 높으며, 그렇기 때문에 이런 종류의 협정은 시한을 분명히 설정해서 코소보 민중의 자결을 이끌어낼 수 있어야 한다. 협상을 통한 세르비아 민병대와 경찰, 군대 조직의 철수야말로 알바니아계 코소보인들의 고난을 중단시키기 위한 전제 조건이라는 점은 언제나 분명했다. 폭격의 개시와 세르비아의 보복의 물결은 평화와 화해라는 과제를 한층 어렵게 만들었다. 하지만 피난민들이 돌아오고 점령과 전쟁의 시련으로부터 회복하기 위한 최선의 조건을 창출하기 위해서는 여전히 세르비아의 철수가 필요했다. 평화 정착을 위해서는 대규모의 다국적군 병력이 필요할 것이고 이들은 분명 보복 공격의 확산을 막아야 한다는 매우 힘든 과제에 부딪히게 될 것이다. 나토보다는 유엔이나 유럽회의 Council of Europe(CoE)[7]가 이 임무를 수행하는 데 훨씬 더 적합한 주체였겠지만 이들조차도 사회 전 부문으로부터 지역 경찰 병력을 충원하여 훈련시키는 긴급한 목표를 설정했어야 했다. 전쟁 옹호자들은 세르비아 병력 철수 이후의 유엔군 배치가 보스니아에서 유엔의 '평화 유지' 노력에 수반되었던 재앙들을 코소보에 불러오기라도 할 것처럼——보스니아의 경우 세르비아의 대규모 병력이 존재했으며 코소보와는 달리 세르비아계가 최대'민족집단이었다——, 스레브레니카 Srebrenica[8]라는 말을 읊어댐으로써 유엔의 역할에 대한 불신을 조장했다. 세르비아 병력이 철수한 후 코소보에서 가장 큰 위기에 처하게 될 집단은 분명 이 지역의 세르비아계였을 테지만, 주전파들은 이런 사실을 의도적으로 무시했다.

전쟁이 발발하고 유고슬라비아의 모든 사회 기간시설에 대한 장기적인 공격이 되어버린 데는 한 가지 이유, 그것도 오직 하나의 이유가 있었을 뿐이라고 나는 주장해왔다. 미국과 영국으로서는 '나토가 주도하는' 사태 해결과 코소보에 대한 나토의 보호령만이 수용가능한 것이었으며, 공사를 막론하고 그들의 유보 사항이 무엇이었든지 간에 다른 동맹국들 역시 이에 동참했다. 다시 말해 이 전쟁은 조기 해결의 전망을 어둡게 하고 인도주의적 재앙을 재촉했으며 동서 관계를 계속 악화시킬 것이 분명한 전략적 차원을 갖고 있었다.

1999년 3월 케임브리지의 킹스칼리지를 방문한 미하일 고르바초프 전 대통령은 평화와 인권을 보장하기 위해 마련된 모든 국제 협약과 기구들을 불태워 버리면서까지 나토의 확장을 추구하고자 하는 서방에 대해 놀라움을 피력했다. 무력에 호소하는 방법을 택한 이들은 헬싱키 협정을 휴지더미로 취급하고 유럽안보협력기구는 거들떠보지도 않았다. 러시아 정부가 평화 정착에 상당한 기여를 할 수 있다는 명백한 가능성에도 불구하고 그들은 이번 위기에 있어서 러시아의 실질적 발언권을 부정했다. 고르바초프의 연설을 듣고 그와 대화를 나눌 기회를 가졌던 사람들은 그의 경고에 깊은 인상을 받았으며, 수많은 전문가들이 전쟁이 야기한 광범위한 이슈들에 대응조차 하지 못하고 있다는 사실에 놀라지 않을 수 없었다. 고르바초프는 이에 관해서 러시아 내에서 제기되는 거의 모든 의견에 대해 분명히 발언하고 있었다.

러시아 정부는 초기부터 나토의 일방적인 군사 행동을 비난했으며, 이는 여러 나라들에 불안정을 초래할 뿐만 아니라 핵무기와 재래식 무기 모두의 감축 흐름에 최후의 일격을 가함으로써 새로운 냉전을 야기할 것이라고 경고하였다. 러시아는 코소보가 나토의 보호령이 되어야 한다는 주장을 자신에 대한 보다 확장된 포위의 일환으로 보았다.

나토 주도의 지상전을 주장하는 사람들은 도발을 한층 강화하자고 제안했다. 코소보에 상당수의 병력을 진주시키는 데 엄청난 어려움이 있다는 점을 감안하면 나토 지휘관들은 마케도니아, 보스니아, 헝가리 등의 군사기지에서 이들 동맹국 병력의 도움을 받아 베오그라드에 대해 직접 조치를 취하는 유혹을 받게 될 것이다. 세르비아에 대한 병력 투입은 마케도니아와 보스니아, 몬테네그로 등 정치적으로 민감한 지역의 뇌관을 건드리는 결과를 낳았을 것이다. 만약 헝가리나 루마니아, 크로아티아 등에 조금이라도 역할이 주어졌다면, 보이보디나[9]와 몰도바[10] 같은 지역들 역시 러시아나 우크라이나, 그리고 이들 양국의 분쟁 지역들과 마찬가지로 사태에 휘말릴 수 있다. 나토가 유고슬라비아를 점령할 경우 러시아에 대한 포위가 완결될 것이다.

그런데 나토 지도자들은 러시아가 3천5백 기에 달하는 대륙간 탄도미사일과 핵탄두를 보유하고 있다는 사실을 망각하고 있었던 것일까? 러시아의 정치 질서가 허약하다는 사실을 그들에게 지적해줄 필요가 있었을까? 군사 강국 러시아와 떠오르는 경제 강국 중국이 경제적, 군사적 협력을 모색하고 있다는 사실을 깨닫기 위해 베오그라드의 중국 대사관을 폭격하고 중국의 반응을 떠보았던 걸까?

이유야 어쨌든 간에 대부분의 서구 전문가들은 냉전의 종식이라는 안락한 환상에 젖어있는 채 이런 문제에 대해 거의 언급하지 않는다. 하지만 국방성이나 국무성의 전략가들이 이에 대해 전혀 생각하지 않고 있다고 생각할 수는 없다. 코소보 작전은 나토의 힘을 과시하고 러시아를 견제한다는, 나토 팽창이라는 새로운 정책이 한 걸음 더 진행된 것이었다. 미국 대통령과 의회, 국민들이 르윈스키 사건에 몰두하고 있는 동안에도 국무장관 매들린 올브라이트와 국가 안보자문 샌디 버거는 즈비그뉴 브레진스키 Zbigniew

Brzezinski나 제시 헬름스 Jesse Helms 상원의원 같은 베테랑 냉전 투사들로부터 격려를 받으며 세계적 차원의 전략에 명확히 초점을 맞춰 왔다. 미 국방예산의 규모를 정당화해야 할 때는 두 개의 커다란 국지적 위기에 동시에 대처할 필요성에 관한 꽤나 복잡한 언설들이 쏟아져 나왔다. 그러나 얇은 베일을 쓴 암시들을 들춰보면 미 군부가 러시아와 중국 모두에 대한 대결과 견제가 가능한 방향으로 나아가고 있다는 사실을 분명히 알 수 있다. 국방성의 전직 고위 관료 두 사람은 최근 이렇게 언급했다. "정부가 왜 이들 나라(즉 러시아와 중국)를 가상 적국으로 상정하고 있는지에 대한 설명을 꺼리는 데는 분명한 이유가 있다."11) 하지만 러시아와의 새로운 최후담판이 과연 불가피한 것인가? 건설적인 협의를 통해 피할 수 있지 않은가? 2단계 전략무기감축협정(START-2)처럼 이미 협상된 군축 협정의 관철에 강조점을 찍어야 하는가, 아니면 윌리엄 코언 국방장관의 표현대로 잠재적인 '대등한 지구적 경쟁자'와의 새로운 대결을 위한 신중한 준비의 일환으로 이를 폐기해야 하는가? 러시아를 나토에 합류할 수 있도록 불러들여야 하는가, 아니면 한 발짝이라도 선을 넘을 경우 어떤 운명이 기다리고 있는지 러시아에게 보여주어야 하는가?

1997년 초 국방장관직에서 물러난 윌리엄 페리 William Perry와 애쉬튼 카터 Ashton Carter는 <예방적 방위>라는 신간에서 미국이 코소보처럼 제어 가능한 문제들에 대해 과민반응을 보임으로써 미국의 안보에 대한 치명적인 위협을 다시금 야기할 지도 모른다고 우려를 표명한 바 있다. 이 책에 대한 서평에서 이들의 주장에 부연하며 로렌스 프리드먼은 다음과 같이 말하고 있다.

1990년대를 열어 젖힌 워싱턴과 모스크바 사이의 친선 축적은 불행하게도 이제 대부분 소모되었으며 다시 채워지지 않고 있다. 러시아가 상품을 생산해내지 못하는 자신들의 무단삭제판 자본주의 bowdlerised version of capitalism에 대해 서구를 비난하는 것에서도 알 수 있듯이, 문제의 상당 부분은 경제적인 것이다. 그러나 정치적 관계의 커다란 긴장은, 모스크바의 시각에서는 바르샤바조약기구의 붕괴를 서구동맹을 강화시키기 위해 활용하지 않겠다던 과거의 약속을 어기는 것으로 보여지는 정책인, 나토 팽창에 기인하는 것이다. 저자들은 이러한 움직임이 예상한 대로 러시아의 부정적인 반응을 유발했기 때문에 자신들이 클린턴 행정부에서 이에 반대했다는 점을 최대한 세심하게 밝히고 있다.12)

나토 팽창에 대한 또 다른 반대자들에는 모스크바에 주재한 적이 있는 거의 모든 이들을 비롯하여 조지 케넌 George Kennan, 제프 매틀록 Jeff Matlock 등과 수많은 고위 외교관, 전직 대사들이 있었다. 가장 전면적인 비판은 마이클 만델봄의 저서 <유럽 평화의 여명>이었다.13)

다른 한편에서는 브레진스키가 나토의 확대는 현명할 뿐만 아니라 필수적인 정책이라고 끊임없이 주장하고 있다. 1996년에 그는 러시아 연방이 '불필요'하다고 말했다고 한다. 그의 설명은 이렇다. "러시아는 하나의 민족국가로서 살아남을 수 있다. 하지만 나는 러시아가 미래에 제국으로 남을 것이라고 생각하지 않는다. 또한 다시 자신의 제국을 세울 수 있을 것이라고도 보지 않는다. 만약 러시아가 이러한 시도를 할 만큼 충분히 어리석다면, 체첸이나 아프가니스탄의 경우는 피크닉처럼 보일 정도의 분쟁에 빠져들게 될 것이다."14) 그는 러시아가 위협적이고 지나치게 중앙집권화되어 있다고 생각했다. "이 나라의 크기와 다양성을 감안한다면 탈중앙집권적인 정치 체제와 자유시장 경제야말로 국민의 창조적인 잠재성과 광대한 자연자원을 활용할 수 있는 가장 적합한 틀이다." 그가 기대한 것은 '유럽 러시아와 시베리아 공화국, 극동 공화국으로 구성되는 느슨한 러시아 연방'[15]이었다. 브레진스키는 러시아에 접경한 각 국가들의 독립을 재촉할 수 있는 경제, 군사적 조치를 취할 것을 주장했다. 실제로 그 자신이 그루지아와 우크라이나, 아제르바이잔, 몰도바 사이의 새로운 동맹 관계[GUAM; 네 나라의 머리말을 딴 것임] 구축을 장려하는 데 일조하였다. 1998년 8월 러시아의 금융 위기 직후 브레진스키는 모스크바의 일련의 사태가 '러시아가 민영화와 민주화에 성공하고 있다는 … 이 천진난만한 여론몰이가 끝났음을 알리는' 신호라고 언급했다. "그 어느 쪽도 사실이 아니다."[16]

전직 국가안보 자문역으로서 브레진스키는 여전히 워싱턴에 자리를 잡은 채 나토의 확대 정책에 필요한 전략적 무게를 더해주었다. 폴란드계, 발트계, 체코계 등의 미국인 대다수에게 잘 먹혀들고 강인한 지도자로서의 자신의 이미지를 제고시킬 수 있음을 알아챈 클린턴은 지난 대선에 앞서 이러한 정책을 채택하였다. 나토의 확대는 현직 대통령으로서 공화당의 허를 찌를 수 있는 이슈이기도 했다. 사실 이는 브레진스키의 견해를 완전히 지지하는 것이라기보다는 일종의 정치였으며, 체첸 탄압에 매우 온건하게 대응하는 것을 포함해서 옐친을 돕기 위한 노력은 여전히 진행되었다. 러시아 정부로서는 거의 애처로울 정도로 서방의 분부에 따르려고 안달이 나 있었다. 브레진스키는 중요한 것은 권력 구조라는 이유로 이 점을 도외시하고 있다. 그에게 있어서 러시아연방은 아버지를 꼭 닮은 아들에 불과하며 이 나라의 정치와 군대의 탈소비에트화는 여전히 불충분하다. 국무성은 좀 더 조심스러울 수밖에 없지만, 기본적으로 매들린 올브라이트는 그녀의 옛 스승[브레진스키]의 견해에 얽매여 있으며 러시아를 내버려두는 사람들을 경멸하고 있다. 1998년 11월 발표된 한 글에서 그녀는 "러시아는 심각한 경제적, 군사적 도전과 씨름하고 있다"고 퉁명스럽게 이야기하면서 러시아 지도자들에게 군축의 필요성에 대해 설교했다.[17)]

대통령의 주의가 딴 곳으로 팔려있는 사이[르윈스키 스캔들을 의미하는 듯], 코소보 문제를 계기로 해서, 나토의 확대는 외교와 예산 기획으로부터 기정 사실로 그리고 일방적인 군사적 주도권 쪽으로 옮겨갔다. 영국의 애송이 연극배우 총리인 토니 블레어가 좀 더 큰 그림을 그렸거나 또는 자신이 매파의 확산에 조력하고 있다는 사실을 이해했던 것 같지는 않다. 전쟁 직전 나온 <해외 문제 *Foreign Affairs*>는 사태의 추이에 대한 우려를 표명하는 개리 윌스와 새뮤얼 P. 헌팅턴의 글을 실었다. 윌스는 미국이 '자유세계의 싸움대장' 노릇을 하는 것은 커다란 실수라고 주장한 반면, 헌팅턴은 "한 문명의 핵심 국가는 자신의 확장된 문명권 내의 질서를 유지하는 데 있어 외부 국가보다 나을 수 있다"고 역설했다.[18)] 하지만 이런 충고들은 발표될 때쯤엔 이미 조롱거리가 되어 있었다.

전쟁에 이르기까지의 진행 과정과 그 실행으로부터 러시아를 배제시킨 것은 미국의 주장 때문이었다. 랑부예 회담이 진행되는 동안, 그리고 그 전까지 있었던 외교적 접촉에 있어 러시아가 중심적인 역할을 수행했었기 때문에 러시아의 분노는 훨씬 더 컸다. 앵글로색슨 강대국들은 러시아의 지지가 없더라도 폭격이 효과적일 것이라는, 그리고 밀로셰비치가 곧 무너질 것이라는 생각을 여타 동맹국에게 유포했다. 그러나 워싱턴의 지배 도당은 러시아의 위협에 대처하는 최선의 방법은 어쨌거나 군사 기지와 종속국, 나토 보호령 등으로 러시아를 포위하는 것이라고 확신하고 있었다. 영국의 몇몇 대외정책 자문가들은 밀로셰비치에게 협정을 강제하려는 노력에 있어 러시아가 중재할 수 있는 가능성을 배제하는 것은 현명치 못한 처사라고 역설했지만, 미국은 러시아의 개입을 용납할 수 없다는 말만을 들었다. 러시아를 배제한 이러한 무모한 도발은 결국 나토 자문단 내에서 반발을 초래했지만, 이들은 미국과 영국이 이끄는 대로 무기력하게 따라갔고 군사 행동이라는 죽음의 수레바퀴 military juggernaut가 심연으로 굴러가는 것에 대해 애처로운 조그만 우려를 표시하기만 했을 뿐이다.

심부름꾼 이외에는 그 어떤 역할도 못하게 러시아를 엄격히 배제한 것은 이전에 공표된 바 있었던 원칙으로부터 명백히 이탈했음을 의미했다. 나토 사무총장 하비에르 솔라나는 1998년 6월 23일의 한 연설에서, 만약 서방이 코소보와 같은 중대한 문제에 대처하고자 한다면 '러시아의 동참'이 없어서는 안 된다고 선언한 바 있다.[19] 이 때만 해도 솔라나는 러시아의 개입이 당연한 것으로 생각하였다. 성공적인 평화 정착의 기회를 극대화할 수 있고 러시아를 배제할 경우 엄청난 전략적 푸대접이 될 것이기 때문이었다. 프리마코프 정부의 출현으로 이어진 1998년 8월의 러시아 금융 위기는 미국의 입장이 강경한 쪽으로 선회하고 솔라나가 바로 얼마 전에 채택한 견해를 결국 포기한 이유를 설명해주는 단서가 된다.

여기 제시된 부분은 1999년 6월 10일자 <뉴욕서평>에 실린 팀 주다 Tim Judah의 해박한 설명과는 배치되는 것으로 보일지도 모른다. 마케도니아 주재 미국 대사 크리스 힐 Chris Hill과 대담을 가진 후 그는 다음과 같이 언급하였다.

공공연한 나토군만 아니라면 밀로셰비치가 군병력의 주둔을 받아들일 준비가 되어있었다는 당시의 이론은 어떠한가? 힐은 그렇지 않았다고 잘라 말한다. 힐 자신을 포함해, 유럽연합의 볼프강 페트리취 Wolfgang Petritsch, 러시아의 보리스 마요르스키 Boris Mayorski 등, 랑부예의 협상자들은 그 군병력을 뭐라고 부르든, 그 어떤 적당한 가면에도 기꺼이 동의했을 테지만 세르비아는 그 문제에 전혀 '관심을 두지 않았을 것'이다. "만약 세르비아가 군병력에 대해선 예스, 하지만 독자적인 사법 처리에 대해선 노라고 말했다면──그리고 모든 봉쇄 조치의 해제(즉, 서방이 모든 봉쇄 조치를 철회할 것)를 요구했다면 ── 당신 생각에는 우리가 폭격을 할 수 있었을까?"

이러한 설명은 적어도 우리를 문제의 핵심에 다가서게 한다. 하지만 힐 대사의 발언을 직간접적으로 인용하는 것은 진정한 비 非나토 병력이 아니라 '적당한 가면'만을 고려하는 것으로 보인다. 이상하게 러시아측 협상자의 것으로 간주된 견해──마요르스키 대사는 나토가 주도하는 처리 방안 때문에 코소보의 서명 조인식을 보이콧했다 ── 에도 불구하고 러시아 정부가 협정의 이행에 참여할 뜻을 가지고 있었다는 것 또한 분명한 사실이다. 러시아는 당연히 세르비아와 마찬가지로──그보다 더하지는 않더라도──자신을 배제시킨 것에 격렬하게 분개하고 있다. 러시아를 참여시켰다면 그 목적은 언제나 세르비아에 대한 압력의 극대화였을 것이다.

만약 러시아가 아니라 미국이 협상 과정에서 배제되었다면, 평화적인 결과를 이룰 가능성은 훨씬 더 높았을 것이다. 미국의 개입은 워싱턴의 매파를 만족시킬 테지만, 절대 다수의 미국 시민은 한도 끝도 없이 얽혀 들어가는 해외에서의 군사적 모험에 아무 관심도 없다. 이는 수감자 수의 증가 같은 심상치 않은 문제들로부터 대중의 주의를 흩뜨리는 데 이바지하는 것이며, 나토 확대나 일련의 보호령 유지에 드는 비용은 사회보장 퇴직연금 문제에 대한 클린턴의 예외적인 대담한 접근을 가능하게 한 예산상의 흑자를 침식할 수 있다. 어떤 나라도 자신이 세계의 싸움대장이라 사칭할 수 없으며 특히나 미국은 정치 구조상 특수 이익집단의 로비에 극히 취약하기 때문에 그런 역할에 적합하지 않다.[20] 미국 정치 지도자들이 자국 군대의 인명 피해를 꺼린다는 사실은 어느 정도 억지력으로 작용할 수 있지만, 폭격과 같은 우회적인 파괴 행위를 벌일 수 있는 워싱턴의 능력과 준비는 이러한 점을 대부분 상쇄한다.

1999년 5월 24일 클린턴은 <뉴욕타임스> 칼럼을 통해, 미국이 설정한 조건을 재표명하고 약간의 변화를 시사했으며 대외 정책에 대한 비판을 우회적으로 인정하였다. 코소보 평화유지군이 "보스니아의 사례처럼, 비나토 국가와의 특별 협의와 더불어, 나토의 지휘와 통제를 받아야 하며 나토의 교전수칙을 지켜야 한다"고 되풀이해 말한 뒤 그는 다음과 같이 덧붙였다. "우리의 군사 행동은 이러한 조건이 충족될 때까지 계속될 것이다. 이는 우리가 고집이 세거나 자의적이어서가 아니라 이런 조건 아래에서만이 난민의 안전한 귀향과 코소보해방군의 무장해제——이는 어떤 결의안이건 효력을 발휘하기 위해 필요한 기본적인 조건들이다——를 유도할 수 있기 때문이다." 사실 보스니아와 소말리아에서 미국이 한 역할을 보면 이런 주장은 아무 근거가 없다. 수많은 난민이 아직 보스니아로 돌아오지 못하고 있으며, 소말리아에서는 미국이 지휘하는 미군이 어렵고 미묘한 상황에 대처하는 데 매우 서투르다는 사실이 입증되었다.[21] 세르비아가 철수한 뒤 코소보에 진주하는 그 누구라도, 새로운 민족 분쟁과 난민의 물결을 예방하는 어려운 과제에 부딪히게 되어 있었지만, 나토만이 그 해결책이라는 주장은 전혀 근거가 없는 것이었다. 클린턴은 러시아 따돌리기식 접근에 대한 비판을 우회적으로 언급하면서 말을 이었다. "이 전략은 러시아와의 장기적 관계에 있어 우리의 근본적인 이해를——약화시키는 게 아니라——강화시키는 방식으로 우리의 목적을 달성할 수 있는 최선의 기회를 제공해준다. 러시아는 현재 베오그라드가 우리의 조건을 받아들일 수 있도록 돕고 있다. 보스니아에서 공동으로 진행한 경우처럼 러시아군은 긴장의 원천을 협력의 기회로 전환시킴으로써 코소보의 평화를 지켜낼 평화유지군에 참여해야 한다." 나토의 지휘와 통제하의 중재와 협정 이행 양 측면 모두에서 러시아의 역할을 심사숙고한 이러한 새로운 노력은 분명 워싱턴의 뜻을 수용하겠다는 옐친의 의지와 그가 프리마코프를 성공적으로 제거했음을 반영한 것이었다. 그러나 같은 날 <헤럴드 트리뷴 *Herald Tribune*> 1면의 한 기사는 위험한 일이 벌어지고 있음을 보여주었다. 2단계 전략무기감축협정이 러시아 국회의 승인을 필요로 함에 따라 완전히 교착상태에 빠졌다는 기사였다. 재래식 무기든 핵무기든 군축을 이행할 준비를 하기는커녕 러시아군 최고사령부는 핵군비를 현대화한다는 결정을 내리고 있었다.

나토 회원국들의 여론은 여전히 코소보에 남아있는 수많은 난민들과 유고슬라비아 민간인, 그리고 이 지역의 긴장에 공중전이 미친 희생과 손실에 관해 점차 알아가고 있을 뿐이었다. 이탈리아와 독일 정부는 지상 공격에 반대하고 나섰다. 이들 나라의 불만스러운 연정 파트너들은 공중 폭격을 즉각 중단할 것과 러시아의 중재 노력을 유도할 것을 요구하였다. 몇몇 나라들은 유고슬라비아 군의 '지휘 및 통제' 기능을 '무력화'시킨다는 나토가 의도한 목적은 확전을 결심한 이들에게나 의미 있는 것임을 깨닫게 되었다. 이러한 목적이 성공했다면 오히려 베오그라드측이 자국 군대의 철수를 명령하기 힘들었을 것이고 코소보의 세르비아 병력을 그나마 남아있던 억제 상태로부터 풀어주는 결과를 가져왔을 것이기 때문이다. 그리고 무자비한 공중 폭격은 사실 자국 국민에 대한 밀로셰비치의 지배를 강화시켜 주었다. 재앙일 뿐인 그의 오랜 집권에 식상해하는 모든 세르비아인들의 비판에 밀로셰비치를 노출시킬 수 있는 것은 오직 평화의 구현뿐이다(의미심장하게도, 강력한 저항 운동이 솟구친 1996~97년은 평화의 시기였다).

유럽회의나 유럽안보협력기구, 유엔 등이 발표한 원칙들을 통해 유고슬라비아와의 협상을 이끌 수 있는 적절한 기반이 마련될 수도 있었다. 과거에도 그랬지만 현재에도 유고슬라비아 정부는 나토 열강들과 마찬가지로 이들 원칙에 동의하고 있다. 이러한 국제기구들의 개입은 나토가 결여하고 있는 정당성을 가질 수 있으며, 따라서 이 세르비아 지도자에게 더 큰 압력을 행사할 수도 있었다. 최종 순간까지도 나토의 일방적 강권 정책은 고통만을 연장시켰을 뿐이다. 다른 기구들은 끈기 있는 국제적 합의 아래 세워졌으며, 그 결과 국가간의 관계를 규제하고 인권 및 시민권의 준수를 감독하기 위한 바로 그 목적으로 각국 의회에 의해 비준되었다. 신 유고슬라비아 연방은 구성 초기부터 구 연방의 모든 국제적 의무를 계승한다고 분명히 주장했다. 위에서 언급한 기구들 중에서도 유럽회의는 특히 인권과 시민 자유를 보호한다는 차원에서 설립된 기구로서, 회원국들로부터 이에 합당한 지원을 받았다면 코소보 위기에 대처하는 데 가장 적합한 기구였을 것이다. 유럽회의는 이번 위기로부터 직접적인 위협을 받는 유럽을 대표하고 있으며, 최근의 일련의 재앙들에 대한 책임으로부터도 자유로운 기구이다. 유럽회의는 또한 유럽 전역으로 유럽연합의 시급한 경제적 지원을 전달할 수 있는 적당한 통로일 수도 있다.

위에서 언급한 국제기구들은 완벽한 것도 아니며 운영방식은 여전히 개선의 여지가 있다. 원칙면에서든, 실천면에서든 서방 강대국들은 핵심 회원국으로서 이들 기구의 운영 원칙을 개선할 수 있는 수많은 기회가 있었다. 과거에 이들은 특히 유럽안보협력기구 사무국과 유엔안보리에 대한 러시아의 제안과 같은 결정사항을 처리하고 집행함에 있어 보다 효율적인 체제가 등장하는 것을 막는 데 자신들의 영향력을 행사해왔다. 유럽안보협력기구와 유럽회의에는 러시아가 참여하고 있으며, 협상과 이행 모두에 있어 모든 합의에 러시아의 참여를 보장하게 되어 있다.

지난 20년 동안 서방은 코소보인들의 곤경을 무시하거나 심지어는 악화시키기까지 했다. 1970년대에 코소보인들은 마침내 반半식민지 상태로부터 벗어나고 있는 듯이 보였지만 티토의 죽음에 뒤이어 세르비아 민족주의의 인종주의적 변형체가 점점 강해지면서 종속은 이전보다 훨씬 악화되었다. 서방 강대국들은 세르비아 당국에 억제력으로 작용하던 구 유고슬라비아 연방의 무질서한 해체를 원조하고 부추겼다. IMF는 절망적인 경제 위기를 더욱 악화시켰으며 전임 유고슬라비아 정부가 군인들의 급료로 지불하려고 했던 자금마저 빌려주기를 거부했다.22) 서방의 그 어떤 제지도 없이 밀로셰비치는 이 소위 자치주에 잔혹하고 독단적인 통치를 부과하였다.23) 코소보의 자결은 서방 강대국들이 시급하고 불가피한 것으로 인정한 슬로베니아나 크로아티아, 보스니아의 분리보다 더 정당하고 급박한 대의였다. 코소보의 대의는, 이를테면 스웨덴과 소련, 그리고 다소 뒤늦게나마 미국이 남아공의 아프리카민족회의(ANC)의 대의를 지원한 것과 마찬가지로, 1990년대 전반에 걸쳐 적절한 외교적, 물질적 방식으로 지원 받았어야 했다. 1998년의 코소보해방군의 무장 행동은 게릴라 공격과 군사적 탄압, 국지적이고 대규모는 아닌 학살 등 알제리에서와 같은 고전적인 반식민 투쟁이 갖는 모든 요소가 어우러진 상황을 연출했으며 이는 랑부예에 이르기까지 계속되었다. 나토에 따르면 1999년 2월까지 약 천 명의 세르비아 군인과 공무원이 살해되었으며, 2천 명의 알바니아계 코소보인이 죽고 20만 명의 코소보인이 자신의 집을 등졌다. 하지만 이 시점까지도 대부분은 코소보에 남아 있었다.

폭격은 부도덕한 식민 분쟁을——미국인, 유태인, 팔레스타인인, 독일인, 보스니아인, 그리고 최근 사례로는 크라지나의 세르비아인들이 전쟁 시기에 겪은 운명이 보여주듯이——20세기 들어 너무나도 자주 전쟁이라는 엄호물을 요구한 현상인, 대규모 인종청소로 전환시켰다.24) 줄곧 언급되는 히틀러와 밀로셰비치 사이의 그럴 듯한 비유는 영국과 프랑스가 나치 독일의 대량 학살을 이유로 선전포고한 것이 아니었다는 사실을 망각하고 있다. 홀로코스트는 전쟁의 산물이었지 개전의 이유는 아니었다. 독일에 대한 선전포고는 독일이 조약을 어기고, 소수 독일인들에 대한 박해를 막는다는 구실로 이웃 나라들을 침략했기 때문이었다.

성 아우구스티누스의 고전적인 '정당한 전쟁' 이론에 따르면 수단은 목적에 어울리는 것이어야 하며 전쟁 결정은 오직 중재에 대한 모든 전망이 소진한 연후에야, 그리고 적법한 당국의 행동으로서만 내려져야 한다. 그것이 위한다는 사람들에게 엄청난 피해를 입히는 전쟁, 중재에 대한 절대적인 기대를 저버리는 전쟁, 조약을 침해하는 전쟁, 선출된 기구들로부터 미리 승인을 받지 않은 전쟁은 정당한 전쟁일 수 없다. 토니 블레어처럼 십자군식 대의를 휘두르는 이들은 가장 위험한 군국주의자들일 수 있다. 정당한 전쟁과 신성한 전쟁 사이에는 차이의 세계가 존재한다. 일차대전 시기의 살육은 벨기에에 대한 죄악에 의해 정당화되었다. 아프리카에 대한 식민 분할은 노예 무역을 억제한다는 명목으로 취해졌다. 정당화된 대의를 추적하는 데 있어 우리는 항상 이를 왜곡할지도 모르는 배후의 동기와 기득권적인 이해에 주의를 기울여야 하며 가능한 한 이러한 동기와 이해를 가로막을 수 있는 접근법을 찾아야 한다. 보다 원칙에 입각하고 효율적인 노예폐지론자들이 식민 정복 전쟁을 지지하지 않으면서 노예제 폐지운동과 노예 무역에 반대하는 국제적 협약을 지지할 수 있었던 것은 이러한 이유에서였다.

유엔과 유럽안보협력기구 모두 과거부터 민족 박해나 탈식민화, 분쟁 억제 등과 같은 어려운 문제들에 대한 평화적이고 타협적인 해결에 개입해왔다. 물론 실패도 있었지만 미국 역시 이러한 해결 과정에 공헌해왔다. 유럽회의와 유럽연합은 자신들의 역사적 기록을 더욱 좋은 쪽으로 개선시키는 것을 목적으로 할 수도 있었다. 최소한 이들은 일방적인 행동이라는 위험한 선례를 만들고 무고한 피를 흘리면서 지역 및 세계적 긴장에 기름을 부은 나토보다는 더 나은 모습을 보일 수 있었다.

하지만 이러한 타협적 접근이 채택되었다면 코소보의 대의를 강대국의 이해를 위한 냉소적인 착취에 내던져버리지 않았을까? 기민한 여론과 적극적인 평화운동이 그런 결과를 막는 하나의 안전판으로 작용할 수 있었을 것이다. 그러나 어쩌면 국제적, 지역적 협정이라는 포괄적인 네트워크도 이러한 역할을 할 수 있었을 것이다. 국제적인 협상과 협정, 군대 철수 등의 압력은 강대국의 이해와 무모한 감정적 발작 모두를 무력화시키거나 억제하는 데 이바지할 수 있다. 이는 참여 당사국들로 하여금 국제적 규범과 여론이라는 측면에서 스스로를 정당화하게끔 만든다. 구조화된 협상과 협력이라는 배경 속에서 전체는 부분들의 합보다 어쨌든 조금이나마 낫다. 참여 당사국들이 서로를 견제하기 때문이다. 우리는 코소보나 구 유고슬라비아 지역 대부분에서 세르비아 보안군이 행한 소름끼치는 역할을 간과하거나 망각해서는 안 되며 체첸에서의 러시아군이나 쿠르드 지역에서의 터키군, 미국의 지원과 조언을 받은 중미의 군사 정권들 또한 마찬가지이다. 우리는 암살대 등의 특수 군사부대가 해체되는 세계를 요구해야 한다. 하지만 코소보 위기에 직면한 지금 우리는 서방의 군사력이 세르비아에 대한 잠재적인 억제력으로 작용하고 러시아의 군사적 역량이 나토에 대한 균형추로 기능하는 현실을 무시할 수 없다. 우리는 군사 체제를 인정하지 않고서도 이들 사이의 평화적인 화해──이는 군대 철수와 군축이라는 한층 진전된 프로그램으로 이어진다──를 촉구할 수 있음을 알아야 한다.

코소보해방군에 대한 낭만적 환상이 없이도 우리는 이들이 코소보에서 다수를 차지하는 민족집단에 자위 수단을 제공한 사실과 이들의 무장투쟁

방식 때문에 과거에 선거에서 승리했던 평화적인 정당들의 지지도가 떨어진 사실을 알 수 있다. 그 결과 코소보해방군은 어느 정도의 인정은 받았지만 사실상의 통제권 독점은 누릴 수 없었다. 어떤 방식의 사태 해결이든 간에 유고슬라비아 군대——정규군이 꺼려하는 무법적인 테러와 인종청소를 자행하기 위해 특별히 만들어진 민병대나 경찰 부대가 아니다——는 과도기적인 역할을 해야만 했다. 만약 실제 결과처럼, 오직 협정을 통해서만 세르비아를 코소보로부터 평화적으로 철수하게 할 수 있었다면, 유고슬라비아군의 협력은 필수적이었다. 발칸과 유럽의 평화를 원한다면 분쟁에 개입된 무장 조직들이 없어져버리기만을 바랄 수는 없다. 가능한 한 가장 효율적인 방식으로 이들의 교전 중지와 철수를 모색해야 한다.

무장 투쟁이 개시된 1998년 3월, 또는 더 늦게라도, 코소보에 대한 행동을 고려하기 위해 유럽회의가 소집되었어야 했다. 유럽회의는 코소보의 운명을 고민하고 안보 보장을 갖추기 위한 포괄적인 회담을 소집할 수 있는 최선의 기구였다. 이런 회담에는 이브라힘 루고바의 정당이나 코소보해방군, 여러 소수민족 대표단 등을 비롯, 코소보인들을 대표할 수 있는 광범위한 사람들이 참석했어야 했다. 코소보해방군은 당연히 전면적이고 즉각적인 코소보인들의 자결을 주장했을 것이다. 코소보해방군은 자신의 관점을 표명할 모든 권리를 가져야 했겠지만 회담이 이를 수용할 의무는 없었을 것이다. 코소보의 상황을 감안한다면 이 지역의 미래에 관한 즉각적인 투표는 어쨌든 가능하지 않았다. 나토가 엄청난 힘을 동원해서 코소보의 조직들을 교묘하게 조작——한 예로 노련한 코소보 지도자 아뎀 데마치를 배제했으며 1999년 4월에는 크라지나에서 세르비아계 인종청소에 가담했던 크로아티아군의 전 장군 한 명을 코소보해방군 조직의 요직에 앉히기도 했다——했기 때문이었다. 6월 이후 나토 점령군은 코소보해방군에 상당한 활동의 여지를 제공한 반면 그들이 요구한 즉각적인 자결은 인정하지 않았다. 실제로 6월의 협정에서는 랑부예 협정에 포함되었던 3년 이내의 국민투표에 대한 약속조차도 찾아볼 수 없었다.

알바니아계 코소보인들은 물론 커다란 고통을 겪고 있지만 우리는 그들의 요구를 절대시하는, 이해할 수는 있지만 분명 잘못된 시도들에 대해 주의를 기울여야 한다. 어느 나라든 국민에 의한 자결권의 행사는 적절한 수단을 통해, 그리고 자결권 행사가 낳을 결과들에 대해 폭넓게 고려한 정당한 근거에 기반하여 추구되어야 한다. 큰 나라들이 패권주의를 일삼는 한편 작은 나라들 또한 그 나름의 방식으로 과거를 망각하고 자기중심적이 되기 쉽다. 그리하여 1991년 유고슬라비아 연방으로부터 슬로베니아가 떨어져 나오던 당시의 그 무모한 서두름은 사실상 밀로셰비치의 코소보 탄압에 일조했다. 당시의 유럽공동체(EC)는 코소보가 독자적인 공화국으로 인정받을 수 있을 때까지 유고슬라비아 연방의 해체에 대한 인정을 미뤘어야 했다. 슬로베니아 지도자들이 —— 결과에 상관없이 —— 슬로베니아의 이해를 압도적으로 우선시한 것은 분명 불운한 만큼 또한 불가피했다. 이 문제에 있어서 진짜 죄과는 서방 강대국, 무엇보다도 경고를 받았음에도 불구하고 슬로베니아의 분리를 부추기고 나선 독일과 영국이었다.[25] 소국 이기주의의 또 다른 사례는 1962년 쿠바 미사일 위기 당시 피델 카스트로와 체 게바라의 대응이었다. 미국에 맞서 쿠바를 방어하는 것은 전적으로 정당한 대의였지만 핵전쟁의 위험을 무릅쓰는 것은 정당화될 수 없었다. 그러나 다행히도 흐루시초프가 물러설 준비가 되어 있었다. 결국 드러났듯이 쿠바는 미사일 위기의 결과로 직접적인 침공을 받지는 않았다. 일부 코소보 지도자들은——서방의 자극에 고무되어——나토가 이끄는 병력만을 받아들일 것이라고 주장해왔다. 하지만 설사 코소보 국민 모두가 동의한다 하더라도 보다 넓은 맥락을 무시하는 것은 바람직하지 않다. 또한 일부 코소보인들은 나토의 보호가 무기한 계속될 수도 있다는 점을 알고 있다. 세르비아 병력의 철수를 보장하고——세르비아계를 비롯하여——모든 코소보 주민의 안전을 확보하기 위해 국제적인 점령군이 필요했을 수도 있다. 그러나 이러한 목적은 항상 가능한 한 신속히 달성되었어야 했다.

폭격이 즉각 중단되어야 한다고 정당한 요구를 제기했던 이들은 베오그라드 역시 폭격의 재개를 막기 위해 사태 해결에 나설 의향이 있음을 알고 있었다. 이는 온건파의 정책이 강경파와 은밀하게 공모하고 있음을, 그리하여 강경파가 처음부터 옳았음을 의미하는 것일까? 그렇지는 않다. 만일 코소보의 상황이 1991~92년의 연방 해체 당시나 1995년 데이턴에서, 또는 상호 적대가 시작되던 1998~99년에 전쟁이 아닌 다른 어떤 방식으로든 강력하게 표명되었더라면, 코소보인들의 상황은 이 모든 단계에서 더 나아졌을 것이다. 인권의 옹호자인 체하는 서방 정부들이 당시 어떤 국면에서든 코소보인들의 운명에 진정한 관심을 보였더라면, 상당한 사태 해결을 달성하고 우리가 지금 목도하고 있는 인도주의적 재앙을 피할 수 있었을 것이다. 또한 이 모든 국면에서 미국을 배제하고 러시아와 함께 했다면 더 나았을 것이다.

마침내 러시아의 중재로 타협이 이루어졌다. 협정의 기반을 마련한 체르노미르딘–아티사리 중재단[26]은 러시아와 유럽이 베오그라드에 대해 공동으로 취한 첫 번째 접근이었다. 많은 강제가 있은 후, 이때쯤에는 러시아도 나토 위주의 점령군을 받아들이고 있었다. 하지만 나토가 코소보로부터의 철군 시한을 공표하고 유럽회의로 하여금 새롭고 민주적인 발칸 문제 해결의 필요성을 논의하는 회담을 소집하게 만든다면, 코소보, 아니 더 나아가 유럽과 세계에 보다 좋은 결과가 주어질 것이다.

1999년 5월 27일자 <파이낸셜 타임스>에 실린 모스크바발 기사에서

존 로이드 John Lloyd는 러시아의 군사, 외교적 역할과 관련하여 두 가지의 중요한 지점을 설명하고 있다. 첫째 체르노미르딘은 러시아에서 부패하고 타협적이며 친서방적인 인물로 간주되고 있으며, 따라서 체르노미르딘과 옐친만이 인정한 사태 해결은 전혀 신뢰를 얻을 수 없다는 점이다. 다른 한편으로 로이드는 이고르 이바노프 외무장관이 제안한 사태 해결 계획은 세르비아의 전면 철수를 상정하고 있지만 코소보의 분리는 고려하고 있지 않다고 보도했다.[27] 러시아 정계의 관심사는 항상 나토의 대규모 병력이 코소보에 주둔하느냐였지, 사태 해결의 다른 어떤 세부적인 문제는 아니었다는 점은 그리 놀랄 일도 아니다. 나토가 주도하는 작전에 명목적으로 러시아 군을 포함시킨 것은 사태 해결의 결과 얻어진 보상이었지만, 너무 소소하고 마지못해 준 것이어서 이러한 우려를 진정시키지도 못할 것이며 향후 문제의 소지만을 축적하게 될 것이다.[28]

1999년 6월 러시아 군의 극적인 프리슈티나 공항 도착은 서방의 정책이 초래한 위험을 부각시켰다. 이후의 보도에 따르면, 웨슬리 클라크 장군이 잭슨 장군[코소보 평화유지군 사령관]에게 이러한 행위에 대해 이의를 제기하라고 명령했지만 잭슨 장군은 거부했다고 한다(사실 러시아 정부가 보다 독단적이었다면, 공항 통제권을 이용해서 상당 규모의 병력을 공수할 수도 있었을 것이다. 어쨌거나 러시아는 여전히 대용량의 병력 수송 비행기를 보유하고 있으며 연료도 부족하지 않다). 영국의 코소보 평화유지군 사령관과 합참의장 또한 분쟁을 종식시키는 데 있어 러시아의 중재가 결정적인 역할을 했으며 공중전은 오류였다는 의견을, 우회적으로나마, 내놓았다. 잭슨 장군은 <선데이 텔레그라프 *Sunday Telegraph*>와의 인터뷰에서 다음과 같이 말했다. "[모스크바가 밀로셰비치에게 항복할 것을 촉구한] 6월 3일의 사건이야말로 전쟁을 끝내는 데 가장 중요한 역할을 했던 것으로 보인다."

공중전에 관한 의견을 묻는 질문에는 "나는 공중전을 책임지고 있지 않았으며 질문에 대답하기에 적당한 사람도 아니다"라고 대답했다. 합참의장 찰스 거스리 Sir Charles Guthrie 장군 또한 <가디언>과의 인터뷰에서 '러시아의 개입 덕분에' 전쟁이 끝났음을 인정하였다.[29]

나토 병력을 보내 유고슬라비아를 산산이 부수는 대신 밀로셰비치와 사태를 해결하기로 결국 결정한 것은 환영받았으며 서방의 지상공격 부대가 바라마지 않던 무모한 학살과 도발을 벌이는 사태를 피하게 만들었다. 많은 난민들의 귀환을 허용하면서 나토는 1999년 3월 말에 입은 손상을 최소한이나마 만회할 수 있었다. 그러나 수개월에 걸친 통보에도 불구하고 약탈과 보복 살인, 폭력 행위 등을 예방하고, 현지 출신 혼성 병력의 훈련을 개시할 수 있는 경찰 병력은 전혀 준비되어 있지 않았다. 여전히 이브라힘 루고바를 지지하는 알바니아계 코소보인들——아마 다수였을 것이다——또한 코소보 해방군에 의해 적대적인 대우를 받았다. 계속되는 알바니아계의 보복 공격 위험은 보호령 지위를 정당화시키고 코소보인들 스스로 자신의 문제를 다룰 수 있는 권리를 부인하는 데 효과적으로 이용되었다. 오래지 않아 코소보 역시 인종적으로 청소된 또 하나의 소국이 되어 크로아티아나 세 개의 보스니아[30] 같은 구 유고슬라비아의 파편들의 대열에 합류할 것으로 보인다. 보스니아의 소국들이 보여주듯이, 보호령이라는 지위는 자치 능력보다는 범죄 네트워크들을 조장하고 있다.[31] 전반적으로 보면, 러시아와 중국에 대한 건설적 포섭을 꺼림으로써 대결적 상황과 새로운 냉전의 연출로 이어지는 결과를 낳고 있다.

단기적으로는 자기확대를 위한 나토의 전쟁이 강경파에게 커다란 성공을 가져다주었다고 주장되는 듯이 보인다. 발칸 지역에서 나토의 행동 반경이 상당히—— 아마도 영속적으로——확대되었을 뿐만 아니라 전쟁의 위협은 지역적, 세계적 정치 질서를 원대하게 재조정했다. 독일에서는 오스카 라퐁텐이 쫓겨났고, 사민당-녹색당 연정은 격렬한 논쟁으로 피투성이가 되었다. 리오넬 조스팽은 새로운 질서에 만족한다고 선언했으며 스페인 사회당 지도자 호세 보렐 José Borrell은 사퇴를 권유받았다. 헝가리와 체코, 폴란드는 차례를 기다리고 있으며 루마니아와 불가리아는 다음의 나토 확대를 준비하고 있다. 마지막으로 그리고 가장 중요한 점으로, 몇 번의 좋지 않은 순간들이 지난 후 나토는 자신이 어느 때보다도 자유롭게 행동할 수 있는 세계를 주관하기로 결심을 굳힌 듯이 보인다. 만약 강경파가 현명치 못했다면 아마도 자신들의 전리품 목록에 프리마코프의 머리가죽을 추가했을지도 모른다. 이들은——체첸 전쟁의 설계자들이자 서방의 지원을 등에 업고 러시아 국민에게 크나큰 불행을 안겨준——옐친과 지리노프스키, 체르노미르딘의 새로운 황-갈 동맹[인민주의와 파시즘의 동맹] 덕분에 프리마코프가 물러났다고 생각하고 싶을지도 모른다. 실제로 프리마코프의 계승자인 푸틴은 나토의 세르비아 공습을——가공할 공중 폭격으로 완성되는——체첸에 대한 공격 재개를 허용하는 청신호로 보았다. 한편 이와는 매우 대조적으로, 유엔을 통한 국제적인 압력은 전쟁에 호소하지 않은 채 동티모르로부터 인도네시아를 철수하게 만들었다.

주

1. 노련하고 식견있는 전전 戰前 외교 연구자인 조너던 스틸은 후에 다음과 같이 주장했다. "나토는 유고슬라비아에서 목표를 달성했지만 전쟁은 결코 필요하지 않았다. 지난 주 밀로셰비치에게서 얻어낸 협상은 12개월 전에, 끔찍한 폭격이 없이도 얻어질 수 있었다." 'NATO's Russian Roulette', *Guardian*, 9 June 1999. 이 기사는 계속해서 이렇게 강조하고 있다. "과거 냉전 시대의 적에 대한 서방의 경멸은 상호 협력이 필요한 코소보 위기의 바로 그 순간에 소원한 관계를 낳았다."

2. 이런 견해는 심지어 코소보 대표단의 법률 고문이었던 마크 웰러 Marc Weller가 쓴 글에서도 나타난다. 'The Rambouillet Conference', *International Affairs*, vol. 75, April 1999.

3. 위의 글을 보라.

4. [옮긴이] Efrain Rios Montt. 1982년 권좌에 올라 1983년 쿠데타로 물러났다. 과테말라 군부에 의한 '초토화 작전'이란 이름의 반란군 진압에서 최악의 시기를 이끈 것으로 유명하다. 이 과정에서 대부분 민간인 비전투요원인 20만 명이 목숨을 잃었다. 과테말라 분쟁에 관한 유엔 역사규명위원회는 1999년 2월 발간한 보고서에서 리오스 몬트 장군 집권 시기에 과테말라 원주민에 대한 대규모 학살이 이루어졌음을 밝혀냈다. 리오스 몬트는 1999년 말 상원의장에 선출되었으며 노벨평화상 수상자인 리고베르타 멘추는 올초에 대량학살 혐의로 스페인 법정에 그에 대한 소송을 제기하였다.

5. [옮긴이] 1972년 1월 30일 아일랜드 데리에서 시민권협회 Civil Rights Association가 주도한 3만 명의 평화 행진에 영국 공수부대가 발포하여 14명이 사망한 사건.

6. Anatol Lieven, *Chechnya, Tombstone of Russian Power*, London 1998.의 결론을 보라. 역설적이게도, 코소보에서 서방은 긍정적일 수도 있었던 러시아의 역할을 최소한으로 억제한 반면, 1999년 가을 체첸에 대한 러시아의 새로운 공격은 그대로 내버려두었다.

7. [옮긴이] 41개 유럽 국가로 구성된 정부간 협력조직으로 유럽연합과는 구별된다.

8. [옮긴이] 95년 7월 세르비아군이 점령한 이슬람계 도시로 '인종청소 작전'이 수행되어 최소한 7천5백 명의 민간인이 조직적으로 살해되었다.

9. [옮긴이] 유고슬라비아 연방에 속해 있는 자치주로서 헝가리계 소수민족이 세르비아측의 자치권 박탈과 소수민족 탄압에 항의하여 자치권 회복을 요구하고 있다. 구 유고 지역의 다른 분쟁과는 달리 유혈사태가 발생하지 않은 유일한 분쟁이다.

10. [옮긴이] 구 소련에서 독립한 흑해 연안 국가로 내전과 붕괴 상태에 이른 경제상황으로 인해 극심한 정치적 불안정을 겪고 있다.

11. Zlamy Khalilzad and David Ochmanek, 'Rethinking US Defense Planning', *Survival*(IISS London), vol. 39, no. 1, Spring 1997, p. 49; Gilbert Achcar, 'The Strategic Triad: the United States, Russia and China', *New Left Review*, no. 228, March-April 1998, pp. 91-128, pp. 102-3에서 인용.

12. Lawrence Freedman, 'On the C List', *Times Literary Supplement*, 30 April 1999. 이 글은 Asthenia B. Carter and William J. Perry, *Preventive Defense: a New Security Strategy for America*, Washington, DC: Brookings Institute에 대한 서평이다.

13. Michael Mandelbaum, *The Dawn of Peace in Europe*, New York 1996. 필자가 이 책과 애쉬튼과 페리의 저서를 인용하는 이유는 미국의 현 정책의 무모함이 정치권 내에서조차 동요를 불러일으키고 있음을 보여주기 위함이다. 나토 확장에 대한 상세한 정보를 담은 비판으로는 *The Expansion of NATO*, Campaign Against the Arms Trade, London 1999(11 Goodwin St, London N4 3HQ의 주소로 구입신청을 할 수 있다)를 보라.

14. *Transition*, 15 November 1996.

15. Zbigniew Brzezinski, 'A Geostrategy for Asia', *Foreign Affairs*, November-December 1997.

16. Interview, CNBC, 'Power Lunch', 27 August 1998. 그러나 러시아의 민주주의에 대해 상당히 비판적인 브레진스키는 아제르바이잔과의 긴밀한 연계를 선호하는 것으로 알려져 있다. 그는 아모코 석유 Amoco와, 송유관 사업 및 계약을 통해 구암 GUAM 동맹을 견고하게 하는 데 일조하고 있는 카르텔인 아제르바이잔 인터내셔널 Azerbaijan International Operating Company의 자문역을 맡고 있다. 브레진스키가 이사로 있는 프리덤 하우스 Freedom House[작가 베트 바오 로드가 이끄는 미국의 세계적 인권단체로 매년 펴내는 <세계인권상황 평가서>로 유명하다]는 최근 게이다르 알리에프 Geidar Aliev가 집권하고 있는 아제르바이잔의 정치 상황이 나아지고 있다고 발표했다(알리에프는 브레즈네프 시절 공산당 정치국원이었으며, 나고르노-카라바흐 Nagorno-Karabak 지역에서 벌어진 아르메니아인 인종청소[아제르바이잔 내부에 위치한 나고르노-카라바흐는 아제르바이잔의 지배하에 있다가 지난 88년 아르메니아의 지원을 받아 아제르바이잔 병력을 몰아내고 독립을 선언했다. 아제르바이잔은 나고르노-카라바흐에 재차 군을 투입, 아르메니아인들에 대한 대대적인 인종청소를 벌였다]에 책임이 있다). 브레진스키와 아제르바이잔에 관한 자료는 counterpunch.org라는 웹사이트에서 볼 수 있으며, 1997년 9월 29일 웹매거진 <살롱 *Salon*>에 실린 크리스토퍼 히친스 Christopher Hitchens의 글도 있다. 브레진스키는 분명 석유회사들과 긴밀한 관계를 맺고 있지만 석유회사들의 입장을 그대로 대변하고 있는 것은 아니다. 몇몇 관찰자들은 브레진스키의 천진난만함과 탐욕이 결합되어 석유 문제가 그의 정치적 책략 속으로 말려들고 있다고 믿고 있다.

17. Madeleine Albright, 'The Testing of American Foreign Policy', *Foreign Affairs*, November/December 1998, pp. 50-68.

18. Garry Wills, 'Bully of the Free World', *Foreign Affairs*, March-April 1999, pp. 50-60; and Samuel P. Huntington, 'The Lonely Superpower', 같은 호, pp. 35-49.

19. Tariq Ali, 'Springtime for NATO', *New Left Review*, 234, March-April 1999. 솔라나의 연설문은 Kosova.newsroom이라는 웹사이트에서 찾아볼 수 있다.

20. Daniel Lazarre, *The Frozen Republic*, New York 1996을 보라.

21. Alex de Waal, 'US War Crimes in Somalia', *New Left Review*, no. 230, July-August 1998, 131-44쪽, 특히 135쪽을 보라.

22. Robin Blackburn, 'The Break-up of Yugoslavia', *New Left Review*, 199. 인종 폭력을 가속화시키는 데 있어 경제적 '산사태'가 하는 역할에 관해서는 Tom Nairn, 'Reflections on Nationalist Disasters', *New Left Review*, no. 230, July-August 1998을 보라.

23. Branka Magaš, 'The Balkanization of Yugoslavia', *New Left Review*, 174, 1989를 보라.

24. Michael Mann, 'The Dark Side of Democracy: the Modern Tradition of Ethnic and Political Cleansing', *New Left Review*, no. 235, May-June 1999, 18-45쪽을 보라.

25. 서방의 대 유고슬라비아 정책에 대한 통렬한 고발로는 Susan Woodward, *The Balkan Tragedy*, Washington 1995를 보라. 우드워드가 지적하듯이, 대부분의 서구 정치인과 외교관들은 유고슬라비아 연방 내 각 공화국들의 자결을 절대적으로 우선시하면서 이들 나라에서 개인과 민족집단들의 권리가 침해되는 방식은 무시하였다.

26. [옮긴이] 러시아 코소보 특사 빅토르 체르노미르딘 전 총리와 마르티 아티사리 핀란드 대통령을 지칭한다.

27. John Lloyd, 'Russians Doubt Chernomyrdin's Kosovo Chances', *Financial Times*, 27 May 1999.

28. 국제전략연구소(CSIS) 웹사이트에 실린 1999년 6월 15일자 브레진스키의 논평은 다음과 같다. "실제로 유럽과 중국과의 관계를 통해 상황을 전개해 나가는 것이 미국의 전략적 과제이다. 따라서 러시아는 단 하나의 건설적인 선택, 즉 유럽 및 서방과의 화해만을 갖게 된다." 그는 말을 이어간다. "지난 며칠 동안 남동 유럽의 세 나라[루마니아, 불가리아, 헝가리]──이 중 한 나라[헝가리]는 나토 회원국이다──가 러시아의 영공 비행권을 거부했으며, 여전히 영공 통과를 허용하라는 커다란 압력──현재는 일정한 위협까지도──을 받고 있다. 우리는 실제로 루마니아와 불가리아에게 영공 비행권을 거부하도록 격려해왔다. 이를 통해 사실상 이들 나라와 특별한 안보 관계를 맺을 수 있었으며, 이는 나토의 확대 과정에 새로운 요소를 도입시키고 있다. 루마니아와 불가리아는 현재 나토와 상당히 특별한 관계를 맺고 있으며, 이로써 후보 회원국이라는 특수한 지위를 얻게 되었다."

29. Richard Norton-Taylor, Analysis and Comment page, *Guardian*, 3 August 1999와 interview with General Jackson, *Sunday Telegraph*, 1 August 1999를 보라.

30. [옮긴이] 1992년 내전 이후 보스니아의 종교, 민족 갈등은 더욱 악화되어 현재 보스니아-헤르체고비나에는 94년 3월 워싱턴조약에 따라 두 개의 정치 실체, 즉 이슬람교-크로아티아 연방과 세르비아계의 스르프스카 공화국이 존재한다. 사실상 2개 국가로 완전히 분열된 상태이다. 필자는 이슬람교-크로아티아 연방 또한 실제로는 상호 독자적인 실체라고 보아 세 개의 보스니아라고 말하고 있다.

31. David Chandler, 'Rise of the Balkan Protectorate', *New Left Review*, no. 235, May-June 1999, pp. 124-34는 보스니아 보호령에 관한 음울한 기록을 개관하고 있다.

9
코소보 평화협정

노암 촘스키

3월 24일(1999년) 미국이 이끄는 나토 공군이——자신이 세르비아 영토로 간주하고 있는——코소보를 비롯한 유고슬라비아 연방(세르비아와 몬테네그로)에 공습을 개시했다. 6월 3일 나토와 세르비아는 평화협정을 체결했다. 미국은 <뉴욕타임스>의 블레인 하든 Blaine Harden이 표현한대로 '밀로셰비치로부터 항복을 받아낸 10주간의 전쟁'을 성공적으로 끝내면서 승리를 선언했다. 따라서 하든이 '세르비아를 싹쓸이하는 방법'이라는 제목의 머릿기사에서 충고했던 것처럼 미국은 '세르비아 청소'를 위해 지상군을 사용할 필요가 없었다. 건국에서부터 오늘날에 이르기까지 인종청소라는 테마로 점철된, 군사공격용 헬리콥터와 다른 살상무기들에 부여된 이름들 속에서 찬양받은 미국 역사의 견지에서 볼 때 하든의 충고는 당연한 것이었다. 그러나 몇 가지 제한이 기다리고 있다. '인종청소'라는 용어는 사실 적절하지 않으며 미국의 청소 작전은 보편적인 것이라는 점이 그것이다. 인도차이나와 중미는 이를 보여주는 최근의 두 사례이다.

미국은 승리를 선언하긴 했지만 아직 평화를 선언하지는 않았다. 승자들이 코소보 협정에 대한 자신들의 해석이 관철되었다고 판단할 때까지 폭격은 멈추지 않을 것이다. 애초부터 폭격은 '모든 민족집단에 대한 야만적 억압이 더 이상 용인되지 않을 새로운 국제주의'(토니 블레어)의 인도를 받아 '계몽된 국가들'(미 외무부)이 인류 역사의 새 시대를 열어제쳐갈 새로운 인도주의 New Humanism의 시험이라는, 광대한 문제로 계획되었다. 계몽된 국가들이란 미국과 그 한패거리인 영국, 그리고 정의를 위해 십자군 전쟁에 나섰던 다른 나라들이다.

'계몽된 국가들'이라는 지위는 겉으로 보기에는 당연히 부여된다. 이들 국가의 역사에서는 증거나 주장을 제시하려는 시도를 찾아볼 수 없다. 역사를 통한 탐구는, 과거를 기억의 구멍이라는 깊숙한 곳으로 보내버림으로써 누군가 명백한 질문들 —— 왜 제도적인 구조와 권력의 분배는 그대로 둔 채 전술적 조정도 아닌 정책상의 급격한 전환이 필요한가 —— 을 던질지도 모르는 위험을 피하기 위해 이데올로기 기구들 속에서 정기적으로 호소되는, '방침 변화'라는 익숙한 교의에 의해 부적절한 것으로 간주된다.

이러한 질문들은 의제에서 벗어나 있다. 세계정세 분석가인 토머스 프리드먼은 평화협정이 발표될 당시 <뉴욕타임스>를 통해 "애초부터 코소보 문제는 대수롭지 않은 곳에서 좋지 못한 일이 발생했을 때 우리가 어떻게 대응해야 하는지에 관한 것이었다"고 설명한 바 있다. 그는 더 나아가 "코소보가 잘못될지도 모른다는 사실을 무시하면서 난민 소개가 시작되었고 … 따라서 제한된 목적을 위한 대규모 공중전 행사는 타당한 유일한 선택이었다"라는 자신의 도덕 원칙을 좇는 계몽된 국가들을 찬양했다.

사소한 난점 하나는 '난민 소개'를 둘러싼 우려가 '대규모 공중전'의 동기가 될 수 없었다는 점이다. 3월 27일 유엔난민판무관 United Nations Commissioner for Refugees(UNHCR)은 폭격이 시작된 지 3일 후인 3월 27일에 코소보를 빠져나온 최초의 등록된 난민들(4천 명)에 관해 보고하였다. 난민 수는 6월 4일까지 계속 증가하여 (유고연방 내) 몬테네그로의 7만 명(추정), 인접국가의 67만

명, 그리고 다른 국가로 옮겨간 7만5천 명 등에 이르는 것으로 보고되었다. 유감스럽게도 너무나 익숙한 이 숫자들은 나토 추산으로는 폭격이 있은 전년도에 20~30만 명이었고 폭격 후에 엄청나게 증가한, 코소보 내 난민들의 알려지지 않은 수치는 뺀 것이다.

논쟁의 여지없이 '대규모 공중전'은 인종청소와 다른 잔학 행위들을 급격히 확대시켰다. 이는 현장에 있던 특파원들과 그 후의 언론 분석에서 일관되게 보고되고 있다. 코소보의 인도주의 위기에 대한 대응으로 폭격을 묘사하고자 하는 두 주요 문서에서도 이와 동일한 상황이 제시되어 있다. 1999년 5월 국무부에서 내놓은 가장 포괄적인 문서는 <역사 지우기: 코소보의 인종청소>라는 적절한 제목을 달고 있다. 두 번째는 <뉴욕타임스>가 2면을 전부 할애해 다룬 기사의 표현대로 '서방 정부들이 오랫동안 거부해온 정보기관 및 기타 정보에 대한 접근권을 [검사 루이스] 아버에게 부여함으로써 상당히 신속한 기소를 위한 길을 열어준' 후 유고슬라비아 전범 국제재판소(ITWCY)가 펴낸 <밀로셰비치와 그 일당에 대한 기소>이다. 이 두 문서는 '1월 1일 또는 그 즈음에' 잔학 행위가 시작되었다고 밝히고 있다. 그러나 두 문서 모두 상세한 연대기를 통해 폭격으로 급격히 고양될 때까지 이전처럼 잔학 행위가 계속되고 있었다고 밝히고 있다. 이는 전혀 놀라운 일이 아니었다. 나토 최고사령관 웨슬리 클라크는 이러한 결과가 '전적으로 예측가능한' 것이었다 ——물론 과장이다——고 설명하였다. 비밀첩보에 정통하지 않더라도 쉽사리 알 수 있는 이유들로 이러한 결과가 예견되었음을 드러내는 충분한 증거가 있긴 하지만 인간사에서 그렇게 예측가능한 일은 없기 때문이다.

피츠버그 대학 러시아 동유럽 연구센터 소장 로버트 헤이든 Robert Hayden은 '대규모 공중전'이 미친 영향을 다음과 같이 작은 지표로 제시한 바 있다. "전쟁 개시 후 처음 3주의 세르비아 민간인 사상자 수가 전쟁 전 석 달 동안 코소보에서 발생한 양측 사상자보다 많았다. 그럼에도 이 석 달은 인도주의적 재앙으로 간주되었다." 그렇다. 폭격이 민간 사회를 공공연하게 표적으로 삼고 그로 인해 더욱 열렬한 옹호를 필요로 함에 따라 흥미진진한 절정에 도달한, 세르비아인들을 악마화하기 위해 급조된 강경파의 광란이라는 맥락에서는 이러한 특수한 결과는 전혀 중요하지 않았다.

우연하게도 프리드먼의 수사적인 질문에 대한 보다 믿을만한 답을 암시라도 하는 글은 같은 날 <타임스>에 실린, 스티븐 킨저 Stephen Kinzer가 앙카라에서 보낸 기사였다. 그는 '터키에서 가장 저명한 인권 변호사가 쿠르드 반군과의 평화적 해결을 촉구'했다는 이유로 '투옥'되었다고 보도했다. 그 며칠 전 킨저는 이 기사에 덧붙일 이야기가 더 있음을 암시한 바 있다. "[쿠르드인들 가운데] 일부는 자신들이 터키 통치하에서 억압당했다고 말하지만 정부는 그들이 다른 시민들과 동등한 권리를 인정받고 있다고 주장하고 있다." 혹자는 이것이 —— 주요 인권 조직들이 상세하게 보도했지만 무시당한 —— 수만 명이 살해되고 3천5백 개의 촌락이 파괴되었으며 2백50~3백만의 난민이 발생하고 끔찍한 잔학 행위가 자행된 —— 선별된 적들을 위해 1면 기사에 매일 보도된 기록과 쉽게 비교된다 —— 90년대 중반의 최악의 인종청소 작전에 대한 정당한 평가인지 물을는지도 모르겠다. 이 모두는 잔학 행위가 정점에 달한 클린턴 정권 시기에 증가된, 제트기와 공격용 헬기, 대게릴라 장비, 기타 테러 및 파괴 수단, 그리고 최악의 살인마들에게 제공된 훈련 및 첩보 등의 미국의 대규모 군사 지원 덕분에 이루어진 것이다.

이러한 범죄들이 미국의 지원을 받은 터키의 잔학 행위에 대해 계속해서 유죄판결을 내린 유럽인권재판소와 유럽회의의 관할 아래, 나토 내부에서 90년대 내내 계속되었음을 상기해 보라. 지난 4월 나토 창설 50주년 기념식

참가자와 논평가들은 이 점에 대해 '언급하지 않으려고' 상당한 자제가 필요했다. 필요한 경우 무력을 사용하여, 전세계의 고통받는 국민들에게 정의와 자유를 가져다준다는 자신들의 전통적인 임무에 다시금 전념하고 새로운 인도주의라는 원칙 아래 인권을 방어하기로 결심한 계몽된 국가들이 아니라 공식적으로 지명된 적들에 의해 자행된 인종청소에 대한 우울한 근심으로 기념식이 뒤덮인 사실에 비추어보면 이러한 자제는 특히 인상적이었다.

이들 범죄는 물론 '대수롭지 않은 곳에서 좋지 못한 일이 발생했을 때 우리가 어떻게 대응해야 하는가'하는 원대한 질문에 대해 계몽된 국가들이 우리에게 제시한 대답을 보여주는 하나의 사례일 뿐이다. 우리는 '이중의 기준' 아래 '눈길을 돌리지' 않으면서——그러한 방주 旁註가 무례하게 제시될 때 보여지는 흔한 회피책이다——잔학 행위를 확대시키기 위해 개입해야 한다는 것이다. 이는 또한, 사태의 추이를 통해 분명하게 드러난 것처럼, 코소보에서 수행된 임무와 맞아떨어졌다. '대규모 공중전'이 낳은 결과는 (미국의 지원 아래 진행된) 90년대 콜롬비아의 연간 사상자 규모와 맞먹는 1년간의 잔학 행위로부터, 폭격이 계속되었더라면 90년대 전체의 나토/유럽에서의 잔학 행위에 근접했을 수준으로 변화시킨 것이라는 주장을 순순히 받아들이지 않는, 이데올로기와 교의를 통해 굴절된 버전은 아니더라도 말이다.

그러나 워싱턴의 진격 명령은 일상적인 것일 뿐이다. 오늘날의 공식적인 적이 자행하는 범죄에 레이저처럼 초점을 맞춰라. 강대국의 이해가 명령하기만 하면 범죄를 영속화하거나 확대시키는 계몽된 국가들의 중대한 역할을 통해 쉽게 완화시키거나 끝낼 수 있는, 적들과 맞먹는, 아니 그보다 더 심한 [우리의] 범죄에 한눈 팔지 말라. 명령을 준수하고 코소보를 고수하라. 이런 식이다.

코소보 협정을 최소한이나마 진지하게 검토하려면 '대규모 공중전'이 개시되기 전날인 1999년 3월 23일의 외교적인 선택지들을 평가하고 이를 6월 3일 나토와 세르비아가 합의한 협정과 비교해보아야만 한다. 여기서 우리는 사실과 여론몰이——즉 계몽된 국가들의 보도와 논평의 틀을 잡은 미국/나토의 버전——라는 두 가지 버전을 구별해야 한다. 아무리 피상적으로 보더라도 사실과 여론몰이는 너무나도 선명하게 대조된다. 그리하여 <뉴욕 타임스>는 협정 본문을 소개하면서 '두 개의 평화 계획: 어떻게 다른가?'라는 제목이 붙은 글을 덧붙였다. 두 개의 평화 계획이라 함은 3월 23일 받아들이지 않으면 폭격이 기다리고 있다는 최후통첩 take-it-or-be-bombed ultimatum 으로 세르비아에 제시한 랑부예 (잠정) 협정과 6월 3일의 코소보 평화협정이다. 그러나 현실세계에는 세 개의 '평화 계획'이 있으며 그 가운데 둘——랑부예 협정과 이에 대한 답변인 세르비아 의회 결의안——은 3월 23일에 의제상에 올라 있었다.

우선 3월 23일의 두 개의 평화 계획으로부터 시작해서 그 둘이 어떻게 달랐고 6월 3일의 코소보 평화협정과 어떻게 비교되는지를 자문해 보도록 하자. 그리고 우리가 룰을 깨뜨릴 경우 어떤 결과가 기다리고 있을지를 간략히 살펴보고 (풍부한) 전례들을 검토해 보겠다.

랑부예 협정

랑부예 협정은 코소보에 대한 나토의 전면적인 군사 점령과 정치적 지배, 그리고 유고슬라비아의 다른 지역을 나토 마음대로 효율적으로 군사 점령할 것을 요구하였다. 나토는 '북대서양협의회 North Atlantic Council(NAC) 관할 아래 이의 지시와 정치적 통제를 받으면서 나토의 지휘계통을 통해 활동하는——나토가 설립하고 코소보 내외에 배치할——군사력(코소보 평화유지군)을 구성하고 이끌려' 하고 있다. "코소보 평화유지군 사령관은 이 장['협정의 이행']의 해석과 관련하여 코소보 내에서 최종 권한자이며 그의 해석은(적절한 자격이 없는) 모든 정당과 개인에 대해 구속력을 갖는다." (상세하게 규정된) 제한된 무기만을 갖고 국경 경계 임무에 배치된 소규모 부대를 제외한 모든 유고슬라비아 군과 내무부 경찰은 짧은 시간표 안에 '승인된 주둔지'로 재배치되고 그 후 세르비아로 철수하기로 되어 있다. 국경경비대는 공격으로부터 국경을 방어하고 '불법적인 월경을 통제'하는 임무에만 국한될 것이며 이러한 임무 외에는 코소보 내로의 진입이 불허될 것이다.

"이 협정이 효력을 발휘한 3년 후 국제 회담을 소집하여 코소보 문제의 최종적인 해결을 위한 메커니즘을 결정하게 될 것이다." 이 절은 종종 독립에 관한 국민투표를 요구하는 것으로 해석되곤 했으나 그러한 언급은 없다.

유고슬라비아의 다른 지역에 관해서는 점령 조건이 부속협정 B '다국적군의 지위'에 제시되어 있다. 핵심적인 절은 다음과 같다.

8. 나토 대원은 그들의 차량, 선박, 비행기, 장비 등과 더불어 유고슬라비아 연방 및 부속 영공과 영해에서 자유롭고 제한 받지 않는 이동과 아무런 방해 없는 접근을 누려야 한다. 이는 지원과 훈련, 작전에 필요한 야영, 기동 연습, 민가 숙박, 그리고 모든 지역과 시설의 사용에 대한 권리를 포함하지만 여기에 국한되지는 않는다.

부속협정의 나머지 부분은 나토 병력과 이들이 고용한 사람들이 유고슬라비아 법률의 구속이나 그에 대한 배려, 또는 '우선권에 근거하고 모든 적절한 수단을 통해' 나토의 지시를 따를 것이 요구되는 유고슬라비아 당국의 관할권에 구애받지 않고 행동할 수 있도록 허용하는 조건들을 상세하게 서술하고 있다. 한 조항은 "모든 나토 대원은 유고슬라비아의 적절한 법률을 준수해야 한다···"고 서술하고 있지만 "이 부속협정 아래 그들이 갖는 특권과 면책에 대한 침해 없이 모든 나토 대원은···"이라는 유보조항으로 인해 무의미해지고 만다.

이러한 어법은 세르비아측의 거부를 확실히 하기 위해 고안된 것이라는 추측도 있어왔다. 아마 그럴지도 모른다. 무조건적인 항복이 아니라면 한 국가가 이러한 조건을 진지하게 고려할 것이라고 생각하기는 쉽지 않다.

코소보 전쟁을 다룬 엄청난 언론 보도들 가운데 랑부예 협정을 어느 정도라도 정확하게 다룬 경우는 거의 없으며 특히 부속협정 B의 핵심 조항을 공정하게 인용한 경우는 더욱 그러하다. 그러나 민주적 선택에 부적절한 것으로 드러나자마자 부속협정에 관한 보도가 잇따랐다. 6월 3일의 평화협정 이후인 6월 5일자 <뉴욕타임스>는 랑부예 협정의 부속협정 아래 "나토로만 구성된 병력이 어떠한 법적 절차도 거치지 않은 채 유고슬라비아 전역을 마음대로 왕래할 수 있는 전면적인 권한을 부여받았다"고 보도하면서 그 조항들을 인용하였다. 공식적인 '평화 과정'인 랑부예 협정의 기본 조건들에 관한 분명한 설명이 제대로 제시되지 않는 상황에서 대중들이 현재 벌어지고 있는 일에 대해 진지하게 이해하거나 앞선 코소보 협정이 적확했음을 평가할 수 있는 기회를 박탈당했음은 물론이다.

세르비아 의회의 결의안

두 번째 평화 계획은 1999년 3월 23일 세르비아 의회의 결의안에서 제시되었다. 의회는 나토의 군사 점령 요구를 거부했으며 유럽안보협력기구와 유엔에 평화적이고 외교적인 해결을 도모할 것을 촉구했다. 세르비아 의회는 3월 24일 폭격 준비의 일환으로 같은 달 19일 미국이 주문한 유럽안보협력기구 코소보 조사단의 철수를 비난하였다. 결의안은 '모든 시민 및 민족집단의 완전한 평등을 보장하고 세르비아 공화국 및 유고슬라비아 연방의 주권과 영토 보전을 존중함과 더불어 코소보와 메토히야 Kosovo and Metohija[코소보 지역의 공식 명칭]의 광범위한 자치에 관한 정치적 합의 도출'을 목표로 협상할 것을 요구하였다. 아울러 비록 '세르비아 의회는 코소보와 메토히야에 해외 군대가 주둔하는 것을 받아들이지 않고 있지만' 코소보와 메토히야에 거주하는 모든 민족집단의 대표들이 합의하고 받아들이는 자치에 관한 정치적 협정에 조인하는 즉시 합의한 협정을 이행하기 위해 코스메트 Kosmet [코소보와 메토히야의 줄임말]에 주둔하게 될 국제 병력의 규모와 성격에 대해 검토할 준비가 되어 있었다.

이러한 결정이 내포한 요점은 주요 통신사들을 통해 전세계로 타전되었고 따라서 모든 언론매체의 편집실은 분명 이를 알고 있었다. 그러나 데이터베이스를 몇 차례 검색해 보아도 이에 관한 언급은 드물고 전국신문이나 주요 언론에서 다룬 경우는 하나도 찾아볼 수 없다.

이러한 연유로 일반 대중들은 1999년 3월 23일의 두 가지 평화 계획에 관해, 심지어 하나가 아니라 두 개가 있었다는 사실조차도 아직 모르고 있다. 세르비아측의 선전을 개탄한──분명 정확하기는 하지만 통찰력이라고는 찾아볼 수 없는──수많은 기사들 중 하나인 "밀로셰비치가 수용을 거부

… 국제적인 평화유지 계획[즉 랑부예 협정]을 논의하는 것조차 거부함으로써 3월 24일 나토 폭격 개시"(크레이그 휘트니 Craig Whitney, <뉴욕타임스>)라는 내용이 일반적인 것이었다.

세르비아 의회 결의안이 의미하는 바에 관해서는 광신자들이 확신에 차서 대답해주고 있다. 어떤 종류의 광신자냐에 따라 각기 다른 답이 있겠지만. 다른 이들에게는 이에 대한 대답을 찾는 길이 있었을 것이다. 여러 가능성들을 탐구해보는 것이 그것이었다. 그러나 계몽된 국가들은 이러한 길을 따르려 하지 않았다. 이들은 결과를 예견한 채 폭격을 개시하는 쪽을 택했다.

코소보 협정

외교적 과정의 다음 단계들, 그리고 교조적 기구들에 의한 이들 단계의 굴절은 주의 깊게 살펴볼 필요가 있지만 여기서는 생략하고 6월 3일의 코소보 협정을 다루도록 하겠다. 예상한 대로 코소보 협정은 3월 23일의 두 평화계획을 혼합한 일종의 타협이었다. 적어도 문서상으로는 미국/나토는 세르비아로 하여금 최후통첩을 거부하게 만들었던——앞서 인용한——자신들의 주요 요구를 포기하였다. 세르비아는 이번에는 "나토가 실질적으로 참여하는 국제적인 평화유지군이 … 유엔 감독 아래 … 단일한 지휘 및 통제 아래 배치되어야 한다"는 데 동의하였다. 이 문서의 부록에는 "러시아 파견대는 나토의 지휘를 받지 않을 것이며 국제 평화유지군과의 관계는 적절한 추가 협정에 의해 결정될 것이라는 러시아의 입장"이 언급되어 있다. 나토나 '국제 평화유지군'이 유고슬라비아 연방의 다른 지역에 주둔하는 것을 허용하는 내용은 없다. 코소보 지역의 정치적 통제권은 나토가 아니라 유엔안보리의 수중에 있을 것이며 이를 통해 '코소보 과도 행정부'가 수립될 것이다. 유고슬라비아 병력의 철수는 랑부예 협정의 세부 항목에 명기되어 있지는 않지만 이와 유사한 내용이 있으며 그 속도가 빨라지고 있다. 나머지 부분은 3월 23일의 두 계획과 거의 일치하는 내용이다.

이러한 성과는 끔찍한 인류의 비극과 유고슬라비아와 세계 나머지 지역 에까지 영향을 미치고 여러 면에서 불길한 징조를 보이는 결과들을 피하면 서, 외교적으로 주도권을 잡고 노력하는 것이 3월 23일에 가능했음을 시사한 다.

확실히 현재의 상황은 3월 23일과는 다르다. '코소보 문제, 이제 시작일 뿐'이라는, 코소보 협정이 조인되던 날의 <타임스>의 헤드라인은 이를 정 확히 포착하고 있다. 서지 슈메만 Serge Schmemann이 본 대로, 코소보의 앞에 놓여 있는 '어마어마한 문제들'로는 '이전에 자신들의 집이었던 잿더미와 무덤의 땅으로' 난민들이 귀환하는 문제, '코소보와 세르비아의 나머지 지역, 인접 국가들의 황폐화된 경제를 재건하는, 엄청난 비용이 드는 과제' 등이 있다. 그는 '우리를 도와 코소보의 안정을 회복할 수 있는 모든 사람들이 폭격의 결과로 파멸'되었으며 결국 코소보해방군이 통제권을 장악한 상태라 는, 브루킹스 연구소의 발칸 역사가 수전 우드워드 Susan Woodward의 말을 인용하고 있다. 미국은 코소보해방군이 조직적인 공격을 개시한 1998년 2월 에 '의문의 여지가 없는 테러 집단'이라고 코소보해방군을 강력히 비난한 바 있다. 미국은 당시 이를 '테러 행위'라고 '매우 강력하게' 비난했으며, 결국 밀로셰비치에게 콜롬비아식의 폭력으로 확대——다들 알다시피 폭력이 급격히 확대된 계기는 폭격이었다——될 가혹한 탄압을 개시할 수 있도록 '청신호'를 보내는 것에 다름 아니라고 주장했다.

이러한 '어마어마한 문제들'은 새로운 것이다. 계몽된 국가들이 폭력에 호소하기 전에 존재했던 문제들 또한 충분히 압도적이긴 했지만, 이 문제들은 '폭격의 결과'이자 폭격에 대한 세르비아측의 악의적인 반응이다.

주요 언론의 헤드라인들은 사실에서 여론몰이로 방향을 바꾸면서, 밀로셰비치로 하여금 '저항을 그만두고' '졌다고 말하고' '나토 주도 병력'을 받아들이고, '상상할 수 있는 최대한 무조건적으로' 항복하면서 '그가 거부한 랑부예 계획보다 더 나쁜 조건'에 굴복하도록 만든, 계몽된 국가들과 그 지도자들의 위대한 승리를 환호했다. 이는 정확한 사실과는 거리가 멀지만 사실보다 훨씬 유용한 것이었다. 논쟁거리가 된 유일한 진지한 쟁점은 이것이 공군력만으로 고귀한 도덕적 목적을 달성할 수 있음을 보여주는 것인가, 아니면, 논쟁에 초대받은 비판가들이 주장하듯이, 아직 입증되지 않은 문제인가 하는 것이었다. 군사문제 전문가 프레드 카플란 Fred Kaplan이 전하는 바에 따르면, 영국의 저명한 군사 역사가 존 키건 John Keegan은 보다 넓은 의미에서 "전쟁은 공군력이 아니라 걸프전 이후 부시 대통령이 선언한 '신세계질서'의 승리라고 보고 있다." 키건은 '밀로셰비치가 정말 패배한 인간이라면 전세계의 자칭 밀로셰비치들 모두가 그들의 계획을 재고해야만 할 것'이라고 말하고 있다.

키건이 염두에 두고 있었을 용어는 아니겠지만──그보다는 아직도 공개되지 않고 있는 90년대의 중요한 문서 기록과 우리로 하여금 '전세계의 밀로셰비치들'이라는 구절의 진정한 의미를 이해하게끔 해주는 수많은 사실 증거들을 통해 밝혀진 신세계질서의 실제 목표와 의미라는 견지에서──이러한 평가는 현실주의적이다. 발칸 지역만 놓고 보더라도 '전세계의 밀로셰비치들'이라는 비난은 나토 내부에서 유럽의 관할과 미국의 결정적인 지원 아래, 그리고 세계에서 가장 가공할 군사력과 임박한 침공 위협에 의한 공격에 대응하기 위해 수행된 것도 아닌 어마어마한 인종청소 작전과 끔찍한 잔학 행위를 견뎌내지 못한다. 이러한 범죄는 계몽된 국가의 지도자들의 이해에 합치되고 필요한 경우 그들이 정기적으로 수행하는 다른 지역의 잔학 행위들이 그러한 것처럼 신세계질서라는 규칙 아래서는 정당하며 심지어 칭찬할 만한 일일 수도 있다. 특별히 모호하지도 않은 이러한 사실은 '새로운 국제주의'에서는 '세계 모든 민족집단에 대한 야만적인 억압'이 단순히 '용인'되는 게 아니라——유럽협약 Concert of Europe[1])과 미국, 그리고 다른 수많은 두드러진 선례들의 '과거의 국제주의'에서와 정확히 동일한 방식으로 —— 적극적으로 조장될 것이라는 점을 드러내준다.

사실과 여론몰이가 너무나도 상이한 한편에서 혹자는 언론과 전문가들이 미국/나토의 버전이 사실인 듯이 제시한 것이 현실주의적 태도였다고 주장할지도 모르겠다. 미국/나토의 버전은 자신의 필요를 채우기 위해 기꺼이 여론을 접합하고 힘의 분배를 이룸으로써 사실 The Facts이 될 것이다. 이는 통상적인 현상이다. 1973년 1월의 파리평화조약과 1987년 8월의 에스키풀라스 협정 Esquipulas Accord[2])이 최근 사례이다. 파리평화조약의 경우에 미국은 하노이측으로 하여금 10월에 맺은 미-베트남 협정을 포기하도록 유도하기 위해 벌인 성탄절 폭격이 실패한 이후 이에 조인할 수밖에 없었다. 키신저와 백악관은 즉각 자신들이 서명하고 있던 파리평화조약의 모든 중요한 구절을 위반할 것이라고 분명하게 선언하면서, 북베트남이 미국의 심각한 조약 위반에 대응할 경우 즉시 응징해야 할 구제불가능한 침략국이 되도록 만드는——결국 그렇게 되었다 ——다른 버전을 언론과 전문가들을 통해 유포하였다. 미국의 강력한 반대를 무릅쓰면서 중미의 정부수반들이 에스키풀라스 협정(흔히 '아리아스 구상'이라 불린다)에 도달했을 때에도 이와 동일한 비극/희극이 벌어졌다. 워싱턴은 즉시 이 협정의 '본질적인 부분'을 침해하면서 곳곳에서 전쟁을 확대시켰고 계속해서 다른 조항들을 무력으로 파괴해나갔으며 최종적인 승리를 거둘 때까지 모든 외교적 노력을 계속적으로 무력화시켰다. 에스키풀라스 협정의 미국식 버전은 핵심적인 측면들에서 원본과 완전히 빗나간 것이었지만 일반적으로 인정된 버전이 되었다. 그리하여 주요 언론의 헤드라인들은 '낭만적인 시대의' 환희에 잠긴 채, '기쁨 속에 단결한' 미국인들과 함께 파괴와 유혈에 대한 '미국의 페어플레이의 승리'를 선포하였다(앤서니 루이스 Anthony Lewis, <뉴욕타임스> 헤드라인. 이 모두는 임무 달성에 대한 보편적인 자기도취를 반영하고 있다).

이들 사례와 다른 수많은 유사한 경우들이 낳은 여파를 검토하는 것은 불필요한 일이다. 현재의 사례에서 다른 스토리가 펼쳐질 것이라 기대할 근거는 거의 없다. 물론 우리가 그렇게 만든다는, 너무나도 흔하지만 핵심적인 단서는 달 수 있겠지만.

주

1. [옮긴이] 1815년 비엔나 회의의 결정을 수행하기 위한 기제로 체결되었다. 4국 동맹(러시아, 프러시아, 오스트리아, 영국)으로 구성된 유럽협약의 주요 목적은 힘의 균형을 확립함으로써 영토를 보전하고 '정당한' 정부들을 보호하는 것이었다. 오스트리아의 메테르니히가 이끈 유럽협약은 평화 유지를 위해 국제 공동체를 설립한 근대 최초의 시도였다.

2. [옮긴이] 코스타리카 대통령 오스카르 아리아스 Oscar Arias의 취임식에 참석한 중남미 9개국 정상들은 모든 나라가 '자신들의 경제, 사회, 정치 체제를 자유롭게 선택할 수 있다'고 선언하였고 이는 이듬해 '아리아스 구상'으로 이어져 중남미의 평화체제를 가져 왔다. 이는 니카라과의 산디니스타 민족해방전선(FSLN)의 재선을 우려한 레이건 정부로서는 도저히 받아들일 수 없는 것이었다.

10
지식인들의 배반
에드워드 사이드

로보단 밀로셰비치의 만행과 나토의 대응이 코소보에 야기한 결과가 폭격 이전보다 사태를 훨씬 악화시켰다는 사실은 의심의 여지가 없다. 양측 모두의 인적 피해는 끔찍했으며, 난민들의 비극이든 유고슬라비아의 해체로 인한 비극이든 적어도 한 세대, 아니 그 이상 동안은 단순한 보상이나 구제책으로 이를 해결할 수 없을 것이다. 자기 땅에서 쫓겨난 사람이라면 누구나 증언할 수 있듯이, 자기 고향으로 간단하게 완전히 되돌아가는 것만 한 일은 없다. 원상태로의 회복(단순한 벌거벗은 보복이 아닌. 보복은 때로 환상에 불과한 만족을 주기도 한다) 또한 가정, 사회, 환경을 잃어버린 것에 비할 바가 못된다. 나토와 세르비아의 선전에도 불구하고, 조합의 정확한 비율을 우리가 알게 될 리는 만무하지만, 어쨌든 코소보 내에서 서로 다른 공동체들이 공존하게 되리라는 희망은 영원히 사라져버렸다. 국내외를 막론하고 수많은 정직한 통신원들은 세르비아에 의한 알바니아계 인종청소와 관련된 정확한 사실이 대부분 여전히 알려져 있지 않다는 점을 인정하고 있다. 나토의 코소보 폭격과 코소보해방군의 행위, 그리고 세르비아인에 의한 개인이나 집단적인 야만적 행위가 모두 갑자기 이루어진 일이기 때문이다. 자기정당화식의 논점들을 들추어내는 것은 예외로 하더라도, 이러한 혼란 속에서 책임을 추궁하고 비난해야 할 이들을 확인하려는 시도는 불가능하진 않지만 매우 어려운 일이다.

그러나 불법적인 폭격이 코소보에서 사람들을 몰아냈다는 사실은 의심의 여지가 없다. 빌 클린턴과 토니 블레어가 이끄는 나토 고위 사령부는 도대체 어떻게 폭격의 결과로 난민수가 줄어들 것이라고 생각할 수 있었을까? 우리의 상상을 넘어서는 일이다. 어떤 지도자도 전쟁의 공포를 겪어본 일이 없으며 싸워본 일도 없다. 이들은 살아남으려고 절망적으로 우왕좌왕하거나 자신의 가족을 보호하고 먹여 살리는 일이 정확히 무엇을 뜻하는지 알지도 못한다. 이러한 이유만으로도 지도자들은 강력한 도덕적 비난을 받을 자격이 충분하며, 수단과 아프가니스탄, 이라크, 그리고 백악관 복도에서 보여준 클린턴의 끔찍한 기록을 감안할 때 그는 밀로셰비치와 마찬가지로 전범으로 기소되어야만 한다. 어떤 경우든, 심지어 미국 법에 의하더라도 클린턴은 의회의 승인 없이 전쟁을 벌임으로써 헌법을 위반했다. 유엔헌장을 위반했다는 사실은 이러한 중죄에 덧붙여지는 것일 뿐이다.

재난이나 부정의를 완화시키기 위해 개입하고자 할 경우 (이는 서구의 그토록 많은 자유주의자들이 이번 폭격 전쟁에 대한 핑계로 끌어다 붙인 인도주의적 개입이라는 유명한 아이디어이다) 무엇보다도 상황이 악화되지 않으리라는 것을 일차적으로 보장해야 한다고 도덕은 우리에게 가르쳐준다. 나토 지도자들은 그러한 교훈을 피해간 듯이 보인다. 그들은 준비도 정보도 부족한 채 조심성 없이 뛰어들었으며, 따라서 수십만 코소보인들의 운명을 냉혹하게 정해버렸다. 코소보인들은 세르비아계의 복수에 정면으로 맞서야 했거나 (정밀유도 화기에 관한 우스꽝스러운 주장들에도 불구하고) 폭격의 양과 밀도가 어쩔 수 없이 피난을 하도록 만들었기 때문에 이중의 희생자가 되었다.

현재 백만 명의 사람들을 집으로 돌려보내고자 하는 어마어마한 노력이 진행되고 있지만 이들이 돌아갈 경우 어떤 운명이 기다리고 있을지에 관해서는 아무도 분명한 전망을 제시하지 못하고 있다. 자결권? 세르비아 치하의 자치? 나토의 군사 점령? 분할? 주권 공유? 어떤 시간표에 따를 것인가? 누가 비용을 지불할 것인가? 이러한 질문들은 러시아가 중재하는 협정이 실제로 성공을 거둘 경우에도 여전히 풀리지 않는 문제들의 일부에 불과하다. (협정에 따라) 일부 세르비아 경찰이나 군 인사들이 다시 복귀할 수 있다는 것은 무엇을 의미하는가? 누가 알바니아계의 폭력으로부터 이들을 보호할 것이며 누가 이들의 행동을 규제할 것인가? 누가 세르비아계 코소보인들을 보호할 것인가? 코소보와 세르비아의 재건에 드는 엄청난 비용의 문제가 여기에 더해지면, 현 나토 지도자들 일부 또는 전부가 갖고 있는 제한된 이해력과 정치적 궤변을 걷어차 버리는 문제투성이들이 드러나게 된다.

그러나 한 명의 미국인이자 시민으로서 내가 가장 우려하는 것은 코소보 위기가 세계 질서의 미래에 드리우고 있는 전조이다. 미국의 병력과 장비가 적의 보복이나 공격으로부터 거의 완전히 보호되는 '안전한' 또는 '깨끗한' 전쟁이란 결코 생각하기 쉽지 않다. 저명한 국제법 학자 리처드 포크 Richard Falk가 주장했듯이, 실제로 그러한 전쟁은 고문과 동일한 구조를 공유하는 것이다. 수사관-고문자는 원하는 어떤 방법이든 선택하고 이용할 수 있는 모든 권력을 가진 반면 아무 힘도 없는 희생자는 박해자의 수중에 완전히 놓여지게 된다. 오늘날 세계에서 미국의 지위는 사상 최저이며, 역사상 어떤 강대국보다도 훨씬 많은 해를 가할 수 있는 우둔한 깡패와도 같다.

미국의 군사예산은 다른 모든 나토 국가가 지출한 총 예산보다 30퍼센트가 높다. 오늘날 세계 국가의 절반 이상은 미국의 경제 및 무역 제재를 위협받고 있거나 그것을 현실로 느끼고 있다. 이라크, 북한, 수단, 쿠바, 리비아

같은 천민 국가들 pariah states(이들이 천민 국가인 이유는 미국이 그렇게 낙인찍었기 때문이다)은 미국의 일방적 분노에 정면으로 맞서고 있다. 그 가운데 하나인 이라크는 정의로운 분노라는 미국의 만족감을 충족시키는 것 외에는 아무런 합리적인 목적이 없는 미국의 제재 덕분에 대량학살을 통한 붕괴라는 과정을 겪고 있다. 이 모두는 무엇을 이루기 위한 것인가, 그리고 이는 미국의 힘에 관해 세계에 무엇을 말해주고 있는가? 이것은 안보나 국익, 또는 뚜렷한 전략적 목표와는 아무런 관계가 없는 끔찍한 메시지이다. 자기 자신을 위한 힘에 불과한 것이다. 클린턴이 세르비아나 이라크인들에게 자신들의 지도자를 바꾸지 않을 경우 자기 나라를 파괴한 나라[미국]로부터 어떠한 도움도 받지 못할 것이라고 통보하기 위해 방송전파를 타는 것을 보면 오만은 한계를 모르는 듯이 보인다. 밀로셰비치를 전범으로 낙인찍은 국제사법재판소 International Tribunal는, 클린턴이나 블레어, 올브라이트, 샌디 버거 Sandy Berger, 클라크 장군, 그리고 잔인한 목적을 위해 전쟁의 품위와 법칙이라는 개념 자체를 완전히 유린해버린 다른 모든 이들에게 똑같은 기준을 적용시키지 않을 경우, 현 상태로는 생존력이나 신뢰를 유지할 수 없다. 클린턴이 이라크에 한 행위와만 비교해보더라도, 밀로셰비치는 그의 야만성에도 불구하고 사악함에 있어서는 아마추어 수준이다. 클린턴의 범죄가 더 나쁜 이유는 자신이 신성한 듯이 행동하는 위선을 보이면서 기만적인 우려라는 외투를 쓰고 있기 때문이다. 설상가상으로 이는 오늘날의 나토폴리탄 세계 Natopolitan world를 경영하고 있는 신자유주의자들까지 우롱하는 듯하다. 기만적인 자유주의자보다는 정직한 보수주의자가 더 낫다.

이러한 무분별한 상황에 더하여 사실상 사태를 더욱 악화시키고 있는 것은 전쟁의 어리석음과 잔인성에 대한 공평한 보도이기는커녕 편파적이고 불공평한 목격자 역할을 한 언론이다. 79일간의 폭격 동안 나는 적어도

30일은 나토 브리핑을 보았지만 제이미 쉬어 Jamie Shea나 조지 로벗슨 George Robertson, 그리고 미국의 세계 헤게모니에 자신의 '사회주의' 영혼을 팔아치운 나토 우두머리인 하비에르 솔라나 Javier Solana 등이 떠들어대는 허튼 소리에 조금이나마 문제를 제기한 기자들의 수는 내가 기억하기로는 기껏해야 대여섯 명이었다. 언론에서 나온 회의론은 전혀 눈에 띄지 않았다. 퇴역 남성군인(여성은 절대 없었다)들을 동원하여 폭격 테러의 세밀한 부분까지 설명하면서 나토의 입장을 '명료화'하는 이상의 노력은 없었다. 이와 유사하게, 어떤 의미에서는 이번 전쟁이 자신들의 것이었던 자유주의 칼럼니스트와 지식인들은 '우리'가 인종청소를 막기 위해 무언가를 하고 있다는 생각에 감격하면서 세르비아 기간시설의 파괴(1천3백60억 달러로 추정)를 외면해버리는 식이었다. 무엇보다도 최악인 점은, 언론이 미국과 이탈리아, 그리스, 독일 등에서 전쟁이 인기가 없다는 사실을 (그나마 전할 경우에조차) 내켜하지 않는 식으로 보도한 것이었다. 4년 전의 르완다나 보스니아에서 벌어진 사태, 또는 투즈만 Tudjman에 의한 35만 세르비아인들의 강제퇴거나 쿠르드족에 대한 터키의 계속적인 잔혹 행위, 56만 이상의 이라크 민간인의 죽음, ──이 모든 것이 시작된 곳으로까지 소급하자면──1948년 이스라엘의 팔레스타인 인종청소 등에 대해 기억을 상기시키는 이들은 없었다. 이 모두는 오늘날까지도 너그러운 지지를 받고 있는 것이다. 바락과 샤론, 네타냐후, 에이탄 등은 '열등한' 다른 민족에 대한 관점과 실천에 있어 밀로셰비치나 투즈만과 도대체 어떻게 다른가?

탈냉전 시대에 문제는 남는다. 오직 이윤과 기회주의만을 추구하는 미국과 그 더러운 군사─경제 정책이 세계를 지배해도 되는가? 아니 미국의 정책에 대해 충분히 강력한 지적, 도덕적 저항을 발전시킬 수 있는가? 서반구에 살고 있거나 미국 시민인 우리들이 해야 할 첫 번째 과제는, 미국의 위선적

실천을 정당화하고 미얀마나 인도네시아, 이란, 이스라엘 등에 대한 미국의 정책을 현재 유럽에서 하고 있는 것——유럽을 미국의 투자와 기업에 안전하도록 하는 것——과 연결시키기 위해 이용되는 타락한 언어와 이미지를 탈신비화하고 이들 정책이 서로 다르게 보이도록 만들어지긴 했지만 기본적으로 같은 것임을 보여주는 것이다. 기억과 보편주의 없이는 저항이 있을 수 없다. 유고슬라비아의 인종청소가 죄악이라면——물론 죄악이다——터키나 팔레스타인, 아프리카, 아니 그 어떤 곳의 인종청소도 죄악이다. CNN이 보도를 멈춘다고 위기가 끝나는 것은 아니다. 이중의 기준이 있을 수는 없다. 만약 전쟁이 잔인하고 철저히 파괴적이라면, 미국 조종사들이 3만 피트 상공에서 상처 하나 입지 않은 채 폭탄을 떨어뜨리든 말든 그것은 잔인한 일이다. 군사적 수단보다는 항상 외교가 우선되어야 한다면 어떻게 해서든지 외교적 수단을 강구해야 한다.

마지막으로, 만약 무고한 인간생명이 희생된다면 그 희생자들이 백인이나 유럽인이 아니더라도 냉소적으로 내버려두어선 안 된다. 우리는 누구나 한 명의 시민으로서 영향을 미칠 수 있는 권력에 맞서 자국 내에서 언제든지 저항을 시작해야 한다. 그러나 애석하게도 애국주의와 도덕적 관심으로 변장한 유창한 민족주의가 비판적인 의식을 지배해왔다. '민족'에 대한 충성을 모든 것 앞에 두고 있는 것이다. 여기에는 지식인들의 배반과 완전한 도덕적 파산만이 있을 뿐이다.

11
발칸 대지의 모든 '반역자'여 단결하라!

가지 카플란

알바니아에서 내가 살던 건물에는 두 명의 확신에 찬 '애국자'가 살고 있었다. 우리를 비롯한 다른 거주자들은 그들을 두려워했다. 우리를 경찰에 밀고할지도 모르기 때문이었다. 그들은 경찰 끄나풀이었다. 당시는 슬로건으로 살아가는 때였다. 당을 사랑하지 않는 사람은 모국을 사랑하지 않는다, 모국을 사랑하지 않는 사람은 당을 사랑하지 않는다는 식이었다. 훨씬 많은 정보원들이 거리 전체에 흩어져 있었다. 우리가 젊었을 당시, 말하자면 밀고자 중의 밀고자인(우리는 다른 정보원들도 알고 있었다), 가장 악명 높은 정보원 뒤에서 "야, 끄나풀!"하고 외치고 재빨리 숨으면서 그에게 모욕을 준 일이 기억난다. 수많은 정보원이 있긴 했지만 '끄나풀'은 모욕적인 말이었기 때문이다. 그러나 우리가 골라잡은 이는 신념에 찬 정보원이었다. 그는 화가 나서 우리를 되받아 쳤다. 그는 우리보다 더 큰소리로 뭐라고 외쳤는데, 내 생각으로는 모국과 애국자들에 대해 내 자신이 갖고 있던 확신을 표현한 말이었다. "잘 들어, 이 개똥같은 녀석들아! 미국인들 꼭두각시보다는 정보원이 모국에 훨씬 이로운 거야!" 우리는 비웃었지만 우리 가운데 한 명은 마음이 흔들려 이제 이런 일──정보원이라고 놀려대면서 그들을 욕보이는 일──은 그만두자고 했다. 결국 따지고 보면 이 사람들은 모국과 조국을 위해 할 일을 하고 있는 것이었고 진정한 애국자들이기 때문이었다.

결국 내가 살던 건물, 거리, 도시, 조국에는 수많은 애국자들이 촉각을 곤두세운 채 잠재적인 간첩과 내부의 적, 반역자들을 적발하고 있었다. 그들은 우리가 살고 있는 지상 낙원을 빼앗아가려 위협하는, 모국에 맞서 시작되고 있는 거대한 음모의 증거를 찾기 위해 끊임없이 경계하고 있었다.

모국과 당에 위험한 시를 썼다는 이유로 서른 살의 나이에 비사르 Visar가 감옥에 처넣어져야 하는지, 자신의 형제가 알바니아를 탈출하려다 국경에서 살해되었다는 이유로 에밀리아노 Emiliano 일가가 유배되어야 하는지, 유배 촌락과 강제노동 캠프, '이력상' 문제 있는 사람들이 과연 존재해야 하는지, 이 모든 일이 모국을 위해 정말 필요한 것인지 나로서는 의문이었다(당연히 오래 생각해볼 필요도 없었다!). 또한 우리가 잘못된 방향으로 나가고 있을지도 모른다고 하는 내 목소리를 낮춰야 하는지, 외국 TV에 대해 장막을 쳐야 하는지, 사려 깊고 비판적인 사고에 너무 깊이 빠져들어서는 안 되는지, 현 상태가 불변하리라고 믿으려 노력해야 하는지(독재가 낳은 결과 가운데 하나는 바로 이러한 확신이다), 모든 사람과 모든 사물에 대한 광적인 외국인혐오증을 참아야만 하는지, 어디서든, 심지어 당신 집에서도 나타날 수 있는 '애국자'들의 눈과 귀를 두려워하면서 무수한 금서 禁書를 멀리해야 하는지, 이 모든 일이 모국을 위해 필요한 일인지 의문이었다.

이러한 질서를 공고이하고 모국을 위해 일하려는 애국자들이 있었다. 끊임없이 떠들어댄 대로 '미국인들의 꼭두각시'가 되지 않기 위해——과대망상증이 조국애로 통하는——굴종적이고 불행한 영혼들이 사는 곳으로 내 조국을 바꾸기 위해. 정부의 선전에 협력함으로써 이들은 내 동료시민들에게 이 지구상에서 절대적 진리는 2만8천 평방킬로미터의 땅덩어리(알바니아 지역)에서만 군림한다고 믿게 만들었다.

이 지역 바깥에서 벌어지는 모든 일은 수상쩍고 받아들이기 어려우며 잘못되고 타락한, 미개하고 야만적인 것이었다. '애국자들', 우리의 모든 것을 사랑한다는 이들은 정부를 위해, 자신만의 정부가 아니라 불행과 남용, 세뇌에 빠진 자기 친구들의 정부를 위해 일할 준비가 되어 있었다. 그들은 이제 똑같은 광채를 발산하지는 않았다. 그들은 이제 더 이상 공포감을 불러일으키는 사람들이 아니었다. 많은 이들이 하는 일이 없어서 자신의 직업을 잊어버리게 되었다. 때로 그들은 참혹하게 유린된 모국에서 자신들에 의한 희생자들, '반역자들'과 이웃해 살아갔다.

다른 이들은 이제 더 이상 당을 위해 일하지는 않지만 여전히 모국에 봉사하고 있다. 다원주의의 시대가 도래했고 이 두 가지 말[당과 모국]은 어느 정도 분리되게 되었다. 과거의 애국자 가운데 일부는 새로운 애국자가 되었다. 그들은 기차를 갈아타듯이 시대를 바꿔 탔다. 그리고는 또다시 반역자와 간첩들을 비난하기 시작했다. 이번에는 그들이 동경한다고 고백한 미국이 아니라 그리스나 세르비아의 간첩들이었다. 이름만 바뀐 것이다.

이 모든 이야기에서 가장 슬픈 일은 늑대와 함께 짖어대는 이들 가운데 과거에 반역자이자 간첩으로 비난받았던 사람들이 있다는 사실이다. 자신들을 박해했던 사람들의 질병이 옳은 것이라고 말할 수 있겠다.

내가 이 모든 이야기를 하는 이유는 '애국자'라는 비유의 전사 前史를 (그리고, 사실을 말하자면, 그 때 이후로 내가 반역자들에 대해 느꼈던 유형, 무형의 공감을) 약간이나마 스케치해 보기 위함이다.

나 자신의 경험에 비추어 보건대, '애국자'라는 고백에서 우수한 성적을 얻는 데는 세 가지 단계(이들은 서로 섞인다)가 있다. 이런 평판을 얻기 위해 특별한 능력이 필요하지는 않다. 필요한 거라곤 하겠다는 의지와 시끄러운 목소리, 어지간히 위선적인 태도뿐이다. 그리고 나면 자기 나라를 세계에서 하나밖에 없는 존재로, 어느 나라와도 같지 않고 가장 뛰어난 존재로 만드는 국가적 가치의 영광을 찬양하게 된다. 모국을 둘러싼 그 모든 신화를 계속 반복해대고 다른 종교나 인종의 구성원들이 훌겨보는 것을 (비밀스럽게든 적당히든) 기뻐한다. 이야말로 건전한 국가통합의 징표이기 때문이다. 훌륭한 '애국자'는 대체로 순수함을 숭배한다. 이들은 외국인 혐오증이 자존심의 징표라는 결론에 다다를 수도 있지만 항상 자각하고 그렇게 하는 것은 아니다. 어떻든 간에, '애국자'라는 역할을 성공적으로 수행하기 위해서는 타자 the Other에 대한 증오, 다른 종교를 믿거나 다른 민족에 속한 사람들에 대한 증오의 수단이 필요하다. 이러한 첫 번째 단계를 모국과 외국인 혐오증에 관한 보편적이고 특수한 담론의 단계라고 부를 수 있겠다. 외국인이나 자국인 간첩을 발견하고 순수라는 이름으로 비난하기 시작하면, 순수라는 이름으로, 민족적 사고나 민족 통합이라는 이름으로 반역자를 단죄하기 시작하면, '애국심'이라는 두 번째 단계로 넘어가게 된다.

이 단계에서는 자국 정보기관과의 관계가 놀랄 만치 향상된다. 이는 민족적 이유에서만 필요한 게 아니다. 이 단계에서는 국가에 대한 음모의 필요성이 정언명령이 되기 때문이기도 하다.

이 단계는 음모 담론의 단계라고 불릴 수 있겠다. 그리고 마지막으로, 자기 민족이 선택받은 민족이며 끊임없이 희생당하고 훨씬 더 큰 피해로 위협받고 있다고 생각하게 되면 애국심의 최고 단계에 이르게 된다. 이 단계는 과대망상 담론 단계라 할 수 있다.

물론 '애국자'의 특징을 대라면 수천은 아니더라도 수백 가지는 덧붙일 수 있다. 나는 나 자신이 발칸반도 출신으로서 애국심과 애국자를 나타내는 모든 것이 내 마음에 가까이 와 닿는 주제라는 점을 말하고 싶다. 발칸 반도에서는 애국심과 반역이라는 말이 아침부터 저녁까지 모든 사람의 입에 오르

내리는데 어찌 이렇게 하지 않을 수 있겠는가? 어떤 기적이 일어나서 '애국적'(민족주의) 담론이 한 6개월 정도 사라진다고 치자. 아마도 (기자, 소설가, 가수, 그리고 모든 종류의 연설가들과 더불어) 국회의원의 절반은 법적으로 실업자가 될 것이다. 코소보해방군(KLA)은 정치 무대에서 성공하려면 이브라힘 루고바를 반역자라 불러야만 한다. 그를 무능한 정치지도자라는 식으로 몰아붙이는 것으로는 충분치 않다. 그는 반역자가 되어야만 하는 것이다. 익살스러운 삶이라곤 없는 이곳 발칸에서는 반역 담론이야말로 권력을 획득하는 가장 효과적인 수단이다. (역사상 가장 위대한 알바니아 작가인) 카다레 Kadaré조차도 루고바가 너무 평화주의적이라는 걸 깨닫고는 그에게 실망했다고 단언하고 있다. 군 장교, 아니 극단적인 경우에는 국방장관이 누군가의 평화주의적인 태도를 문제삼아 그에게 실망했다고 말할 수도 있다. 그러나 이는 시인의 입에서 나올 말은 아니며 위대한 시인이라면 더더욱 아니다.

나로서는 애국자로 날조되어온 새로운 이미지가 앞에 말한 세 단계 가운데 첫 번째와 일치한다는 점이 우려된다. (정당한 것이든 아니든) 증오와 불안이 쌓이면 쌓일수록 애국자라는 말은 두 번째 단계에 점점 가까워지게 된다.

그러나 애국자란 도대체 어떤 것인가? 애국심이란 무엇을 뜻하는가? 애국자란 혹시 영웅의 이미지에서 신비로운 껍질을 벗기고 그것을 무너뜨리는 사람인가? 나로서는 그렇다, 애국자란 그런 사람이다, 라고 말하고 싶다. 아마 내가 치명적인 신화와 더불어 살아왔기 때문일 테다. 하지만 또한 주위를 둘러보면 발칸을 내리누르고 있는 신화들의 범죄의 무게를 볼 수 있기 때문이다. 나는 신화를 파괴하는 이러한 일이 과학적 실험이라고만은 보지 않는다. 오히려 이는 우리의 사고방식을 변화시키는 일이다. 우리가 우리 과거의 포로로 미래를 살아가지 않아도 되도록 말이다.

많은 이들이 발칸의 상황은 외부 세력들에 의해 결정된다고 말한다. 나는 이러한 견해가 완전히 빗나간 것이라고 말하지는 않겠다. 그러나 내 생각으로는 주요한 원인은 발칸이 여전히 민족주의적 신화들의 슈퍼마켓, 도매시장이라는 사실에 있다. 밀로셰비치 같은 '전문가'들이 자기 나라를 범죄나 자살로 이끌어가면서도 인기를 끄는 것은 이러한 신화가 있기 때문이다.

우리 입장에서 보면, 타자라는 민족주의적 신화를 막아내기 위해 우리는 우리 자신의 민족주의 신화를 구축하고 있다. 타자의 민족주의적 이상에 반대하기 위해 우리는 우리 자신의 이상을 만들고 있는 것이다. 우리 모두를 희생시킨 역사 History라는 이름 아래 여전히.

그렇다면 애국심이란 무엇인가? 아마도 이는 가능한 모든 방법으로, 호머와 아킬로쿠스 Archilochus, 소크라테스와 사포(개인적으로 나는 아킬로쿠스와 사포, 소크라테스를 더 좋아한다)가 했던 식으로 모국을 사랑하는 방법을 아는 것을 의미한다. 전에 내 친구 한 명이 민족주의는 우리가 갖고 있지 못한 민족적 통합과 사회적 응집력을 얻을 수 있는 기회를 준다고 말한 적이 있다.

내 생각으로는 민족주의가 우리에게 해줄 수 있는 일은 우리를 백치로 만들고, '전문가'의 도움을 얻어 우리를 민족적 자살로 인도하는 것뿐이다. 사회적 응집력이 민주주의가 아니라 민족주의의 열매라니, 맙소사. 우리는 또다시 반역을 추적하고 근절하는 것만을 유일한 관심사로 삼는 사람들에 의해 통치당할 것이기 때문이다.

세르비아의 역적 스테바노비치 Stevanović의 말을 빌리자면, 애국자는 자기 자신의 민족주의를 얻기 위해 싸우는 사람이다. 하지만 자기 자신의 민족주의를 얻고자 싸운다면 어떻게 외로움으로 죽어 가는 걸 막을 수 있는가? 어떻게 멋진 콘서트를 열거나 시인이나 가수, 영웅이나 민족적 인물이 되고,

또는 그저 민족적 혼에 참여할 수 있겠는가?

발칸 대지의 모든 '반역자'여 단결하라! 'Traitors' of All Balkan Lands: Unite!

참고 지도

1. 오늘날의 발칸 반도

2. 코소보